KB120274

한국 **기호학**의
최전선

한국 기호학의 최전선

한국기호학회
엮음

김수환
이윤희
이수진
조창연
이도흠
오세정
홍정표
태지호
김기국
박영원
박여성
송치만
지음

한울
아카데미

차 례

1994년에 창립한 한국기호학회는 국내 학계에서 유일하게 기호학을 전문적으로 연구하는 전국 규모의 학회이다. 지난 27년 동안 한국기호학회는 국내적·국제적으로 기호학 연구를 선도하는 동시에 다양한 학제간 연구를 수행하고, 연구 결과는 한국연구재단 등재 학술지인 ≪기호학 연구≫를 통해 꾸준히 발표해 왔다. 이러한 왕성한 학술 활동에도 불구하고 그동안 축적된 기호학 연구의 성과물을 교육적인 관점에서 체계적으로 소개하는 작업은 커다란 공백으로 남아 있다.

이러한 공백을 메우고 기호학적인 탐구의 의미와 가치를 폭넓은 독자층과 공유하기 위해 학회에서 『한국 기호학의 최전선』의 발간을 추진하게 되었다. 이 책에서는 기호학 이론을 점검하고, 다양한 문화예술 분야에 적용해, 기호학으로 콘텐츠를 깊이 들여다보는 방법론을 제시하고자 한다. 또한 이 책의 발간은 국내 기호학의 현주소를 점검하는 일이기도 하다.

『한국 기호학의 최전선』은 기존 개론서의 형식을 빌리되 한국 기호학자들의 다양한 연구 활동을 소개하고, 이를 연구 및 교육 현장에서 활용할 수 있도록 구성했다. 생소할 수 있는 기호학 전문 용어는 쉽게 풀어쓰고, 교육 현장에서 활용할 수 있도록 장별로 3~4개의 연습문제와 해설을 덧붙였다.

제1장 김수환의 「유리 로트만의 문화기호학: 문화유형론에서 문화상호작용론으로」는 러시아 기호학자 유리 미하일로비치 로트만(Yuri M. Lotman, 1922~1993)의 이론을 중심으로 한다. 로트만의 학문적 관심사는 시학, 미학, 기호학 이론, 문화사, 신화론, 그리고 영화에까지 다양한 스펙트럼을 보여준다. 이 글에서는 그의 생애와 저술을 일별하면서 문화이론으로 문화기호학의 이론적 정체성과 의의를 가늠해 본다.

제2장 이윤희의 「C. S. 퍼스와 활동기호학: 창조적 가추법과 은유」에서는 미국 기호학자 찰스 샌더스 퍼스(Charles Sanders Peirce, 1839~1914)의 이론이 중심이다. 이미지-다이어그램-은유의 관계를 살펴보고, 이를 바탕으로 가추적 판단과 추리를 적용해 회화를 분석하며 의미를 도출하는 과정을 기술한다. 이를 통해 퍼스의 가추법이 심리적 요소와 논리적 요소 둘 다를 포함하는 창조적인 추론의 방법이라는 점을 밝힌다.

제3장 이수진의 「크리스티앙 메츠의 영화기호학: 영화의 기표와 의미작용 체계」는 프랑스 기호학자 크리스티앙 메츠(Christian Metz, 1931~1993)의 이론을 중심으로 한다. 영화기호학의 창시자로 간주되는 메츠는 영화가 다른 예술 장르와 구별되는 고유한 기표를 기반으로 의미작용을 가능하게 한다는 것을 밝히고, 그 시스템을 연구하는 방법론을 제시했다. 이 글에서는 그의 영화 분석 방법론을 설명하고, 개별 작품에 이 방법론을 적용해 단계적이고 체계적인 분석을 시도한다.

제4장 조창연의 「신경기호학: 이론의 태동과 발달, 그리고 현황」에서는 기호학 연구의 새로운 분야인 신경기호학에 주목해 이 분야를 개괄적으로 살펴본다. 신경기호학이 기존의 기호학 패러다임과 어떤 연관성을 갖는지를 설명하고, 이를 바탕으로 신경기호학의 이론적 토대가

기호학의 최전선에서 어떻게 활용될 수 있는지를 구체적인 사례를 바탕으로 실제와 가능성의 맥락을 검토한다.

제5장 이도흠의 「화쟁기호학의 이론과 실제: 화쟁을 통한 형식주의 비평과 마르크스주의 비평의 아우름」은 기존 철학에서 맞닥뜨렸던 대립의 문제를 화쟁(和諍)의 사상으로 아우르려는 연구이다. 그리스 시대 이래로 많은 예술가와 이론가들이 문학과 예술을 창작하거나 비평할 때 여러 대립물 및 아포리아(aporia)와 마주쳤고, 이러한 대립에 번민하면서 종합을 모색했지만, 여전히 많은 것들이 미제로 남아 있다. 새로운 패러다임인 화쟁의 사상에 따라 이 대립과 아포리아를 아우르고, 이를 바탕으로 형식주의 비평과 마르크스주의 비평을 종합하는 방법을 모색해 보고자 한다.

제6장 오세정의 「신화기호학: 기호학으로 한국 신화 읽기」에서는 19세기부터 본격적으로 연구가 전개된 신화학을 개괄하고, 클로드 레비스트로스(Claude Lévi-Strauss, 1908~2009), 롤랑 바르트(Roland Barthes, 1915~1980), 알지르다스 그레마스(Algirdas J. Greimas, 1917~1992)를 중심으로 기호학적 관점에서 신화를 분석하는 방법론에 대해 살펴본다. 그리고 이를 한국의 건국신화에 적용해 신화학·신화 연구와 기호학 연구의 상호작용 가능성에 대해 논의한다.

제7장 홍정표의 「황순원 단편소설 「그늘」의 담화기호학적 분석」에서는 담화를 역동적이고 활동적인 대상으로 고려하기 시작한 프랑스 기호학자 자크 퐁타닐(Jacques Fontanille)의 담화기호학을 소설 분석에 적용한다. 담화기호학을 개괄적으로 살펴보고, 소설 「그늘」의 발화행위와 발화작용을 중심으로 분석하면서, 이론의 적용 가능성을 논의한다.

제8장 태지호의 「박물관기호학」에서는 박물관을 다양한 박물들이

코드화되어 의미를 획득하는 통합체이자 텍스트로 규정하고, 박물관이 수행하는 의미작용 방식을 기호학적인 방법론으로 연구한다. 이를 통해 박물관에 대한 기존의 역사학적·건축학적·디자인학적 접근을 넘어서 그 이해를 폭넓히고자 한다.

제9장 김기국의 「사진기호학: 이미지 읽기의 출발점, 사진」에서는 사진을 세계를 구성하는 기호이자 의미를 담고 있는 텍스트로 규정하고, 이를 기호학적으로 해석하고자 한다. 이 방법론은 비언어적 텍스트인 사진을 분석하는 데서 '텍스트의 의미가 어떻게 드러나는가'라는 차원을 관찰할 수 있게 한다.

제10장 박영원의 「디자인 아이디어와 기호학: 기호학적 접근을 통한 커뮤니케이션 디자인에서의 재미 생산」에서는 문화콘텐츠와 광고를 비롯한 시각 커뮤니케이션 디자인에서 재미를 창출하는 데 관한 방법론적 연구로서 기호학을 적용한다. 재미 생산 논리에 관한 연구에 기호학적으로 접근함으로써 디자인 프로세스 전반에 창의성의 동기를 부여하고자 한다.

제11장 박여성의 「음악기호학: 바흐, 클레냥, 로드리고의 작품을 중심으로」에서는 음악은 자신이 묘사하려는 대상에 대한 은유와 상동성에 의존한다는 점에서 기호체계와 일정한 속성을 공유한다고 본다. 음악을 이루는 형태론, 의미론, 통사론 및 시대양식에 대해 고전음악에서부터 팝과 재즈, 민족음악까지 아우르는 사례를 통해 설명하고, 음악기호학의 논거 틀을 제안한다.

제12장 송치만의 「스포츠기호학」은 스포츠 경기를 의미를 갖는 대상이라고 보고 그 의미의 생성 과정을 설명하려는 시도이다. 이를 위해 스포츠의 다양한 종목을 아우르는 기본 단위를 찾아내는 작업을 수행함으

로써 여러 스포츠 종목을 아우르는 스포츠 담화의 보편적인 분절 방식을 탐구한다.

　총 열두 편의 글은 언어학과 문학을 기반으로 발전했던 기존 기호학의 연구대상을 문화예술의 다양한 분야로 확장시켰다는 의의를 갖는다. 기호학 전공자 또는 연구자라는 명분만으로 기꺼이 원고를 내어준 집필진에게 한국기호학회 회원 모두를 대신해 감사의 말씀을 전한다.

　『한국 기호학의 최전선』이 문화예술 교육의 현장에 있는 선생님들에게는 체계적인 방법론을 강의하는 안내서로, 신진 연구자들에게는 기호학 연구로 진입하는 장벽을 낮춰주는 유용한 안내서로 쓰일 수 있기를 희망한다.

2021년 8월
한국기호학회

제1장

유리 로트만의 문화기호학*
문화유형론에서 문화상호작용론으로

김수환

1. 문화기호학의 태동

유리 미하일로비치 로트만(Yuri M. Lotman, 1922~1993)은 모스크바–
타르투 학파(Moscow-Tartu School)로 알려진 러시아 문화기호학파를 이
끈 지도적 이론가로, 1993년에 사망하기까지 10여 종의 단행본과 500여
편의 연구 논문을 발표한 현대 러시아 지성계의 대표적인 인물이다[그는
미하일 바흐친(Mikhail Bakhtin)과 더불어 전 세계에서 가장 많이 인용되는 현
대 러시아 사상가이다]. 하지만 바흐친이 그랬듯이, 소비에트의 장벽 너머
에서 들리기 시작한 이 '특별한' 목소리에 더 민감하게 반응한 것은 안쪽
이 아니라 바깥쪽이었다. 1994년에 발행된 ≪PMLA(Publications of the

---

* 이 글은 필자가 번역한 로트만의 저서 『기호계』와 『문화와 폭발』에 실린 역자 해설을 수정·
보완한 것이다.

Modern Language Association of America)≫ 지의 로트만 추모 특집호 서문에서 쥘리아 크리스테바(Julia Kristeva)는 이렇게 썼다. "1960년대라는 특별했던 그 시절, 로트만의 신중한 연구에서 미래의 전조를 보았던 사람들이 있었다. 구조주의와 포스트구조주의 세대의 '사무라이들'은 끈기와 열정으로 주변 문화들이 발신하는 새로운 기호들과 씨름하고 있었다. 그리고 바로 그때 타르투 학파, 그중에서도 로트만의 작업은 우리의 선례로, 최소한 동류로 여겨졌다."

로트만의 학문적 관심사는 시학, 미학, 기호학 이론, 문화사, 신화론, 그리고 영화에까지 실로 다양한 스펙트럼을 보여준다. 로트만의 영문판 저서 『정신의 우주(Universe of Mind)』(1990)에 서문을 쓴 움베르토 에코(Umberto Eco)는 "그의 저술은 청바지와 같은 문화적 현상의 분석과 귀신학에 대한 고찰에서 시작해, 시 텍스트의 독해와 해석의 문제를 거쳐 수학과 생물학에 대한 논의에까지 이른다"(Eco, 1990)라고 적었다. 하지만 이런 다양한 관심사에도 불구하고 로트만이라는 이름과 더불어 영원히 기억될 단 하나의 분야를 꼽으라고 한다면, 그건 틀림없이 문화기호학일 것이다.

로트만은 문화를 본격적으로 기호학적 연구의 대상으로 삼은 최초의 이론가이자 문화기호학이라는 학제 자체의 가능성과 자리를 예견하고 예비했던 장본인이다. 이 글에서는 유리 로트만의 생애와 저술을 일별하는 가운데 문화이론으로서의 문화기호학의 이론적 정체성과 의의에 대해 논의해 보고자 한다.

2. 로트만의 생애와 사상

로트만은 1922년 페테르부르크에서 유대계 법률가의 넷째아들로 태어났다. 레닌그라드대학교에 입학한 지 1년 만인 1940년에 군에 징집되었고, 몇 달 후 독일과의 전쟁이 발발했다. 병장이 되어 베를린에 입성하기까지 무려 6년 동안이나 전장에서 복무했는데 이 경험은 평생의 얘깃거리와 프랑스어를 독학할 수 있는 기회를 제공했다. 전쟁이 끝나고 복학했을 때, 레닌그라드대학교 어문학부에는 약 25년 전 '형식주의(formalism)'라는 이름으로 세상을 떠들썩하게 만들었던 젊은이들이 중년의 학자가 되어 학생들을 가르치고 있었다. 에이헨바움, 토마셰프스키, 지르문스키, 구콥스키, 그리고 마지막으로 로트만이 첫 기말 보고서를 제출했던 민속학 수업의 프로프 등이 그들이다.

1950년에 우수한 성적으로 대학을 졸업한 로트만은 당연히 모교에서 학업과 취업을 이어가야 했지만 그 길은 막혀 있었다. 스탈린이 죽기 전 몇 년간 대학을 비롯한 소련 사회 전반에는 이른바 '코즈모폴리터니즘(cosmopolitanism)'과의 투쟁이 벌어지고 있었고, 사실상 그것은 공공연한 반유대주의의 성격을 띠었다. 문화적 모태이자 학문적 뿌리인 페테르부르크(레닌그라드)에서 더 이상 삶을 꾸려나갈 수 없음이 명백해졌을 때, 출구는 뜻밖의 곳에서 찾아왔다. 로트만은 에스토니아의 타르투라는 지방 소도시로부터 임시직 일자리를 제안받고 주저 없이 그곳으로 떠났다. 거대한 제국 소련의 변방지대에 불과한 타르투를 한 시대의 문화적 중심지로 만들고 결국에는 신흥 독립국이 된 에스토니아에서 마지막 숨을 거둘 때까지 로트만은 다시는 중심으로 되돌아오지 않았다.

1993년 10월 28일 로트만이 숨을 거두었을 때 당시 에스토니아 대통

령이 그의 장례식에 참석하기 위해 독일 공식 방문 일정을 급히 중단하고 귀국했다는 일화는 유명하다. 공화국의 러시아화를 위해 고용된 유대계 러시아 학자가 반세기가 지난 후 독립국 에스토니아의 국민적 자랑거리가 된 사례는 분명 흔치 않은 일일 것이다. 오늘날 타르투는 모스크바-타르투 학파라는 이름과 더불어 20세기 지성사에 영원한 자취를 남기게 되었고, 여전히 로트만의 유산을 찾아 모여드는 전 세계의 연구자들을 맞이하고 있다.

제국의 변방에 자리한 타르투대학교가 소비에트 기호학의 중심지가 된 데에는 사회정치적 상황도 작용했을 것이다. 제국의 경계지대에 해당하는 에스토니아는 중심부에 비해 권력의 감시와 통제가 느슨한 편이었고, 이는 지적 교류와 탐구에 유리한 조건을 제공했다(체계의 '경계지대'에서 활성화되는 기호학적 메커니즘의 문제는 로트만 문화기호학의 주요 관심사이다). 관심사와 전공 분야가 전혀 다른 각양각색의 연구자들이 로트만의 학술대회 초대장과 '2차 모델링 체계'라는 하나의 공통개념만 갖고서 소련의 방방곡곡에서, 나아가 세계 도처에서 에스토니아의 한 시골 마을로 몰려들기 시작했다(2차 대회에는 미국에서 로만 야콥슨(Roman Jakobson)이 찾아왔다. 모스크바에서 바흐친을 불러오려던 계획은 건강상의 이유로 성사되지 못했다).

1964년 여름에 처음 시작된 이 행사는 1970년까지 '타르투 여름학교'라는 공식 명칭하에 2년마다 꾸준히 개최되었다. 그 성과물을 모은 논문집인 ≪기호체계문집≫은 발간되자마자 국내외로 삽시간에 퍼져나갔다(크리스테바는 1968년에 최초로 이 문집을 서방에 번역 소개했고, 로트만은 당시 출국 금지 상태였는데도 그해 창립된 세계기호학협회의 초대 부회장으로 선출되었다).

흔히 '기호학자'로 뭉뚱그려 분류되는 여러 학자들은 사실 각자의 학문적인 뿌리와 배경에 따라 매우 상이한 모습을 갖고 있다. 문헌학의 재능과 철학적 감각을 타고났던 언어학자 페르디낭 드 소쉬르(Ferdinand de Saussure)는 분명 동시대의 예술적 실천의 한가운데서 성장한 모더니스트 언어학자인 야콥슨과 같지 않다. 또 텍스트의 미세한 결을 느끼며 음미할 줄 아는 문학비평가 롤랑 바르트(Roland Barthes)의 언어는 기호를 냉철하게 분절하면서 의미세계의 체계화를 일구어내는 언어학자 알지르다스 그레마스(Algirdas J. Greimas)와는 매우 다르다. 한편, 문화의 구석구석을 가로지르는 에코의 백과사전적인 접근에서 우리는 어쩔 수 없이 중세철학 연구가의 풍모를 발견하게 된다.

　　본래 학자로서 로트만의 출발은 문학연구가, 정확하게는 사상사의 연구자였다. 1950년대에 그가 쓴 글들은 전혀 기호학적이지 않을뿐더러 구조주의적이지도 않다. 이 기간 동안 로트만은 18세기 말에서 19세기 초반에 이르는 러시아 문학사, 정확하게는 문학을 가장 전형적인 발현 형태로 삼는 '사회 사상사'를 연구했다(그의 학위 논문은 작가 알렉산드르 라디셰프(Aleksandr Radishchev)의 형이상학적·사회적 이념을 다루고 있다). 요컨대, 로트만은 바르트처럼 1960년대에 들어와서야 비로소 구조주의와 기호학의 '세례'를 받게 되었고, 그 새로운 시각의 패러다임을 전면적으로 받아들였다.

　　그러나 사상사 연구가 또는 문화사가로서의 학문적 뿌리는, 바르트에게 문학비평이 그랬듯이 기호학자 로트만에게 마지막까지 남아 있는 본질적인 토대였다. 가령, 엄격한 구조 시학적 방법론을 설파하던 1960년대에도 로트만은 텍스트의 구조적 대립을 의미 있는 것으로 만들어주는 역사적 콘텍스트를 배제하지 않았다. 보편적이고 추상적인 메커니즘에 개입하고 있는 구체적이고 역동적인 맥락을 잡아내는 능력, 또는 반대로 지극히 작고 사소한 디테일을 통해서 광의의 이론적 개념을 조명하는 능력은 문화기호학자 로트만을 특징짓는 가장 중요한 특성이다.

로트만은 네 번째 여름학교가 열린 1970년에 이미 세계적 명성을 얻은 상태였다. 서구 대학으로부터의 초청(이는 사실상 망명 요청과 다름없었다)이 줄을 이었고, 소비에트 당국은 타르투가 더 이상 변방이 아님을 확실하게 느끼게 되었다. 하지만 이 모든 상황은 몇 가지 면에서 새로운 도전의 시작이었다고 보는 게 정확할 것이다. 이제 로트만은 자신의 이름을 통해서 타르투 학파 전체를 온전히 대변해야 하는 상황에 처하게 되었지만, 학파의 공동 작업이 사실상 종결되어 버린 상황에서 그것은 결코 쉬운 일이 아니었다(퍄티고르스키와 이바노프, 졸콥스키 등 학파의 핵심 멤버 상당수가 이 시기에 영국, 미국 등지로 망명했다). 학파를 '과거'로 만들어버리지 않기 위해서는 혼자서라도 계속해서 전진해야만 했다. 과거의 동료들이 학파의 '과거'를 발판삼아(때로는 그것을 발 빠르게 '부정'하는 방식으로) 서구 학계에서 입지를 굳혀가고 있을 때, 로트만은 끝내 타르투에 홀로 남아 자신의 일을 계속했다. 심지어 공산당 탈퇴 붐이 일었던 1990년대 초반에도 로트만은 여전히 그 자리에 그대로 머물러 있었다. 이른바 대세의 길, 대세이기에 너무 쉽고 편한 것이 되어버린 그 길을, 과거 1960년대에 그랬듯이 로트만은 1990년대에도 따르려 하지 않았다. 1990년대에 그가 따르기를 거부했던 탈도그마주의의 유행은, 어떤 점에서 1960년대에 그가 맞섰던 도그마주의의 억압과 본질적으로 다르지 않았다.

하지만 무엇보다 중요한 것은 바로 이 시기, 1970년대에 로트만의 진짜 새로운 도전인 문화기호학의 정련 작업이 이루어졌다는 사실이다.

독자적인 학문 분야로서 문화기호학에 대한 자각이 의식적으로 표명되었던 1970년의 마지막 여름학교가 모종의 기점이 되었다. 그것은 '2차 모델링 체계' 개념으로 대변되는 1960년대식 구조주의 모델의 결산이자 그 끝을 의미했다. 그런데 다른 한편으로 이 시기는 20세기 유럽의 지적 담론이 또 한 번의 중대한 단절과 변화를 경험했던 시기와도 일치한다. 대략 1970년대 중반을 기점으로 해서 '모든 것을 포괄하는 구조적 질서'라는 과거의 관념은 결정적으로 거부되었다. 질서와 코드, 구조와 대립 대신에 이제는 결코 통합될 수 없는 혼종성과 다양성이 강조되기 시작했고, 구조주의는 곧 자신을 대신해 새롭게 등장한 포스트구조주의에 자리를 내주게 되었다.

이 새롭고 급진적인 조류에 적응할 수 있는 잠재력만으로 본다면, 로트만은 그 누구에게도 뒤지지 않았을 것이다. 앞서 말했듯이 명백한 구조주의 시대에서조차 문화의 혼종성과 복잡성은 로트만에게 낯선 명제가 아니었다. 반면에 서구 학계에서 포스트구조주의자로 재빠르게 탈바꿈했던 사람들은 사실 1960년대에는 순수하고 철저한 구조주의자를 자임했던 인물인 경우가 많았다. 문화의 원심적 특성들이 환영받고 마침내 유행이 되어 찬양되기 훨씬 이전부터, 로트만에게 그것은 이미 문화 메커니즘의 핵심적인 계기로 파악되었다. 그러나 구조주의의 세례를 받았던 1960년대의 로트만이 그 때문에 문화사가의 입장을 거부하지 않았던 것처럼, 1970년대의 로트만은 포스트구조주의의 영향 아래에서도 문화연구의 이론적 기초가 되는 '기호학적 체계'의 관념을 끝까지 포기하지 않았다. 대신 로트만은 문화의 기호학적 그물을 보다 유연하고 다양한 것으로 사고할 수 있는 방법, 그것을 우연적 사건과 개인적 특이성에 대해 보다 열려 있는 것으로 만들 수 있는 가능성을 끊임없이 모색했다. 그는 기호학적 전체성을 끝까지 보존하고자 노력했는데, 사실상 이는 그 전체성을 현저하게 모순적인 어떤 것, 인간적인 불규칙성과 예측 불가능성을 지니는 어떤 것으로 바꾸어놓는 과정과 다르지 않았다.

요컨대, 1970년대의 로트만은 의미를 단일하게 규정하거나(구조주의) 또는 유희적으로 비워버리는(포스트구조주의) 대신에 의미를 담는 갖가지 '다른 방식들'을 찾아내는 길을 택했다고 말할 수 있다. 그리고 그 길의 탐색은 철저하게 문화 속에서, 문화를 통해 추구되었다. 문화의 공시적·통시적 평면을 넓고 깊게 아우르는 로트만의 이 탐색은, 우리가 이 책에서 확인할 수 있듯이, 1980년대를 거쳐 1990년대 초반까지 온전히 이어졌다. 문화의 유형학에서 체계의 역동성으로, 다시 신화에서 인공지능으로 이어지는 이 짧지 않은 여정은 다름 아닌 '문화기호학'이라는 이름 아래 수행되었다. 그 길은 문화를 끝없이 살아 숨 쉬는 정보로 만들기 위한 길이었지만, 동시에 기호학을 여전히 '기능하는' 담론으로 유지하기 위한 힘겹고 지난한 여정이기도 했다. 그리고 아마도 이 길이 증명하는 한 가지 교훈이 있다면, 모든 '연장'의 유일한 방식은 결국 자기 갱신을 통한 '극복' 뿐이라는 점일 것이다.

1989년 독일에 체류하던 로트만에게 예기치 않은 뇌졸중이 발생했다. 길고 고통스러운 회복 동안 헌신적으로 그를 보살피던 아내 민츠(Z. G. Mints)마저 1년 후 갑작스럽게 세상을 떠났다(레닌그라드대학교의 동창생이자 타르투대학교의 동료 교수였던 민츠는 저명한 20세기 러시아 상징주의 연구가였다). 불편한 몸과 꺼져가는 정신의 로트만은 이제는 독립국이 된 에스토니아에 홀로 남겨졌다. 수많은 미세출혈이 뇌를 가득 채워 사실상 살아있는 것이 놀랍다는 판정을 받은 상태로, 마지막 순간까지 연구와 저술에 몰두했다.손을 사용할 수 없었던 그는 마지막 저서 『문화와 폭발』(1992)을 거의 모두 구술로 작업했다. 하지만 모든 일에는 한계가 있는 법, 1993년 10월 28일 로트만은 사망했다. 그는 타르투 국립묘지 아내 곁에 묻혔다.

3. 문화기호학: 문화유형론에서 문화상호작용론으로

로트만의 글을 처음 접하는 이들의 이해를 돕기 위해, 로트만 문화기호학에 대한 간략한 개념적 지도를 그려보는 일이 무용하지 않을 것이다. 여기서 개념적 지도를 그린다는 것은 로트만 문화기호학의 '이론적 정체성'을 밝힌다는 말과 다르지 않다. 그의 이론이 오늘날 우리에게 무엇을 줄 수 있는지, 또 특성과 강점은 무엇인지를 규명하는 일이 바로 이론적 정체성과 관련된 개념적 지도이다. 특정한 이론적 사유를 죽어버린 문헌학적 대상이 아니라 살아서 기능하는 해석적 패러다임으로 (재)정립하기 위해서는 이론의 정체성을 현재적 맥락에서 재점검하는 작업이 반드시 필요하다.

기호학 이론으로서, 그리고 문화이론으로서 로트만의 문화기호학이 갖는 가장 큰 특징은 무엇일까? 예컨대, 우리는 문화를 바라보는 그의 관점과 접근법을 동시대 프랑스 기호학으로부터 어떻게 변별해 낼 수 있을까? 현재 통용되고 있는 일반적 의미에서의 문화기호학과 로트만의 문화기호학을 구분 짓는 결정적인 차이는 다음과 같다. 로트만의 문화기호학은 '기호학적 체계'로서의 문화 자체, 즉 총체로서 작동하는 문화 자체의 기호학적 메커니즘을 탐구하는 학문 분야이다. 따라서 로트만 문화기호학이 우선 관심을 기울이는 대상은 문화를 구성하는 다양한 하부 체계(텍스트), 가령 예술, 종교, 광고, 신화, 이데올로기 등이 아니라 (그것 이전에) 그 모두를 아우르는 메타체계로서의 문화 자체이다.

여기서 '문화기호학'이라는 조어가 의미하는 바는 흔히 통용되는 일반적 용례와 다르다. 그것은 '대상'으로서의 문화(텍스트)를 기호학이라는 '방법론'을 통해 접근하자는 것(문학·영화·광고·드라마 등의 다양한 문화 텍스트를 구조기호학적으로 분석하는 일이 이에 해당한다)이 아니라 이미 근본적으로 기호학적이라고 할 수 있는 문화의 메커니즘 자체를 해명하자는 것이다. 그러므로 로트만 문화기호학의 관점에 따르면, "문화연구란 본질적으로 이미 기호학이 될 수밖에 없으며, 반대로 기호학은 근본적으로 이미 문화-중심적인 것이 될 수밖에 없는 것이다"(Лотман, 2002).

그런데 현상 이전에 체계의 작동 원리를 문제 삼고자 하는 이런 태도가 기초하고 있는 원칙적인 전제 두 가지를 언급할 필요가 있다. 첫째로, 문화는 반드시 '총체'로서 작동하며, 문화를 구성하는 요소들의 기능과 상호관계는 오직 총체의 관점을 통해서만 온전히 파악될 수 있다는 점이다. 주목할 것은 문화를 바라보는 이런 관점이 소쉬르의 이른바 '관계의 체계론'을 직접적으로 계승한 결과라는 점이다. 『일반언어학 강의』에서 소쉬르는 이렇게 썼다. "기호를 소리와 관념의 결합으로 보는 것은 기호를 전체의 체계로부터 분리시켜 보는 것이다. 이는 마치 개별적인 기호가 먼저 존재하고, 체계는 개별기호들을 결합시킨 결과라고 보는 것과 같다. 그러나 사실은 정반대로, 기호의 총체로서의 체계가 개별기호에 앞서 존재한다. 그렇기 때문에 체계를 먼저 파악해야만 구성요소로서의 개별기호를 분석하는 것도 가능해진다."

이렇게 보자면, 로트만의 문화기호학은 소쉬르가 언어에 적용했던 원칙, 즉 개별 언어기호에 앞선 언어 체계의 문제를, (언어를 넘어) '문화 전체'에 적용한 가장 본격적인 시도라고 할 수 있다. 로트만의 이 시도는 결국 '기호계(semiosphere)'의 개념을 낳았으며, 에코는 이를 다음과 같이 비유했다. "우린 수많은 나뭇가지와 잎을 짜 맞출 수 있겠지만, 그럼에도 여전히 숲을 이해하지는 못한다. 그러나 만일 우리가 복잡하게 얽힌 수많은 샛길을 눈을 크게 뜬 채 확신을 갖고 산책하는 법을 알게 된다면, 우리는 숲의 광대함과 복잡성을 더 잘 이해하게 될 것이고, 나아가 나무 하나하나의 잎과 가지가 지니는 본성을 발견할 수 있게 될 것이다"(Eco, 1990: vii). 로트만의 문화기호학을 특징짓는 이런 전체론적(holistic) 접근법은 그에 대한 비판적 인식과 함께 반드시 고려되어야 할 사항이다.

아울러 언급해야 할 것은 오늘날의 맥락에서 이런 관점이 갖게 된 시의성이다. 문화시대의 전면적인 도래와 함께 더욱더 분명해지는 것은 문화를 구성하는 다양한 기제가 결코 자족적으로 독립해서 존재/기능하지 않는다는 점이다. 문화를 구성하는 다양한 기제가 서로 긴밀한 기능적 상관성 속에서 작동하고 있다는 사실이 명백해짐에 따라, 모두를 아우르는 메타적 차원의 상위문법을 상정해야 할 필요성은 점점 더 커지고 있다. 이런 관점은 오늘날 ('상호텍스트성'의 차원을 넘어) 서로 다른 매체와 장르가 다채롭게 섞이는 융합의 현상에서도 원칙적인 전제가 된다.

로트만 문화기호학의 더욱 특징적인 두 번째 전제는 다음과 같다. 로트만에 따르면, 모든 문화는 일종의 기호체계로서 세계를 특정한 방식으로 모델링하고 있다. 즉, 문화는 일종의 '모델링 체계'(2차 모델링 체계)로서 나타나는데, 여기서 그 모델링의 방식은 결코 동일(단일)하지 않다. 마치 각각의 언어가 각기 나름의 방식으로 현실을 분절하고 개념화하고 있듯이(언어는 경험적 현실을 단순히 '반영'하는 것이 아니라 그것을 '구성'해 낸다. 여기서 다시금 명백해지는 것은 소쉬르적 인식론의 반향이다), 문화는 '나름대로' 현실을 모델링하고 있는 것이다. 그런데 짚고 넘어갈 것은, 문화체계에 의해 서로 다른 방식으로 모델링된 세계는 사실상 해당문화 자체의 '세계상', 즉 문화의 '자기모델'이라는 점이다. 요컨대, 모든문화는 자기 자신에 관한 모델, 즉 스스로의 자화상을 만들어내며, 문화가 만드는 이 자기기술(self-description)의 모델은 기호학적 탐구의 대상이 될 수 있는 것이다.

로트만 문화기호학의 이런 두 가지 전제를 재확인하는 것이 중요한이유는 바로 그로부터 로트만 기호학의 (문화)이론적 정체성이 도출될수 있기 때문이다. 문화에 관한 이론으로서의 로트만의 기호학은 '문화의 자기기술'을 다루는 학문이며, 더 정확하게는 그런 기술의 '유형학(typology)'을 취급하는 학문이라고 할 수 있다. 풀어서 설명하면, 그것은 특정한 문화가 자기 자신을 이해하는 방식, 즉 자기 자신을 '기술'하는 방식에 일차적인 주의를 기울이면서, 나아가 그것이 (통시적으로) 변화해 나가는 양상과 하나의 유형이 (공시적으로) 다른 유형과 공존·대립·경쟁하는 양상을 고찰하는 학문이다. 전자의 관심이 문화 유형의 통시적 변화, 즉 '문화사(史) 기술'의 방법론으로 구체화된다면, 후자의 관심은 서로 다른 문화 유형 간의 소통, 즉 '문화상호작용론'으로 실현될수 있다.

결국 기호학 이론이자 문화이론으로서 로트만의 문화기호학이 겨냥하는 가장 핵심적인 지점은 '현실이 문화적으로 재현되는 방식'에 대한문제 제기, 즉 넓은 의미에서 '표상론(表象論)'과 겹쳐질 수 있는 지점이라고 할 수 있다. 현실에 대한 특정한 재현의 방식(유형)은 어떤 이유로 어떤 과정을 통해 도입되는가, 또 그렇게 재현된 세계상은 누구를 위해 복무하는가라는 물음은 근대성 이론, 표상사 연구, 탈식민주의 이론 등 각종 현대적인 문화연구에서 가장 근본적인 문제의식을 이룬다. 로트만의 문화기호학은 문화사를 기술모델(즉, 표상)의 교체 과정으로 간주하고, 문화 간 상호작용을 서로 다른 문화 유형 사이의 기호학적 커뮤니케이션 과정으로 파악하고자 한다. 그뿐만 아니라 시대와 지역에 따라 달리 나타날 수 있는 이런 문화의 모델이 일정한 '유형'으로 '분류'될 수 있으며, 그런 (유형학적) 분류의 방식 자체가 문화를 기술하는 효과적인 도구가 될 수 있다고 전제한다.

실제로 로트만의 글을 읽다 보면 자연스럽게 로트만 문화유형론의 기본 프레임이라 할 각종 분류의 범주들을 확인하게 된다. 문화의 유형은 문화체계가 자신의 '내부'와 '외부'를 어떻게 경계 짓는지에 따라, 또 그 둘의 관계를 어떻게 바라보는지에 따라 달리 나타난다. '내용'(텍스트)에 가치를 부여하는 문화가 있는가 하면, 상대적으로 '형식'(코드)에 가치를 부여하는 문화도 있다. 어떤 시대에는 문화가 전체적으로 '기원'(시작)을 지향하는 반면에, 또 다른 시대에는 '종말'(끝)을 지향한다. 어떤 문화는 '신화적' 인식에 기초해 '순환론적' 시간관을 취하지만, 또 다른 문화는 '역사적' 인식에 입각해 '선형적' 시간관을 취하기도 한다. 문화의 '유형학적 변별자질'로 부를 만한 이러한 대립의 범주들은 문화사를 다루는 로트만의 저작에서 놀랍도록 풍부한 설명과 통찰의 예를 보여주었다. 중세와 근대, 러시아와 서구 문화를 넘나드는 로트만의 분석은 민족문화를 위시한 모든 개별 문화가 자신의 정체성을 확립하는 과정에서 행하는 범주적 조작('우리'와 '타자'를 구분하고 그들 간에 가치론적 위계를 설정하는 행위)의 기본 메커니즘을 선명하게 보여줄 뿐 아니라 역사적 과정에 참여하는 주체의 '주관적' 의지와 그것이 문화의 전체 맥락에서 '객관적으로' 획득하는 의미 사이에 가로놓인 역설적인 거리를 설득력 있게 논증하고 있다.

한편, 로트만이 사용하는 이런 유형학적 대립의 범주들을 러시아 문화 이외의 다양한 문화와 시대에 폭넓게 적용할 수 있는 가능성은 분명히 열려 있다. 이는 로트만이 문화 기술의 메타언어로 도입하고 있는 위상학적(topological) '공간 모델'의 경우에도 마찬가지이다. 예컨대, 우리는 공간의 안과 밖, 그들 사이의 경계, 그리고 수행 주체의 시점으로 이루어진 이 기초적인 모델을 앞서 지적한 다양한 유형학적 대립자질과 생산적으로 결합시킬 수 있다. 이런 식의 변용 작업은 그 개념을 산출했던 본래 맥락을 다소간 훼손할 수 있겠지만, 그것은 특정한 이론적 개념을 살아서 '기능하는' 것으로 만들기 위한 불가피한 절차이다. 로트만의 기술모델을 폭넓은 확장 가능성을 가진 효과적인 '형식–모델'로 정련하는 일, 그리고 이를 새롭고 다채로운 대상들에 창조적으로 적용해 보는 일은 전적으로 그의 글을 읽는 독자와 후속 연구자들의 몫이다.

문화유형론에서 출발한 로트만의 문화기호학이 후반기에 이르러 문화상호작용의 문제에 깊게 천착하게 된 것은 여러모로 흥미롭다. 우선 이와 같은 발전의 과정 자체가 문화연구의 현재적인 맥락에서 볼 때 매우 의미심장하다. 사회적 소통 양식과 매체가 급격하게 변화·발전함에 따라 문화연구의 패러다임을 교체해야 할 필요성은 오래전부터 제기되어 왔다. 전 지구적으로 문화를 소통하는 세기를 맞아 전통적인 문화연구의 중심 패러다임이었던 '문화내적' 소통의 문제(즉, 하나의 문화 내부에서 다양한 하부문화가 공존하고 대립하는 문제)를 대체하면서 더 절실하게 대두되는 과제는, 서로 다른 문화가 접촉하고 소통하는 과정, 그리고 그 과정에서 발생하는 각종 사태와 현상을 체계적으로 이해하는 것이다. 이는 하나의 문화가 (마치 하나의 인격처럼) 스스로를 인식하고 규정하는 문제, 또 외부의 다른 문화를 특정한 '이미지'로 모델링(표상)하는 문제를 수반할 수밖에 없다. 요컨대, 그것은 오늘날 문화와 관련된 이론적인 논의에서 가장 첨예한 지점, 흔히 문화(문명) 간 대화(충돌)론이나 (탈)식민주의 담론에서 논의되는 핵심 영역을 겨냥하고 있다고 할 수 있다.

문화의 상호작용을 '영향'이 아닌 '대화'의 모델로 파악하는 로트만의 견해에서 우리의 특별한 관심을 끄는 것은 두 가지 측면이다. 첫 번째 측면은 문화의 자생적 발전과 외적 영향을 서로 뗄 수 없이 연관된 단일한 과정으로 파악하는 그의 통찰이다. 사실 이는 문화를 일종의 '기호학적 인격'으로 바라보는 그의 독특한 이론적 입장에서 파생된 것으로, 내적 과정과 외적 과정의 분리 불가능한 일체성은 문화의 특징이자 동시에 인격의 특징이기도 한 것이다. 타자로 대변되는 외적 세계와의 접촉 및 상호작용의 필요성은 둘 모두에게 절대적이다. "창조적 의식의 행위가 그런 것처럼 문화의 발전 또한 언제나 교환과 소통의 행위이며, 따라서 행위 수행의 파트너인 타자를 전제로 삼는다"(로트만, 2008).

두 번째 측면은 로트만 문화기호학의 역사적 자의식에 관한 것이다. 직접 표면에 드러나지는 않지만 배후에서 작용하고 있는 이 자의식은 러시아 문화를 바라보는 모종의 태도로서, 후발 근대 문화의 자의식이라 부를 수 있을 것이다. 18세기 초반에 강력하고 급진적으로 서구화를 향한 개혁을 추진했던 러시아는 외부에서 유입된 서구적 가치를 빠른 속도로 내면화하는 동시에, 그로부터 정신적·문화적 독립성을 추구해야만 했던 (비서구권) 주변부 근대화의 원형적 내러티브를 대변하고 있다(로트만 자신은 다른 곳에서 이 문제를 러시아 문화가 비잔틴의 영향을 수용했던 10세기까지로 소급해 고찰한 바 있다). 문화의 상호작용 문제를 새롭게 모델링하려는 로트만의 시도에서 감지되는, 러시아 문화의 역사적 조건에 관한 그의 자의식은 결국 다음과 같은 핵심 질문으로 집약될 수 있을 것이다. 문화적 영향 관계에서 수신자는 어떻게 발신자가 보낸 전언을 내면화해 그 스스로 발신자가 되는가? 다시 말해, 주변은 어떻게 해서 중심의 역할을 수행할 수 있게 되며, 이 과정에서 발생하는 '변형'의 구체적인 메커니즘은 무엇인가?

중심의 압도적인 영향력 아래서 자신의 정체성을 확립하고 나아가 중심을 향한 발신자의 역할을 수행하고자 했던 '러시아 문화'에 대한 로트만의 고찰은, 이런 점에서 한국을 포함한 비서구권 후발 근대 국가들의 문화 상황에 특히 시사하는 바가 크다. 요컨대, 로트만 문화기호학의 역사적 자의식은 오늘 이 자리에서 그를 읽고자 하는 우리 자신의 역사적 자의식으로 번역되어야 할 것이다.

4. 폭발의 시대와 폭발의 사유

학문적 삶의 후반기에 이를수록 로트만은 점점 더 문화의 역동성과 창조성에 집착했다. 모순 없이 구축된 체계는 결코 예측 불가능한 새로운 정보를 창출할 수 없다는 사실을 확신하게 되면서, 그의 이론적 사유는 점점 체계의 불규칙성과 개별성, 커뮤니케이션상의 잡음과 몰이해 쪽으로 나아갔다. 문화의 발전은 상호 수렴될 수 없는 다수의 메커니즘

이 공존하기 때문에 가능하며('복수언어주의'), 오직 그들 간의 간섭과 모순만이 문화의 역동성과 창조성을 보존하게 한다는 점을 로트만은 끊임없이 강조했다. 1992년 모스크바에서 매우 적은 부수로 출간된 로트만의 마지막 저서 『문화와 폭발(Culture and Explosion)』(1992)은 이런 특징을 집약해서 보여주는 사례라고 할 수 있다. 모든 사상가의 마지막 시기는 흥미롭다. 그것은 한 사상가가 최종적으로 도달한 성찰의 지점을 확인하는 자리이면서 동시에 (만일 그가 좀 더 살았다면) 과연 '어디까지 갈 수 있었을지'를 추측해 보는 기회이기도 하기 때문이다.

마지막 저서와 관련해 언급할 만한 다른 한 가지는 이 책을 둘러싼 '실존적' 상황이다. 우리는 1992년에 출간된 이 책을 읽으면서 당시 로트만이 처해 있던 '시대 상황' 자체의 특수성을 떠올리지 않을 수 없다. 이 책은 1980년대 후반에서 1990년대 초반까지 소비에트-러시아가 거쳐 간 '격동과 변화의 흐름'의 외부에서는 생각될 수 없다. 이 책은 급격하고 극단적인 사회·역사적 격변의 한복판에서 태어났다. 『문화와 폭발』의 러시아본 서문을 쓴 뱌체슬라프 이바노프(Vyacheslav Ivanov)에 따르면, "로트만은 자신이 러시아 역사와 세계 문화의 폭발적 국면에서 쓰고 있다는 사실을 잘 알고 있었다. 그는 자신과 (우리 모두를) 동요시키는 이런 사회적 격변에 서둘러 응답하고자 했던 것이다"(Иванов, 1996). 『문화와 폭발』은 폭발의 시대에 작성된 폭발에 관한 담론이다.

그렇다면 로트만이 말하는 폭발이란 무엇인가? 폭발은 결절의 국면이다. 점진적이고 예측 가능한 문화적 자기인식의 연속적인 과정 중에 갑작스럽게 발생한 파국의 순간이 폭발이다. 이전의 모든 과정이 일시적으로 중단되는 순간, 미래의 방향이 비결정성의 문턱에 머무는 '정지'의 순간이 바로 폭발의 국면이다. 한편 이와 같은 '결절'과 '정지'의 순간이란 다른 의미에서 보자면 의미가 '포화'되는 지점에 해당한다. 그것은 '체계의 모든 정보성이 급격하게 증대되는 장소'인 것이다. 미래의 모든 발전 가능성이 잠재해 있으며 그 가능성 가운데 어느 하나의 선택이 결코 인과관계나 핍진성의 법칙을 따르지 않는 곳, 아니 그런 메커니즘 자체가 완전히 작동을 멈추게 되는 장소가 바로 폭발이다.

폭발 개념의 기원에 관해서는 여러 가지 설명이 가능하지만 그중 빼놓을 수 없는 것이 물리학자 일리야 프리고진(Ilya Prigogine)으로부터 받은 영향이다. 흔히 '혼돈으로부터의 질서'라는 명제로 잘 알려져 있는 프리고진에 따르면, "산일구조(dissipative structure)"라고 불리는 비가역적 과정하에서는 '이후의 움직임이 동등한 가능성을 갖는 두 가지(이상)의 방향을 따라 진행될 수 있고, 따라서 그것이 어떤 방향을 따를지를 예측하는 것이 불가능한' 지점이 나타나게 마련이다. 바로 이 지점을 '양분점(bifurcation point)'이라 부르는데, 새로운 구조를 발생시키는 이 지점에서 미래의 과정에 영향을 끼칠 수 있는 부차적 요인, 가령 '우연성'의 역할이 현저하게 증대된다. 요컨대, 자신의 마지막 책에서 로트만은 체계의 근본적인 변화를 이끄는 동력과 메커니즘의 문제, 즉 '체계는 어떻게 그 자신으로 남아 있으면서 동시에 새롭게 변화될 수 있는가?'라는 문제와 대결한다. 『문화와 폭발』 전체에 걸쳐 로트만은 바로 이 질문에 답하고자 하는바, 폭발이라는 핵심 메타포가 여기에 걸려 있다.

이 책의 제목이 '기호와 폭발'이 아니라 '문화와 폭발'이라는 점은 주목을 요한다. 여기서 확인하게 되는 것은 문화와 기호(학)라는 두 개념 사이의 미묘한 '어긋남'이다. 『문화와 폭발』의 프랑스어 번역본에서 서문을 쓴 자크 퐁타닐(Jacques Fontanille)이 지적했듯이, 이 책에서 로트만은 '기호학적인 것(le sémiotique)'을 '문화적인 것(le culturel)'보다 상위의 개념으로 제시한다. 즉, 기호학적인 것이 동물들의 '제의적 행위'를 포함하는 의미세계의 총체를 가리킨다면, 문화적인 것은 그와 같은 제의적 패턴이 예측 불가능한 방식으로 벗어나는 혁신과 일탈을 겨냥하는 개념이다. 여기서 '문화적인 것'이란 기호학적인 것(의 경계)을 '변형'시킬 수 있는 잠재적 역량을 보유하고 있는 특별한 장소이자 메커니즘 (Fontanille, 2005)을 뜻하는 것으로, 기호학적인 것의 법칙과 경계를 파열시키는 내적 계기, 기호학적인 것의 내부에 자리하는 '잠재적 타자성'으로 재규정된다.

이런 통찰은 로트만 사상의 정점으로 간주되어 온 '기호계' 개념을 이른바 보편적 체계이론으로 확장하려고 시도해 온 일련의 흐름과 긴장관계를 형성한다는 점에서 주목할 만하다. 러시아의 생물학자 블라디미르 베르나츠키(Vladimir Vernadsky)의 생물계(biosphere) 개념과의 유비(類比)에서 탄생한 기호계는 모든 기호체계가 자리하는 거대한 '추상적 공간'이자 그 기호체계들의 작용을 주관하는 통합된 메커니즘 자체이다. 생명기호학과 동물기호학의 흐름을 주도하는 일련의 연구자들은 기호계 개념에 담긴 이런 유기체적 성격에 주목하면서, 그 개념을 야코프 폰 윅스퀼(Jakob von Uexküll)의 '움벨트(Umwelt)' 개념에서 출발한 '감지된 세계(sensor space)'의 구성주의적 전통의 연장선상에 위치시키려 시도한 바 있다. 그런가 하면 일종의 '자기조절적 체계'로서의 기호계라는 로트만의 문제의식은 이른바 '오토포이에시스(autopoiesis)' 이론과 접속하면서 니클라스 루만(Niklas Luhmann)의 '사회체계론'과 연결되기도 한다. 이런 체계이론적 경향들과 로트만의 새로운 문제의식 사이에 가로놓인 중대한 차이는, 전자의 원칙적인 질문이 '생명(사회질서)은 어떻게 가능해지는가'에 주목한다면, 폭발은 애초부터 정태성이 아닌 역동성, 보존이 아닌 혁신, 가능한 것이 아닌 불가능한 것(의 가능성)을 향해 조준된 개념이라는 데 있다. 거기서 인간적인 것(즉, 문화적인 것)의 본질은, 체계의 내적 항상성을 회복하는 조절의 메커니즘을 뜻하지 않는다. 문화와 폭발, 그것은 허용된 모든 예측 가능성의 경계 너머로 돌파하는 예외적 사건의 행위를 가리키는 이름이다. 1980년대 초반에는 '기호계'라는 통합적인 일반 체계의 수립을 지향했던 로트만이 생애 말년에 이르러 도달한 이 마지막 지점은 차분하게 곱씹어 볼 가치가 있다. '모든 것을 포괄하는 작동의 원리'는, 그럼에도 불구하고 그것을 뚫고 지나갈 균열의 장소, 곧 '기호학적 창문'을 요구했던바, 바로 그 창문이 '폭발'이라는 이름으로 대두되었던 것이다.

마지막으로 언급할 것은, 폭발이라는 개념과 관련된 '시간성'의 차원이다. 폭발은 연속성이 아닌 분절성, 즉 단절과 결절의 지점을 의미한다. 더 정확하게 말해 폭발은 기존의 상황을 급변시키는 급격한 단절의 사태 자체라기보다는 오히려 그런 사태를 가능하게 하는 어떤 조건의 급작스러운 개시를 뜻한다. 폭발은 혁명적 사건의 발생이 아니라 예측 불가능한 사건들을 위한 어떤 가능성의 급작스러운 열림, 한마디로 '비결정성'의 개시로 보아야 한다. 핵심은 폭발이 역사적 과정의 연속성에 적합하지 않기에, 연속적 과정들의 시간성 안에서 온전히 재현될 수 없다는 점이다. 그렇다면 폭발의 시간성을 가리키는 가장 적당한 표현은 무엇일까? 그것은 바로 '탈구', 즉 '시간에서 빠져나온' 시간성이다.

이런 '탈구된 시간성'에 관한 문제의식은 현대 철학의 주된 테마 중 하나인, 이른바 '이음매를 벗어난 시간(time out of joint)'에 관한 동시대적 성찰을 즉각 떠올리게 한다. 예컨대 질 들뢰즈(Gilles Deleuze)의 '시간 이미지'에서부터 자크 데리다(Jacques Derrida)의 후기 '유령론(hauntology)'에 이르기까지, 시간성과 관련된 철학적 탐구들은 이런 '어긋난 시간성'을 선험적 담론에 의해 지배될 수 없는 순수 사건에 대한 근원적인 개방성을 사유하기 위해 도입되는 공통의 계기로 성찰한다. '폭발'이라는 개념과 더불어 로트만이 남겨놓은 문제의식은 시간성과 결부된 다른 현대적 성찰들과 더불어 우리 시대를 사유하기 위한 흥미로운 좌표가 될 만한 잠재력을 갖고 있다. 그 문제의식과 더불어 씨름하는 일, 나아가 이를 동시대의 '다른' 사유들과 생산적으로 접속시키는 일은 또 다시 독자들과 후속 연구자들의 몫이 될 것이다.

참고문헌

김수환. 2011. 『사유하는 구조: 유리 로트만의 기호학 연구』. 문학과지성사.
_____. 2014. 『책에 따라 살기: 로트만과 러시아문화』. 문학과지성사.
로트만, 유리(Yuri Lotman). 2008. 『기호계: 문화기호학과 문화연구』. 김수환 옮김. 문학과지성사.
_____. 2014. 『문화와 폭발』. 김수환 옮김. 아카넷.

Eco, Umberto. 1990. "Introduction." Yuri Lotman. *Universe of The Mind: A Semiotic Theory of Culture*. translated by Ann Shukman. Indiana University Press.
Fontanille, Jaques. 2005. *De L'explosion et la culture*. Presses Universitaires de Limoges.
Lotman, Yuri M. 1990. *Universe of The Mind: A Semiotic Theory of Culture*. translated by Ann Shukman. Indiana University Press.
Schönle, Andreas(ed.). 2006. *Lotman and Cultural Studies: Encounters and Extensions*. The University of Wisconsin Press.

Иванов, Вяч. Вс. 1996. "Семиосфера и история." Лотман Ю. М. *Внутри мыслящих миров: человек-текст-семиосфера-история*. Москва: Язык и русской культуры.
Лотман, Ю. М. 2000. *Семиосфера*. СПб:Искусство-СПБ.
Лотман, М. Ю. 2002. "Семиотика культуры в тартуско-московской семиотической школе." История и типология русской культуры. СПб:Искусство-СПБ.

1. 로트만의 문화상호작용 모델에 대해 말해보라. 문화의 상호작용을 바라보는 로트만의 관점은 '영향에서 대화로'라는 말로 가장 잘 요약될 수 있다. 그에 따르면, "넓은 역사적 조망 안에서 문화의 상호작용은 언제나 대화적이다". 로트만이 말하는 대화로서의 상호 작용의 특징을 일별하고, 그 메커니즘을 단계별로 서술해 보라.

>>> 연습문제 해설

로트만의 문화상호작용 모델의 특징은 다음과 같다. 첫째, 이 대화는 대화 참여자 중 어느 한쪽(발신자)이 더 큰 경험의 양을 갖고 다른 쪽(수신자)은 그 경험을 자기화하는 일에 관심을 두는 경우, 즉 원칙적으로 불균등한 조건에서 수행되는 비대칭적 소통의 상황을 가리킨다.

둘째, 문화들 사이에서 이루어지는 이 대화는 정보의 방향성을 달리할 수 있다. 즉, 수신자 측의 '대답'이 능동적인 자극체로 작용했던 본래의 발신자 문화가 아닌, 전혀 다른 제3의 문화로 향할 수도 있다.

셋째, 이런 전환의 국면에서 텍스트들은 '낯선' 언어에서 '자신의' 언어로 번역된다. 이런 번역의 과정은 당연히 '변형'을 동반하게 되는데, 본래의 텍스트가 수용자 문화의 맥락과 법칙에 따라 현저한 변형을 겪게 된다.

넷째, 이런 번역을 거친 이후의 '응답' 텍스트는 애초에 수용 문화를 자극했던 발신자 문화보다 훨씬 더 큰 강도로, 다시 말해 강력한 증폭의 과정을 거친 후에 훨씬 더 커다란 규모로 재(再)발신된다.

한편, 문화적 대화의 과정은 대체로 다음의 다섯 단계를 따른다. 첫 번째 단계에서는 최초에 텍스트가 일방향적인 전달의 형식을 따른다. 수용자 측 의식은 외부로부터 전달받은 텍스트를 이해되지 않는 낯선 언어인 채로 그대로 기록한다. 이는 마치 이질적인 언어 환경에 처한 어린아이의 상황과 유사한데, 이때 나타나는 것이 분절되지 않은 정보의 총체적인 수용, 예컨대 직접적인 모방의 방식이다.

이어지는 두 번째 단계에서는 낯선 언어를 '습득'하는 과정이 나타난다. 수용자 측 문화는 외부에서 도입된 낯선 텍스트가 만들어낸 '규칙들'을 습득하게 되고, 그에 따라 원본 텍스트와 유사한 새로운 텍스트들을 만들어내기 시작한다. 이는 그야말로 '유사품'

을 제조하는 단계로, 이 단계에서 원본 텍스트의 정본성은 그대로 유지된다.

'결정적 국면'이 도래하는 것은 그다음 세 번째 단계인데, 수용자 측 문화의 기호학적 본성에 따라 낯선 타자의 전통이 근본적으로 변형된다. 이 단계에서 종종 '낯선 것'은 완전히 외양을 바꾸면서 '자기 것'이 된다. 이때 수용자 문화의 내부에서 정신적인 독립성을 향한 강력한 지향이 발생한다.

네 번째 단계에서 수신자 문화는 자신에게 전달된 외적 텍스트의 이념적 가치를 그 텍스트의 전달자인 발신자 문화로부터 '분리'시키기 시작한다. 즉, 수입된 가치가 자연적이고 범인류적인 진리, 말하자면 영원한 진리로 재구성되면서 수용자 문화의 고대적 '전통' 속에서 재발견되기에 이른다(즉, 수입된 타자의 이념이 수용자 측의 문화가 원래부터 지니고 있었던 '민족적인' 것으로 재구성되는 것이다). 수용자 측 문화가 자신의 고대성을 재발견하기 시작하는 바로 이 단계에서 역할의 변경이 일어난다. 수용자 측 문화가 문화세계에서 자신의 중심적인 위치를 주장하기 시작하면서 수신자에서 발신자로 변화한다.

마지막 다섯 번째 단계에서는, 발신자의 위치로 이동한 문화가 (앞서 말한 강력한 증폭의 법칙에 따라) 훨씬 더 많은 양의 텍스트를 만들어내면서 문화적 영향력의 범위를 비약적으로 확장하게 된다.[1]

---

1   이와 관련된 보다 상세한 내용은 김수환의 『책에 따라 살기: 로트만과 러시아문화』 215~225쪽 참조.

제2장

C. S. 퍼스와 활동기호학[*]

창조적 가추법과 은유

이윤희

1. 세미오시스로서의 탐구

1) 퍼스는 누구인가?

찰스 샌더스 퍼스(Charles Sanders Peirce, 1839~1914)는 매사추세츠 케임브리지에서 하버드대학교의 저명한 수학자인 벤자민 퍼스(Benjamin Peirce)의 아들로 1839년에 태어났다. 퍼스는 철학자들의 철학자라고 불리는 인물이자 실용주의 철학의 창시자로, 논리학자, 수학자, 과학자로도 잘 알려져 있다. 그에게 인생의 초반부는 아버지의 영향력과 교육, 자신의 명민함으로 잘 풀릴 것 같은 삶이었다. 하지만 중반기에 접어들

---

[*] 이 글은 한국외국어대학교 세미오시스연구센터가 주최한 '2020 온라인 세미오시스 여름학교'에서 강의한 내용에 기초해 작성했다.

면서 일련의 사건과 함께 그의 삶은 하향 곡선을 그리게 된다. 가장 먼저 일어난 사건으로는 아버지의 죽음을 들 수 있다. 또한 첫 번째 부인인 멜루시나 페이(Harriet Melusina Fay)와 이혼한 지 7일도 지나지 않아 베일에 싸인 줄리엣 프로이시(Juliette Froissy)라는 여인과 재혼하면서 그 여파로 존스 홉킨스대학교의 교수 임용에서 거부되었다. 설상가상으로 그의 오랜 직장으로 경제적인 기반이었던 미국 해안측량국에서 사임하게 되고 1902년 카네기재단에 제출한 프로젝트 제안서가 채택되지 않는 등 불운한 일이 잇달아 일어났다.

퍼스는 당시에 신생 학교였던 볼티모어의 존스 홉킨스대학교에서 1879년부터 1884년까지 논리학 강의를 하기도 했지만, 연구 활동의 기반이 되는 안정된 직장을 얻지 못한 채 인생의 후반기에 펜실베이니아 밀포드에 칩거하며 비평, 논문, 사전 등의 집필 활동에 전념했다. 그가 남긴 많은 양의 원고는 현재 인디애나폴리스에 있는 퍼스전집편찬위원회(The Peirce Edition Project)에서 퍼스 전집으로 출판되고 있다.

줄리엣과 밀포드에 정착하기 전 뉴욕시에 잠시 거주한 적이 있으나, 퍼스는 인생의 후반기에는 자신이 '아리스비(Arisbe)'라고 불렀던 밀포드의 저택에서 떠나지 않았다. 하버드대학교 심리학자 윌리엄 제임스(William James)와 지인들의 도움을 받으며 경제적으로 매우 어려운 생활을 하다가 그곳에서 1914년에 생을 마감했다. 실패한 인생처럼 보이는 삶에서 그가 집요하게 매달린 것은 범주 이론이었는데, 이러한 범주론은 그의 실용주의 기호 철학의 토대가 되었다. 당시에는 인정받지 못하고 비참한 삶을 살다 갔지만 박식가 퍼스의 정신적 유산은 그가 남긴 원고를 통해 후대에 전달되고 있다.

2) "탐구의 길을 막지 마라"

퍼스는 20대 후반에 수립한 범주 이론을 꾸준히 발전시켰으며, 이러한 범주론에 기초해 60대 초반에는 동시대의 실용주의자들과는 다른 방향에서, 의미를 탐구하는 방법론으로서의 엄격한 실용주의(pragmaticism)를 주창했다. 퍼스의 방법론은 범주론이라고 이해할 수 있다. 범주론은 퍼스 현상학(phaneroscopy)의 또 다른 이름이다. 범주론은 모든 영역에 적용되는 인식의 틀이며, 외관으로 나타난 현상을 해석하는 방법론으로 이해된다.

퍼스의 엄청난 집중력과 집요한 끈기는 그의 전기를 통해서 잘 알려져 있는데, 그는 자신의 성공 요인을 이러한 끈기와 범주론 때문이라고 여겼다(Brent, 1998). 퍼스는 '끈기(perseverance)'라는 단어를 자신의 이름과 합성해 'Peirceverance'라고 익살스럽게 표현하기도 했다.

퍼스의 범주 이론은, 언어적 지식으로는 쉽게 이해되지 않지만 우리의 의식에서 현상을 통해 경험된다는 점에서, 현상학에 기반을 둔 퍼스의 기호 철학이 갖는 공통관찰적이며 실증적인 성격을 뒷받침한다. 퍼스에 따르면 의식은 세 가지 범주에 따라 세 가지 양태로 구분된다(Peirce, 1958: 314~325). 즉, 1차성에서 의식은 빨간색에 대한 느낌 또는 음악을 들을 때의 느낌과 같은 것으로, 느낌 자체의 단순한 자질에 대한 경험이다. 2차성에서 의식은, 가령 문을 열 때 힘을 가하는 느낌과 함께 그 힘에 저항하는 다른 느낌을 경험하는데, 이러한 이중의 의식을 통해 느끼는 작용과 반작용의 이원적 관계에 대한 경험이다.

그리고 3차성의 범주에서 우리는 매개된 의식을 경험하는데, 예컨대 '하늘'이라는 단어의 뜻이 무엇인지를 파악하려고 할 때 재현의 서술어를 통해 하늘이 갖는 느낌을 매개적으로 경험한다.

퍼스는 이론과학으로서 위계적인 과학체계를 정립했는데, 이 경우에도 방법론으로 퍼스의 범주가 적용된다. 공통관찰적(coenoscopic) 과학이라 불리는 실증적 철학은 현상학, 규범과학, 형이상학으로 구분된다. 1차성(Firstness)에 속하는 제1요소로서의 현상학은 자질과 관련되어 있으며, 우주에 편재한 현상 자체를 고찰하고 포착한다. 2차성(Secondness)에 속하는 제2요소로서의 규범과학은 관계를 다루며, 어떤 현상이 어떤 목적과 맺은 관계를 연구한다. 그 목적이란 진, 선, 미가 되며, 이는 각각 논리학, 윤리학, 미학에서 연구의 대상이 된다. 3차성(Thirdness)에 속하는 제3요소로서의 형이상학은 재현과 연관되어 있는데, 여기서는 현상을 무언가를 재현하는 것으로 다루고 분석한다. 그리고 이러한 형이상학은 물리과학(자연과학)과 정신과학(인문학)에 세계관을 제공한다(리스카, 2019; 드발, 2019).

퍼스가 후기에 기호학이라고 지칭했던 논리학은 사고의 철학으로서, 「믿음의 고정(The Fixation of Belief)」(1877), 그리고 「어떻게 우리의 관념을 명확하게 할 것인가(How to Make Our Ideas Clear?)」(1878)라는 논문에 나타난 퍼스의 실용주의 방법론으로 이해된다. 이 때문에 기호학은 철학 체계에서 중추적인 과학이며, 방법론으로서의 기호학은 과학의 논리를 설명할 수 있어야 한다. 하지만 기호학 자체가 또한 연구의 대상이기도 하다.

퍼스는 12살에 형의 방에서 리처드 웨이틀리(Richard Whately)의 『논리학 원론(Elements of Logic)』을 읽고 난 후 평생을 논리학 연구에 힘을 쏟았으며, 자신의 논리학 연구로 철학에 기여하고자 했다. 퍼스는 논리학자로 불리는 것을 선호했는데, 이러한 사실은 실천적인 과학자 또는 과학적 탐구자로서 과학의 논리를 통해 그가 철학에 끼친 영향력과 무관하지 않다.

퍼스는 「논리(학)의 첫째 규칙(The First Rule of Logic)」(Peirce, 1998: 42~56)이라는 논문에서 완전한 단언이나 주장을 하는, 또는 그 반대로 탐구의 과정에서 이것, 저것, 그리고 다른 모든 것은 결코 알려질 수 없다고 하는 철학자들의 사고 등을 포함해 철학적 탐구의 길을 방해하는 네 가지 형태에 관해 설명한다. 그리고 "탐구의 길을 막지 마라(Do not block the way of inquiry)"라고 경고한다. 이것은 퍼스의 모토이다. 퍼스는 과학적 방법을 주장하지만, 더 중요하게는 진리를 탐구하는 사람의 과학적 태도를 중시했다. 이 때문에 그는 배우고자 하는 사람은 우선 배우려는 욕망을 지녀야 한다고 힘주어 말한다.

세미오시스(semiosis)는 세 가지 주체, 곧 기호, 기호의 대상, 기호의 해석체의 삼자적 관계로 구성된다. 세미오시스에 대한 퍼스의 정의는 다음과 같이 표현된다. "환원될 수 없는 세 주체, 곧 기호, 기호의 대상, 기호의 해석체 간의 삼자적 관계의 협력, 또는 이를 포함하는 기호활동이거나 영향력으로, 어떤 경우라도 한 쌍의 행동으로 분리되지 않는다"(Peirce, 1934: 332). 기호과정 또는 기호활동이라고 불리는 세미오시스 개념은 탐구과정에서 범주론에 기초한 기호학적 방법론으로 이해된다.

기호과정(세미오시스)에서는 세 가지 요소, 곧 기호, 대상, 해석체가 연결되어 있으며, 대상과 해석체는 기호의 매개를 통해서 연결된다(〈그림 2-1〉 참조). 즉, 대상이 기호를 결정하면 그 기호는 다시 해석체를 결정한다. 따라서 결과적으로 대상은 해석체를 간접적으로 결정하게 된다(하지만 이러한 관계가 항상 결정론적으로 작동되는 것은 아니다). 그러니까 해석체는 기호가 재현한 대상을 다시 재현하는 메타 재현을 하는 셈

그림 2-1 **세미오시스의 재현**

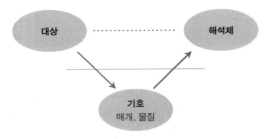

자료: Jappy(2013).

이다. 그러므로 사고는 기호의 형태를 취하며 매개되는 의식으로서 배움의 경험이 일어나게 하는 조건이다.

2. 창조적 가추법

1) 창조적 가추법의 개념

『아메리칸 헤리티지 컬리지 사전(The American Heritage College Dic-tionary)』(2002, 제4판)의 정의에 따르면, 창조성은 두 가지 뜻으로 기술된다. 첫째는 '인간은 창의적 동물이다'에서와 같이 창조하는 능력이나 힘이 있다는 의미이고, 둘째는 '창의적 글쓰기'에서와 같이 독창성과 표현력이 있다는 의미이다.

이 글에서 다루고자 하는 창조적 가추법은 사고활동이라는 측면에서 첫 번째 정의에 가깝다. 하지만 정신활동에서 가추적 추리가 자기 재현의 은유의 형태로 체현된다는 점에서 창조적 가추법은 두 번째 정의인 독창적인 표현력도 포함한다. 따라서 창조성의 첫 번째 정의가 인간의 창조적인 정신활동이라면, 두 번째 정의는 그러한 정신활동의 효과로 말, 그림, 행동으로 표현되는 실용적 결과물이다.

필자는 다른 곳에서 재현, 지시, 해석의 사고활동이 대화적 기호활동으로 특징지어지는 기호과정에 관한 연구를 '활동기호학'이라고 정의한 바 있다(Lee, 2008; 2018). 활동기호학에서 세 가지 모드의 기호활동은 다음과 같이 기술될 수 있다. 첫째, 대상의 자질을 공유함으로써 도상적 기호가 표현하는 내용이 정신에 재현되는 기호활동, 둘째, 정신에서의 재현이 외부의 현실과 관계를 맺음으로써 정신과 실재 사이에 비교의 조건을 만드는 지시적 기호활동, 셋째, 그러한 비교를 통해 정신에서 다시 재현, 즉 해석이 일어나는 기호활동이다. 이러한 세 종류의 기호활동은 대화적인데, 이는 대상에 대한 목적론적 탐구과정에서 기호가 커뮤니케이션의 매체로서 재현, 지시, 해석의 모드로 기능한다는 것을 보여준다. 특히 재현적 기호과정은 도상적 기호의 커뮤니케이션 작용에 주목하게 만드는데, 도상적 기호는 합성된 사진처럼 대상의 자질을 형상화한다. 따라서 지각자(해석자)는 단순한 이미지를 매개로 감각적 지각 행위를 하고, 다이어그램을 매개로 해석적인 상상 행위를 하며, 자기 재현을 통해 대상의 자질을 재현하는 메타도상인 은유를 매개로 기호와 대상 사이에서 유사성의 자질을 해석하는 행위에 참여한다(Pietarinen, 2014).

이미지와 다이어그램을 매개로 하는 지각과 상상의 행위가 정신활동에서 일어나는 창조적 행위라면, 은유를 매개로 대상과의 유사한 자질을 표상체에 재현하는 행위는 창조적 사고가 체현된, 즉 정신활동의 실제적 결과물로 나타나는 창조적 행위라고 할 수 있다. 이런 맥락에서 전자의 창조적 사고가 하기(doing)의 차원에서 이루어진다면, 후자의 창조물로 체현되는 창조적 사고는 만들기(making)의 차원에서 창조적 행위로 일어난다고 볼 수 있다. 이러한 구분에 대해서는 뒤에서 더 자세히 살펴보겠지만, 전자는 유추적 추론에 기초한 발견의 창조성과 연관되고, 후자는 은유적 추론에 기초한 예술적 창조성과 연관된다. 풀어서 말하면 이미 존재했던 것을 발견하는 차원이 과학에서 유추적 추론에 기초한다면, 자기 재현을 통해 대상의 유사한 자질을 재현하는 차원은 예술에서 은유적 추론에 기초한다.

도상적 기호를 매개로 하는 정신의 재현은 부수적 경험(collateral experience)을 통한 이전의 인지에 기초해서 주어진 사실을 상상하는 기호의 활동이라고 할 수 있다. 주어진 사실을 지각해서 상상한 결과는 주어와 서술어로 구성되는 지각적 판단의 형태로 나타나며, 둘은 상호작용을 통해 한 대상을 지시하는 구조를 갖는다. 이때, 주어와 서술어의 관계를 나타내는 이미지는 가상의 형태로 정신에서의 다이어그램-도상이 된다. 다시 말해 배경과 형상의 관계이미지로 이해할 수 있다. 하지만 이러한 정신의 재현이 언어로 체현되면 주어가 서술어를 지시하고 서술어가 주어를 재현하면서 대상에 대해 상호서술을 하는 메타-도상으로서의 은유가 되며, 이러한 은유는 다시 현실의 대상과 연결되어 확장된 은유인 내러티브 알레고리로 발전한다.

퍼스의 활동기호학은 대상의 자질에 기초해 진리를 탐구하는 소통의 기호학이라고 할 수 있다. 이것의 토대가 되는 것이 상상력인데, 이는 개념적 은유의 형태로 나타난다. 그러면 가추법에서 창조성이 중요한 이유는 무엇인가? 가추법의 논리에서는 주어진 놀라운 사실을 지각하면 하나의 가설을 수립하고 이에 기초해 그 사실을 증명하려고 하기 때문이다. 그러므로 가추법의 임무는 놀라운 사실에서 결론을 도출하는 것이 아니라 그러한 사실을 설명할 수 있는 가설을 증명하는 일이다. 따라서 가추법은 전제에 없는 새로운 사실을 추리하는 과정이며, 이런 점에서 가추법은 질적 귀납이라고 할 수 있다(리스카, 2019).

가추법은 쉽게 말해 추측하는 능력이다. 퍼스는 이를 가설, 가추, 귀추, 또는 추정이라고 불렀으며, 진리에 대해 본능적으로 감지하는 신비한 추측의 능력(Peirce, 1935: 361~362)이라고 언급하기도 했다. 가추적 추리는 지각과 필수적으로 연결되어 있으며, 부수적 경험과 관찰에 기초해 주관적이고 개별적인 지각행위에서 일반성을 지각하는 개념 과정으로 나아가는 기호과정, 즉 기호를 매개로 한 사고활동 과정이다.

가추법은 발견의 논리이자 동시에 섬광처럼 오는 것으로서 본능적인 추측에 의존한다. 즉, 추리와 본능 둘 다를 포함한다(Peirce, 1934: 112~113, 117). 그렇다면 이 역설적 관계를 어떻게 설명할 수 있을까? 두 가지 측면에서 그 관계를 이해할 수 있다. 첫째, 본능적 추리는 심리학과 역사에 의존한다는 점에서, 둘째, 심리학과 역사는 퍼스의 과학 분류에서 논리학이 속한 규범과학 아래 위치한다는 점에서 이러한 역설은 극복될 수 있다는 실마리를 마련한다(Anderson, 1987). 통찰력은 외부가 아닌 내부의 맥락 자체에 의해 매개되며 오류 가능성을 갖는다. 하지만 직관은 무오류적·무매개적인 지식이다. 이 점에서 퍼스는 데카르트의 직관을 비판한다. 가추적 추론은 해석 대행체가 자신의 추리를 자유롭게 통제한다는 점에서 추론이고, 관념이 관념을 제안한다는 점에서 통찰력이다.

가추법은 이전의 사고에 의해 영향을 받기 때문에 또한 투자된 경험이 필요하다(Peirce, 1932: 478). 실제로 가추법에는 통찰력과 논리의 두 가지 요소가 통합적으로 작동된다. 따라서 가추법을 이해하기 위해서는 심리적 요소와 논리적 요소를 구별하는 것이 필요하다. 또한 가추법은 논증기호이기 때문에 연역적·귀납적 추리와 함께 작동된다. 하지만 가추는 연역과 귀납과 다르게 1차성에 속하는 추리이며, '심미적인 (sensuous)' 추론이다(연습문제 1 참조).

앞서 설명한 퍼스 후기의 가추법의 개념은 다음과 같은 형태로 나타난다.

> C라는 놀라운 사실이 관찰된다,
>
> A가 참이라면 C는 정상적인 일로 설명될 수 있다;
>
> 그러므로 A가 참이라고 생각할 만한 이유가 있다(Peirce, 1998: 231).

이를 다이어그램으로 나타내면 다음과 같다.

$$\frac{C \qquad A \longrightarrow C}{A(?)}$$

관찰된 사실 C는 형식(관찰 행위)과 관찰된 내용을 포함한다.

가추법은 새로운 개념을 만드는 과정이며 가설이다. 여기서 창조성은 새로움(novelty)의 개념과 연관되어 있다. 이러한 가설이 관찰된 사실을 설명할 수 있어야 한다. 결론 A가 참이 되려면 '전제 A이면 C이다'가 참이어야 한다. 이 점에서 가추법은 설명적 가설이 된다. 그리고 결론에서 'A가 참이라고 생각할 만한 이유가 있다'라는 진술에서 주관적 (심리적) 요소를 포함한다. 하지만 가추적 추리과정은 삼단논법의 절차를 따르고 있어서 논리적(객관적)인 형태를 가진다. 이러한 결론은 오류 가능성을 포함하기 때문에 자연적으로 실험 활동이나 테스팅으로 이어진다. 이 때문에 가추법은 연역과 귀납의 방법과 함께 탐구의 한 단계로 이해된다.

2) 과학과 예술에서의 창조적 가추법

왜 창조성이 중요한가? 새로운 개념을 만드는 과정이 필요하기 때문이며, 새로운 개념을 기반으로 새로운 지식과 믿음이 창조된다. 그런데 이 믿음은 이전의 믿음과는 단절된 전혀 새로운 믿음이 아니다. 오히려 이전의 믿음과 연결되어 진화된 형태로, 연속성에서 일반성의 획득을 통해 새로운 믿음이 만들어지며, 믿음의 고정이 이루어진다.

가추법은 심미적인 추론이지만 논리적 과정이 되기 위해서는 정언명제적 형태로 또는 퍼스의 개념어인 디시사인(dicisign)의 형태로 지각적 판단의 실제적인 효과가 나타나야 한다. 이것이 추리일 수밖에 없고, 더군다나 로지카 우텐스(logica utense)로서 추론자의 개인적인 추리일 수밖에 없지만, 전체 탐구과정의 세미오시스에서는 새로운 지식의 원천이 된다. 즉, 가추적 추리는 대상을 알아가는 탐구의 과정으로서, 우리의 감각에서 시작해 목적이 이끄는 행동의 실제적 효과로 이어지는 논리적 사고가 되어야 한다. 그렇지 않으면 가추적 추리는 이성에 의해 허용되지 않는 사고가 된다(Peirce, 1998: 226~241). 체현된 은유는 언어적 형태와 비언어적 형태로 나타날 수 있는데, 이 둘을 아우르는 기호의 형태가 퍼스의 디시사인이다(Stjernfelt, 2014).

퍼스의 망원경을 통해서 보면 은유는 도상 및 지표와의 관계 속에서 대상에 대한 해석활동이 이루어지는 장이며, 퍼스의 현미경 아래에서 보자면 은유는 이미지 및 다이어그램과의 관계를 통해서 대상을 형상화하는 장이다(Haley, 1988). 풀어서 말하면, 망원경을 통해 은유를 이해하는 것은, 도상적 해석과 지표적 해석의 상호작용에 기초한 은유가 법칙기호로서 형이상학적 측면을 갖는다는 점을 확인하는 것이다. 퍼스식으로 말하면 은유는 감각, 지각을 통해 배움을 경험하는 도구로, 과학적 형이상학(meta-physics)과 연결된다. 한편, 현미경 아래에서 볼 때 은유는 다른 두 양태의 하위도상(hypoicons), 즉 이미지, 다이어그램과 함께 삼원적 관계를 맺는다. 즉, 도상적 은유가 은유적 상징으로 성장하려면 지각과 상상 행위를 통해 합성된 사진에서처럼 대상의 자질을 형상화해야 한다.

이러한 대상의 형상화는 현실의 대상을 대신해서 서 있는, 해석을 위한 비교의 조건이 된다. 그러므로 은유는 재현과 해석의 두 가지 측면으로 특징지어지는데, 이는 기호 전달체(vehicle)를 매개로 하는 표현 모드와 창조적 가추법을 통해 새로운 개념을 얻게 하는 상징 모드로서 은유가 기호활동에서 중요한 요소임을 드러낸다.

앤더슨(Anderson, 1987)을 인용해 과학적 창조성과 예술적 창조성을 설명하면, 과학적 창조성에서 가추법을 통해 발견한 법칙은 오래된 것이고, 반면 그 법칙을 발견한 생각이나 개념은 새로운 것이다. 그리고 과학적 창조성은 유추(다이어그램)로 시작해 발견에서 완성된다(예를 들면, 중력의 발견). 반면, 예술적 창조성은 자기 재현인 도상적 은유로 시작해 창조에서 완성된다. 따라서 유추적 추론은 과학에서, 은유적 추론은 예술에서 해석과 의미를 찾는 과정을 포함한다. 이런 점에서 유추가 대상 및 기호와의 관계에 집중한다면, 은유는 해석자의 정신에 어필된다. 유추적 추론과 은유적 추론를 비교한 것은 연습문제 2와 3을 통해 확인해 볼 수 있다.

3. 체현된 은유와 예술적 창조성

1) 도상적 기호

앞서 언급한 창조적 정신활동과 그것의 효과를 포함하는 창조적 가추법은 도상성, 즉 유사성에 기반을 둔 도상적 기호(hypoicons)를 통해 더 명확해진다. 여기서는 순수도상인 가능성의 기호가 정신활동에서 어떻게 형상화되고 체현되는지를 도상기호의 세 가지 모드인 이미지, 다이어그램, 은유의 관계를 통해 살펴볼 것이다. 퍼스는 도상적 기호가 1차성을 취하는 모드에 따라 다음과 같이 구분한다. 도상적 기호가 단순한 자질을 취하거나 제1요소를 갖는 1차성이면 이미지이고, 도상적 기호가 한 사물에서 부분들의 관계(주로 이원적 관계)를 그 자신의 부분들에서 유사한 관계로 재현하면 다이어그램이며, 도상적 기호가 다른 어떤 것에서 유사점을 재현함으로써 표상체의 재현적 성격을 재현하면 은유이다(Peirce, 1932: 157). 우리는 이러한 세 가지 모드의 도상적 기호, 곧 이미지-도상, 다이어그램-도상, 메타도상(은유)이 기호-대상-해석체의 관계에서 어떻게 대상의 자질을 형상화하는지를 살펴볼 것이다. 특히 퍼스가 도상적 기호를 기호와 기호가 맺는 관계에 기초해 구분한 첫 번째 삼분법, 즉 자질기호-개별기호-법칙기호와 대응해 살펴볼 것이다.

그림 2-2 이미지의 구조

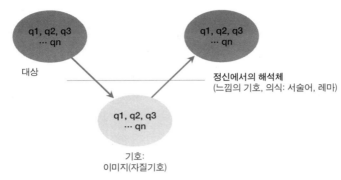

자료: Jappy(2013).

자질기호(qualisign)로서의 이미지-도상은 자질이 기호가 되는 기호이다(〈그림 2-2〉 참조). 이때 자질기호는 대상이 갖는 자질을 공유하며 체현된 이미지로서 대상의 자질을 표현하고 있기 때문에 대상과 구별하기 힘들다. 따라서 정신에서 해석체는 이러한 자질을 의식하는 느낌의 효과를 가진다. 이때 대상과 해석체는 결정되지 않은 채 가능성으로만 존재한다. 해석체 기호는 이러한 가능성을 재현한 것이다. 즉, 실증적인 가능성의 자질이다. 예를 들어, 바실리 칸딘스키(Wassily Kandinsky)의 추상적 회화 이미지는 이러한 대상의 자질을 공유하는 자질기호가 체현된 이미지-도상이다. 이때 해석체 기호는 분석되지 않는 느낌의 자질, 또는 가능성의 기호로서 이미지-도상에 표현된 대상의 자질을 매개한다.

개별기호로서의 다이어그램-도상은 단일한 자질 자체가 아니라 a의 자질과 b의 자질 사이의 관계적 자질을 재현한다(〈그림 2-3〉 참조). 이 경우에 해석체는 관계적 이미지에 대한 효과로 나타나며 확정된 사실의 기호로서 이를 인지한다. 즉, 다이어그램-도상을 매개로 해서 기호와

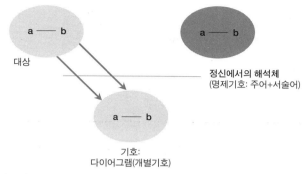

그림 2-3 **다이어그램의 구조**

대상

정신에서의 해석체
(명제기호: 주어+서술어)

기호:
다이어그램(개별기호)

자료: Jappy(2013).

대상 간의 관계를 관찰하고 둘 사이에 구조적 유사점을 발견한다. 이때 해석체 기호는 주어와 서술어의 통합적 관계인 명제의 형태로 정신에 재현된다. 다시 말해 형상과 배경을 구분함으로써 눈앞에 나타나는 사실을 개별적으로 인지한다. 예를 들어, 인체 해부도나 지하철 노선도는 개별기호로서 다이어그램-도상이다. 인체 해부도는 우리 몸의 기관 사이의 관계를 구조적인 유사성에 기초해 대상의 관계적 자질을 재현하고, 지각자는 이를 통해 정보를 얻는다. 지하철 노선도의 경우도 마찬가지로 지각자가 구조적 유사성에 기초해 지하철 노선도와 실제 지형 간의 관계를 재현한 사실의 기호로 다이어그램을 인식함으로써 교통 정보를 얻으며, 그 정보는 실제적 행위의 효과로 이어진다. 이런 점에서 다이어그램-도상은 사실의 기호를 정신 속에 재현한 기호로서, 객관적 측면이 지배적이다.

법칙기호로서의 은유, 곧 메타도상(Haley, 1988)은 해석체에 초점이 맞추어져 있다(〈그림 2-4〉 참조). 다시 말해 법칙기호로서 메타도상은 앞

그림 2-4 **은유의 구조**

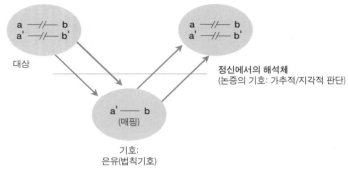

자료: Jappy(2013).

의 두 모드와 다르게 세미오시스의 세 가지 구성요소인 기호−대상−해 석체가 모두 활성화되어야 한다. 이미지−도상에서는 대상과 해석체가 확정되지 않은 가능성으로 존재하고 자질 그 자체로 확정되지 않은 모호한 이미지만 활성화되었다면, 다이어그램−도상에서는 기호와 대상 사이의 관계가 구조적 유사성에 기초해 활성화되었다(Jappy, 2013).

은유는 메타 차원의 도상으로서 다른 두 영역이 매핑되어 있다. 이 때문에 두 개별기호(다이어그램−도상) 사이에 유사성의 자질로서 연결하는 해석체를 필요로 한다. 앞의 이원적 관계에서는 다이어그램이 해석체를 필요로 하지 않았으나, 은유의 법칙기호에서는 두 개별기호를 연결하는 메타 의식으로서 법칙이 작동된다. 이러한 관계를 시각적으로 체현한 개념적 이미지에서 이 점을 확인할 수 있다. 〈그림 2-5〉에서 왼쪽 이미지는 예수와 체 게바라의 이미지가 매핑되어 있고, 오른쪽 이미지는 오리와 토끼의 이미지가 매핑되어 있다. 지각자는 둘의 매핑에서 또는 합성된 이미지에서 두 종류의 다이어그램적 유사성을 인지하고 대상이 재

그림 2-5 **시각적 은유**

자료: https://images.app.goo.gl/N44yJ4Fj5c9
ByZ7t5

자료: https://images.app.goo.gl/6Yoj3kQykn
JMnucS9

현하는 유사성의 자질을 비교를 통해 추론(해석)한다. 그러므로 다이어
그램-도상은 양면, 즉 표현적 모드인 이미지-도상과 상징적 모드인 메
타-도상의 두 가지 면을 가진다. 〈그림 2-5〉의 오른쪽 이미지, 오리-토
끼는 퍼스가 존스 홉킨스대학교에서 논리학 강의를 할 때 학생이었던 조
셉 재스트로(Joseph Jastrow)가 1899년에 자신의 논문에 사용한 후 유명
해진 이미지이다. 재스트로는 지각작용에서 두 가지 층위, 즉 물리적인
눈으로 보이는 층위와 마음의 눈으로 보는 정신에서의 층위가 연합해 일
어난다고 주장한다(Hoel, 2012: 256). 따라서 눈의 지각은 상상 행위를 통
한 정신활동과 연합해 두 개별기호 사이에서 유사성의 자질을 판단하는
가추적 추리로서 나타난다. 그러므로 원천영역과 목표영역의 매핑인 제
3의 영역은 정신의 해석체로서 그러한 유사성의 자질에 대한 아이디어,
즉 느낌으로 나타난다. 이러한 제3영역은 기반(ground) 또는 형식, 유사
성에 대한 느낌의 자질, 감각적 의미라고 말할 수 있으며, 이는 기호학적

그림 2-6 **매핑**

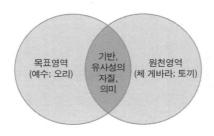

해석 주체가 시간 여행을 하는 공간이 된다(〈그림 2-6〉 참조).

2) 개념적 은유와 예술적 창조성

인지적 측면에서 은유(메타도상)는 알려진 원천영역에서의 개념이므로 은유를 통해 알려지지 않은 대상의 개념이 설명된다. 예를 들면, '시간이 아깝다'라는 표현은 '시간이 돈이다'라는 개념적 은유에 기초해 시간을 돈의 개념으로 재현한 것이다. 따라서 시간의 개념은 예컨대 돈의 속성인 '아깝다'라는 자질을 공유한다. 마찬가지로 '논쟁에서 지다'라는 표현도 '논쟁은 전쟁이다'라는 개념적 은유를 통해 '지다'라는 전쟁의 속성을 공유한다. 줄리언 제인스(Julian Jaynes)의 설명처럼, 개념적 은유는 기술되어야 하는 것(metaphrand)과 기술되어야 하는 것을 설명하기 위해 사용된 사물 또는 관계(metaphier)의 두 개념을 통해 'a=b'의 형태로 나타난다(Jaynes, 1990). 메타도상으로서의 은유는 두 영역 사이에 유사성의 자질을 해석하는 과정과 이미지를 지각하는 과정이 결합해 있다. 다른 말로 하면 'a=b'의 형태는 'a이면 b이다'와 'b이면 a이다' 둘 다를 만족시키는 대칭성에 기반을 둔 은유적 추론으로 설명된다. 이러한 도상성을 통해 체현된 은유, 즉 지각적 판단은 실재의 진리에 대한 본능적 감지가 이루어지는 첫 번째 전제로서의 논증기호가 된다(Peirce, 1935: 362).

개념적 은유는 법칙기호로서, 지각적 판단 행위에서 일종의 스키마로 작동한다. 이는 서로 다른 두 영역의 다이어그램에서 유사성의 자질을 판단하는 행위에 영향을 미친다. 앞서 언급했듯이, 교회의 광고 이미지에서 쓰였던 예수와 체 게바라 사이에 유사성의 자질을 지각하고 해석하는 과정 또는 오리와 토끼의 이중적 지각과 매핑에서, 지각적 판단은 은유적 추론과 연관되어 있다. 다이어그램적 추론이 지각과 상상 행위를 통해 유사성의 구조를 발견하는 것이 최종점이라면, 은유적 추론에 기초한 해석과정은 은유가 체현되어 표현되는 창조적 결과물이 최종점이 된다.

지금까지 다루었던 도상기호의 세 가지 모드가 어떻게 협력해 형상화하고 독자에게 재형상화를 가능하게 하는지를 회화 텍스트 「세한도」의 가추적 해석과정을 통해 살펴보자(이윤희, 2020). 「세한도」 이미지는 자질이 기호가 되는 기호로서, 대상이 실제로 존재하지 않아도 그 자체로 독립적으로 존재한다. 그러므로 우리가 지각·경험하는 「세한도」 이미지는 분석되지 않은 어떤 느낌의 자질이다. 다시 말해 「세한도」는 현실의 대상을 재현한 것이 아니라 대상의 자질을 표현한 것으로 대상과 구별되지 않는다. 해석자는 그러한 그림 이미지를 직접 관찰함으로써 그림이 재현하는 대상의 자질을 추리한다(〈그림 2-7〉 참조).

개별적 대상인 집과 나무의 관계적 이미지는 발문에 기초해서 유추한 바에 따르면 담론세계에서 김정희와 이상적의 관계를 가리킨다. 김

그림 2-7 「김정희필세한도(金正喜筆歲寒圖)」(1884)

자료: http://encykorea.aks.ac.kr/Contents/Index?contents_id=E0038956#self

정희와 이상적의 관계는 김정희의 유배 생활을 환유적으로 보여주는 집과 이상적의 꼿꼿하고 강직한 성격을 상징적으로 나타내는 나무 사이의 관계와 구조적으로 유사하다. 이러한 집과 나무의 다이어그램은 김정희와 이상적의 관계에 집중하고 둘 사이의 관계를 유추하게 한다. 집과 나무 사이의 관계적 이미지가 담론 세계를 지시하며 그것이 정신에 재현된다. 따라서 그림 이미지는 김정희와 이상적의 관계를 나타내는 지표적 이미지가 된다.

개념적 이미지인 은유에서는 원천영역과 목표영역이 매핑되어 유사한 자질을 공유한다. 따라서 담론세계의 김정희와 그림 이미지의 집이 매핑된다. 은유는 두 영역이 공유하는 개념적 이미지를 재현하고 있다. 이때 은유는 은유적 상징으로 기능하며 일반성의 법칙을 추구한다. 즉, 화가 김정희는 그림 이미지에서 나무와의 관계에서 표현된 집의 자질로 자신을 재현한다. 인지적 은유에서 김정희는 설명되어야 하는 항이며 집은 설명되어야 하는 것을 설명하는 것으로의 항이다. 그 결과 김정희의 맥락인 유배 생활과 그림 이미지에서 집의 맥락인 한겨울 사이에 나타나는 구조적 유사성을 기반으로 두 영역이 매핑된 '김정희는 집'이라는 개념적 은유가 형상화되는 것이다. 정신에서 이러한 개념적 은유의 형태는 지각적 판단의 결과로 나타난 것이며, 이것이 그림으로 체현되었다고 이해할 수 있다.

정리하면, 원천영역은 우리에게 잘 알려진 대상으로 서술어가 잘 드러나지 않는다(무의식적이고 일반적이다). 하지만 목표영역에서 제시되는 대상 김정희는 서술어가 확정되어야 하는데 이를 원천영역의 집이라는 서술어로 지각하는 것이다. 현상은 일반적 요소를 갖지만 동시에 주관적 성격의 판단 행위와 연결되어 있다. 다시 말해 김정희를 '집'이라는 현상적 이미지로 지각해 추리하는 것은 오류 가능성을 포함한 가추적 판단이라고 할 수 있다. 그러므로 김정희의 서술어는 그림에 표현된 나무와의 관계에서 드러난 집의 서술어로 표현된다고 이해할 수 있다. 따라서 김정희는 '쓸쓸하다' 또는 '외롭지 않다' 등으로 표현할 수(이름 붙일 수) 있을 것이다. 더 나아가 이 그림의 의미를 김정희의 자화상, 또는 이상적과의 우정을 표현한 것이라고 해석할 수 있을 것이다.

결론적으로 가추법은 대상에 대한 진리를 알아가는 탐구의 단계에서 첫 번째 단계에 해당하는 추론의 모드이다. 다시 말해 이미지–다이어그램–은유의 도상적 기호를 통한 감각적 추리 과정이다. 유사성에 기반을 두고 있기에 주관적이고 본능적이지만, 자아통제를 통해서 이러한 과정이 논리적이 된다. 가추법은 도상적 기호(문학과 예술 텍스트)를 매개로 주어와 서술어의 통사적 관계에 기초해 지각적 판단의 형태로 체현된다. 통찰력과 자아통제적인 행위에 기반을 둔 창조적 가추법은 가상공간에서의 도상적 은유에서 언어적·신화적 형태인 담론 세계에서의 은유적 상징으로 진화하는 과정에 존재한다.

참고문헌

드발, 코르넬리스(Cornelis De Waal). 2019. 『퍼스 철학의 이해』. 이윤희 옮김. HUINE.
리스카, 제임스(James Liszka). 2019. 『퍼스 기호학의 이해』. 이윤희 옮김. HUINE.
이윤희. 2020. 「예술텍스트의 가추적 해석에 따른 미학적 경험과 도상적 커뮤니케이션」. ≪기호학 연구≫, 제63집, 179~208쪽.

Anderson, Douglas R. 1987. *Creativity and the Philosophy of C. S. Peirce.* Martinus Nijhoff Publishers.
Brent, Joseph. 1998. *Charles Sanders Peirce: A Life.* Revised and enlarged edition. Bloomington and Indianapolis: Indiana University Press.
Haley, Michael Cabot. 1988. *The Semeiosis of Poetic Metaphor.* Bloomington and Indianapolis: Indiana University Press.
Hoel, Aud Sissel. 2012. "Lines of Sight: Peirce on Diagrammatic Abstraction." Franz Engel, Moritz Gueisner and Tullio Viola(eds.). in *Das bildnerische Denken: Charles S. Peirce.* Berlin: Akademie Verlag, pp.253~271.
Jappy, Tony. 2013. *Introduction to Peircean Visual Semiotics.* Bloomsbury.
Jaynes, Julian. 1990. *The Origin of Consciousness in the Breakdown of the Bicameral Mind.* A Mariner Book.
Lee, Yunhee. 2008. "Symbols in Dialogical Structure of Semiotics." *Semiotica*, 171(1/4), pp.51~78.
_____. 2018. "A Dialogical Semiosis of Traveling Narratives for Self-Interpretation: Towards Activity-Semiotics." *Semiotica*, 225, pp.185~196.
Peirce, C. S. 1932. *Collected Papers of Charles Sanders Peirce*, Vol.2. C. Hartshorne and P. Weiss(eds.). Cambridge, Mass.: Harvard University Press.
_____. 1934. *Collected Papers of Charles Sanders Peirce*, Vol.5. C. Hartshorne and P. Weiss(eds.). Cambridge, Mass.: Harvard University Press.
_____. 1935. *Collected Papers of Charles Sanders Peirce*, Vol.6. C. Hartshorne and P. Weiss(eds.). Cambridge, Mass.: Harvard University Press.
_____. 1958. *Collected Papers of Charles Sanders Peirce*, Vol.7. A. W. Burks (ed.). Cambridge, Mass.: Harvard University Press.

_____. 1998. *The Essential Peirce: Selected Philosophical Writings,* Vol. 2. The Peirce Edition Project(ed.). Bloomington and Indianapolis: Indiana University Press.

Pietarinen, Arti-Veikko. 2014. "A Road to the Philosophy of Iconic Communication." András Benedek and Kristóf Nyíri(eds.). in *The Power of the Image: Emotion, Expression, Explanation.* Peter Lang, pp. 47~58.

Stjernfelt, Frederik. 2014. *Natural Propositions: The Actuality of Peirce's Doctrine of Dicisigns.* Docent Press.

연 습 문 제

1. 〈그림 1〉에서 고양이는 올라가는 것인가, 아니면 내려오는 것인가? 창조적 가추법을 적용해 추측해 보라.

2. 〈그림 2〉에서 유추적 추론을 적용해 b로 시작되는 영어 단어가 무엇인지 추리해 보라.

3. 〈그림 3〉이 어떤 개념을 재현하는지, 은유적 추론을 적용해 그림의 의미를 해석해 보라.

그림 1. **지각 작용**
자료: https://images.app.goo.gl/SMmz4te2Fk1ggrZHA

그림 2. 「**최후의 만찬**」
자료: https://images.app.goo.gl/xw6j48C4x6VnwZcn7

그림 3. 「**천지창조**」
자료: https://images.app.goo.gl/fpsXYV3Fitt8QC286

연습문제 해설 1

창조적 가추법과 관련해, 가추법이 논리적인 자아통제적 행위에 치중되면 창조성이 상실되고, 반대로 자아통제적인 논리성이 없으면 추론의 방법으로서의 자격을 잃는다. 지각자는 이 그림을 보면서 판단을 할 것이다. 가령 '이 고양이는 내려간다' 또는 '이 고양이는 올라간다'라고 추측할 것이다. 이러한 추측은 보는 이의 관점에 따라 달라질 수 있는데, 그 이유는 지각자의 관점이 이전의 인지에 영향을 받기 때문이다. 하지만 이전의 관점이나 믿음에서 벗어나 새로운 관점으로 바라보면 반대쪽 대답이 나올 수 있다. 따라서 '올라가는' 고양이가 아니라 '내려가는' 고양이로 지각이 변한다.

이런 맥락에서 이 그림을 '내러티브적' 상상력을 발휘해 마음의 눈으로 바라보려고 한다면 질문자의 의도에 이끌리는 답이 아니라 전혀 새로운 지각적 판단도 가능하다. 즉, '올라간다' 또는 '내려간다'의 두 종류의 대답이 아니라 "이 고양이는 나에게로 오고 있다"라는 유형의 추측이 될 것이다. 이러한 추측은 지각 대상인 고양이에 대한 지각자의 감정과 관점이 포함된 지각적 판단이라 할 수 있다.

이 이미지에 대한 지각훈련의 예에서 상상력을 통해 새로운 아이디어를 생산하는 창조적 가추법이 예술적 창조성으로 이어진다는 점을 확인할 수 있다. 여기서 창조성이란 새로움(novelty)을 말한다. 이는 대상의 관찰과 추리, 그리고 상상력에 기반을 두고 새로운 아이디어를 생산하는 과정이자, 궁극적으로는 이 그림을 해석하는 활동이다. 이러한 해석활동은 비언어적 기호를 통한 사고활동 과정이라고 할 수 있다.

연습문제 해설 2

이 질문에 답하기 위해서는 구조적 유사성에 기반을 두고 연상되는, b로 시작되는 단어를 찾아야 한다. 즉, 이전의 인지(부수적 경험, 즉 이 그림이 재현하고 있는 성경 텍스트에 대한 지식)에 기초해 이 문제를 해결해야 한다. 따라서 그림과 텍스트의 관계를 통해 구조적인 유사성을 발견하는 유추의 과정이 될 것이다.

회화 이미지에서 예수와 제자들이 대화하는 모습이 보인다. 이러한 최초의 지각적 판단은 상응하는 성경 텍스트에 대한 지식이 없어도 가능한데, 문화적으로 코드화가 되어 있기 때문이다. 하지만 부수적 경험을 통해 이 그림 이미지를 지각하는 사람은 이와 상응하는 성경 텍스트를 떠올리며, 예수가 겟세마네 동산에서 잡히기 전에 제자들과 나눈 마지막 식사와 예수가 당부하는 장면을 재현한 것이라고 둘의 관계를 머릿속에 상상한다. 이러한 상상 행위는 연습문제 1에서 살펴본 것처럼 감정에 기초한 느낌의 자질적 이미지를 통한 판단이 아니라 그림과 텍스트의 구조적 유사성에 기초한 관계적 이미지를 통한 지각적 판단이 될 것이다.

따라서 질문의 답은 회화 이미지와 성경 텍스트 사이의 구조적 유사성에 기초해서 유추적 추론을 통해 도출된 관계적 이미지인 'betrayal'(배반)이 될 것이다. 하지만 이 과정이 유추적 추론으로 진행되지 않고 심리적 또는 주관적인 판단에서 즉각적으로 이루어진다면 가령 'bread', 또는 'blood' 등의 답이 나올 수도 있다. 결론적으로 이러한 유추적 추론에서는 해석적 측면보다는 구조적 유사성의 발견을 통해 그림을 이해하는 인지적 측면이 지배적이다.

››› 연습문제 해설 3

연습문제 3에서는 가추적 해석을 바탕으로 회화 텍스트가 무엇을 재현하는가라는 문제에 대해 생각해 본다. 지각적 판단은 해석의 형태로서, 해석자의 메타적 재현으로 이해된다. 즉, 구조적 유사성을 넘어 유사성의 자질을 해석하는 차원이다. 예를 들어, 〈그림 3〉은 성경의 천지창조 개념을 재현한 것인데, 해석자는 지각적 판단을 통해 그림에 재현된 천지창조의 의미를 성경 텍스트와의 비교에 근거해서 다시 해석하는 것이다. 즉, 서술어의 서술어를 추론하는 해석과정으로서, 메타적 의식 또는 배움의 의식이 개입된다.

쉽게 말해, 이 그림을 매개로 창작자인 미켈란젤로의 아이디어를 읽어내는 추리과정이라고 할 수 있다. 이러한 과정은 일종의 단계적 절차를 거친다. 예를 들어 아담과 하나님의 손 모양과 자세, 아담과 하나님의 공간적 위치, 그림 이미지의 구조와 성경 텍스트의 도상적 구조를 비교한다. 이를 기반으로 아담과 하나님의 관계, 곧 창조물과 창조주의 관계, 더 나아가 표현과 내용 관계에 기초해서 그림의 의미를 해석한다.

첫째, 성경 텍스트에서 도상성이 그림 이미지와 어떻게 대응하는지 살펴본다. "God created humankind [Adam] in his image, in the image of God he created them"(창세기 1장 27절). 지각자는 이 구절에서 한 문장이 다음 문장과 갖는 관계가 뒤집힌, 서로 반영하는 거울 이미지로 재현되어 있음을 발견한다. 그리고 이와 상응하는 구조가 그림 이미지에서 드러나므로 하나님과 아담의 관계를 추리한다. 즉, 하나님은 아담을 창조하는 창조주 주체로서의 이미지이면서, 다른 한편으로는 아담에서 반영되어 드러나는 객체로서의 이미지라고 추리할 수 있다. 마찬가지로 피조물인 아담은 창조주의 피조물로 객체로서의 이미지이면서, 다른 한편으로는 하나님의 이미지를 재현하는 주체로서의 이미지라고 추리할 수 있을 것이다.

둘째, 아담과 하나님의 손의 모양과 자세를 관찰하고 추리해 보자. 아담의 손에서는 수동적이면서도 능동적인 주체의 모습이 지각된다. 마치 왕이 손에 키스를 허락하는 손의 모양과 유사하다. 마찬가지로 지각자는 하나님의 손에서 창조하는, 영을 불어넣는 행위 주체의 모습을 연상할 수 있으나 그러한 모양과 자세는 전달하는 매개적 행위로서 아담에 초점을 맞추게 하면서 행위 주체가 객체화된다.

셋째, 아담과 하나님의 공간적 위치를 관찰하면, 왼쪽 하단에 있는 아담은 땅 위에 정착된 위치를 통해 한계성을 보여주지만, 오른쪽 상단에 있는 하나님은 공중에서 움직이는 이미지를 통해 무한성을 보여준다. 이는 기호학적 공간에서 왼쪽에서 오른쪽으로 이동하는 것은 인식의 과정, 곧 앎의 과정에 대한 공간적 은유라고 이해할 수 있다.

결론적으로, 하나님과 인간 사이의 다이어그램적 도상에 기초한 유비적 추론을 바탕으로 둘의 관계에서 구조적 유사성을 발견하고 이러한 자질을 해석하는 은유적 추론을 통해 미켈란젤로의 「천지창조」가 가지는 의미는 인간이 주체이면서도 객체인 행위자 또는 도상으로서의 인간이라고 해석할 수 있다.

제3장

크리스티앙 메츠의 영화기호학[*]
영화의 기표와 의미작용 체계

이수진

1. 영화 이론 연구로서의 기호학

프랑스 영화기호학자 크리스티앙 메츠(Christian Metz)는 『영화의 의
미작용에 관한 에세이 1(Essais sur la signification au cinéma)』을 통해 영
화기호학의 필요성과 핵심 개념을 제시했다(메츠, 2011a).[1] 한 대담에서
메츠는 영화기호학의 창시자라고 불리는 현상에 대해, 본인은 단지 영
화기호학이라는 이름표를 사용했을 뿐, 그 이전에도 영화의 의미작용
(signification)에 대해 고민하는 동종의 연구가 있었다는 의견을 피력한

---

*   이 글은 ≪기호학 연구≫ 제63집(2020)에 게재된 「〈블레이드 러너 2049〉에 드러난 '약함
     (vulnerability)'의 영화 기표 연구」를 수정·보완한 것이다.
1   메츠의 저서는 총 여섯 권이 발간되었으며, 다수의 연구 논문이 있다. 국내에는 이 중 세 권
     이 번역되었다(메츠, 2009; 2011a; 2011b 참조). 그 외에 메츠의 이론을 소개한 입문서가 있
     다(이수진, 2016 참조).

바 있다(Bellour, 1971: 265). 메츠의 겸손한 고백처럼, 영화기호학은 영화가 어떻게 의미를 만드는지, 그 시스템을 연구하는 학문이다. 영화의 의미는 영화감독 한 개인이 처음부터 끝까지 혼자 만들 수 있는 영역이 아니다. 의미작용 시스템은 오랜 세월 동안 축적된 문화예술, 정치사회, 자본과 산업의 영향권 속에서 정교하게 다져진 무엇이다. 이를 설명하는 다양한 이유와 관점이 있겠으나, 그중 세 가지 정도만 추려보기로 하자.

첫째, 영화 한 편이 관객을 만나기까지의 과정을 고려하면, ① 프리-프로덕션(시나리오, 콘티, 캐스팅, 장소 섭외 등), ② 프로덕션(촬영, 연기, 미술, 분장, 의상, 조명, 녹음 등), ③ 포스트-프로덕션(편집, 보정, CG, 음악, 자막 등), ④ 마케팅(배급, 유통 및 홍보 등)의 전 과정에서 문화산업 전반에 걸쳐 거의 모든 분야가 연관된다. 산업 시스템은 곧 자본의 유입을 뜻하므로, 영화 중에서도 대중을 상대로 수익을 창출하는 장편 서사 영화의 경우, 창작 과정에서 발생하는 일련의 선택들은 개인의 선택을 넘어서는 보다 복합적이고 복잡한 메커니즘 속에서 이루어진다.

둘째, 매체 특성상 영화가 시각과 청각이라는 감각 및 지각 기관과 밀접하게 연관되고 대부분 우리의 실제 세상을 스크린에 재현하기 때문에, 개별 작품은 곧 현실을 소환한다. 다시 말해 영화에서 보고 듣는 세상이 우리의 삶과 닮았는지 여부가 관객의 몰입도를 좌우한다. '현재의 현실'을 다루지 않는 SF나 사극이라 할지라도, 작품의 성공 여부는 작품이 보여주는 세상을 얼마나 그럴싸하게 표현하고 있는가 하는 것이다. 이러한 맥락에서 영화는 세상의 법칙과 규칙을 존중할 수밖에 없다. 영화가 흥행하려면 시각과 청각으로 감지되는 미학적 영역에서 '웰메이드'되어야 하는데, 영화 산업의 규모에서 웰메이드된다는 것은 한 개인의 능력으로는 도달할 수 없는 매우 정교한 차원이다.

셋째, 영화 작업에 참여하는 개인들은 문화라는 큰 틀 안에서 태어나고 자라고 배우고 좌절하고 사랑하는 사람들이기에 오롯이 자기만의 의미 속에서 살기란 불가능하다. 메츠의 말을 빌리자면, "이미지는 홀로 자율적이고 폐쇄적인 왕국을 세울 수 없다. 이미지를 둘러싼 것과 소통 없는 닫힌 세상을 만들 수 없다. 단어 또는 다른 나머지와 마찬가지로 이미지도 의미의 법칙과 작용에 포함될 수밖에 없고 사회에서 의미작용을 만드는 광대한 영향권 내부에 속할 수밖에 없다. 이미지 창조자의 영혼에 문화는 항상 내재하기 마련인데, 문화와 관련되자마자 도상적인 텍스트 역시 담화 형태를 지닐 수밖에 없게 된다"(메츠, 2011b: 188). 풀어서 설명하자면, 영상콘텐츠는 언제나 무엇인가를 이야기하고 전달하는 의미체계를 품고 있다는 것이다. 또는 반대로 의미체계 안에서 영화가 만들어진다는 것이다.

영화기호학의 '공식적인' 시발점인 메츠의 글 「영화: 랑그인가 랑가주인가?(Cinéma: langue ou langage?)」(1964)는 '영화 연구의 체계적인 분석 방법론의 구축'을 목표로 하고 있다. 이 글은 영화가 기존 매체인 "그림, 사진, 연극, 소설 등과 유사한 측면이 있기는 하지만 그렇다고 기존 매체의 분석틀을 고스란히 적용할 수는 없다"라고 명시적으로 밝히면서 영화만의 특성에 대해 정의한다. 1960년대 당시만 해도 영화 연구는 대부분 영화 역사를 다루거나, 유명 감독들의 필모그래피를 추적하거나, 또는 영화가 전하는 메시지를 중심으로 한 주제 연구에 치우쳐 있었다. 다시 말해 영화 자체에 관한 심도 있는 언급은 소수에 그쳤으며, 앙드레 바쟁(André Bazin)의 연구를 제외하고는 영화 이론서조차 찾기 어려웠다. 메츠의 제자이자 영상학자인 자크 오몽(Jacques Aumont)은 청년 시절을 떠올리며 영화를 향한 학문적 열정에 비해 제대로 된 영화학을 접하기 어려웠다고 회고한다. 1960년대에 이르러서야 학문 분야로서 영화학이 태동되었는데, 그 중심에 영화기호학이 있었다.

메츠의 생애는 영화기호학의 발전과 궤를 같이한다. 그는 1960~1970년대 중반까지 영화의 고유한 의미체계 및 영화의 매체적 특성을 정리하는 데 집중한다. 1970년대 후반부터는 초기 관심사를 확장시켜, 영화의 물리적 메커니즘 및 지각 시스템을 상상계로 대표되는 인간의 정신에너지와 연결하는 작업에 매진한다. 1990년대에는 영화가 하나의 텍스트로서 작동하는 언표 상황(énonciation)을 밝히면서 관객의 능동적인 해석과 참여를 강조한다.

1980년대부터는 각자의 영역에서 영화기호학을 심화시킨 2세대 연구자들이 등장한다. 이러한 연구자들로는 서사학에서의 프랑수아 조스트(François Jost), 인지론에서의 미셸 콜랭(Michel Colin), 변형생성문법론에서의 도미니크 샤토(Dominique Château), 화용론에서의 로제 오댕(Roger Odin), 영상미학에서의 자크 오몽, 사운드에서의 미셸 시옹(Michel Chion) 등을 들 수 있다(Lefebvre, 2016).

한편으로는, 질 들뢰즈(Gilles Deleuze)를 필두로 현대 철학자들이 영화기호학의 한계를 지적하기도 한다. 언어와 영화의 공통점과 차이점을 비교·설명하기 위한 시도들이 정작 영화를 이해하는 데에는 소모적이며, 이야기 전달 능력과 내러티브에만 초점을 맞춘 나머지 이미지의 잠재성과 실험성을 배제해 결과적으로 메츠 이론을 적용할 수 있는 대상이 서사 영화에만 국한된다는 것이다. 들뢰즈는 파리 8대학 영화학과에서 메츠의 영화기호학 이론을 점검하는 논문으로 D.E.A.(당시 프랑스 교육법상 박사학위 준비 자격에 해당하는 학위)를 취득했다. 파리 8대학은 국립대로서는 최초로 영화학과를 개설한 대학이다. 들뢰즈는 1979년부터 1987년까지 동 대학 영화학과에서 강의했는데, 본인의 비판 논지를 설명하는 중에 메츠의 긍정적인 영향력에 관한 언급을 잊지 않았다고 한다. 들뢰즈 역시 메츠가 수행한 '영화기호학의 과학적이고 체계적인 분석 방법론 정립'에 대한 가치를 높이 평가했다.

이 글 「크리스티앙 메츠의 영화기호학」은 바로 이 지점을 드러낸다. 이 글은 영화기호학의 방법론이 등장한 이후 시대적 한계를 넘어 50년이 지난 지금도 여전히 유효한 부분을 소개하려는 시도이다. 이는 영상 콘텐츠가 그때보다 우리의 일상에 더욱 깊이 스며든 문화예술 환경을 고려할 때, '영상 문맹'을 타계할 인문과학 방법론이 반드시 필요하기 때문이다. 이 글은 개인적 감상과 인상 비평, 줄거리 요약이나 등장인물 소개를 넘어, 영상콘텐츠가 의미를 구축하는 과정을 분석하는 데 의미를 둔다. 다시 말해 분석의 기초 작업인 스토리, 인물, 내용을 살펴보는 것에 그치지 않고, 그 너머에 있는 영화 매체의 특성까지 충분히 고려한 접근이 무엇인지 소개한다.

2. 영화 기표 연구에 대하여

앞서 말했듯이 영화는 시각과 청각이라는 두 가지 감각 및 지각 기관에 기대고 있다. 시각적으로 보자면, 움직이는 이미지, 즉 영상이 연쇄적으로 이어지고, 때로는 문자를 활용한 자막이 수반된다. 청각적으로는 배우의 목소리(음성), 현장에서 들릴 법한 다양한 소리(음향), 후반 작업에서 삽입된 음악 등이 중요한 역할을 한다. 요컨대 영상, 자막, 음성,

음향, 음악을 비롯한 다섯 가지 이상의 표현 형식이 종합적으로 작용하면서 이야기를 구성하고 의미를 축조한다.

메츠가 영화를 랑가주(langage, 언어체, 언어행위 등으로 번역 가능하다)라고 정의한 이유는 바로 말과 글, 즉 언어에만 기대지 않고 그 외의 표현 형식으로 이야기와 의미를 커뮤니케이션하기 때문이다. 랑가주는 인간이 사용하는 다양한 형식의 의미전달 방법을 총칭한다. 빛의 랑가주, 색의 랑가주, 리듬의 랑가주, 몸짓의 랑가주, 침묵의 랑가주 등 우리는 언어는 물론 비언어적인 표현으로도 얼마든지 의미를 전달할 수 있다. 영화는 여러 종류의 기표들 또는 표현 형식을 사용하기 때문에 더욱 랑가주로 분류해야 하는데, 이를 '도상적 텍스트에 기반한 담화'라고 할 수 있다.

도상(icon)은 쉽게 설명하면 현재 우리가 자주 사용하는 이모티콘처럼 지시하려는 대상과 뜻을 한눈에 알아볼 수 있도록 시각화 또는 청각화한 기호이다. 영화 이미지는 이모티콘보다 훨씬 사실적으로 대상을 시각화·청각화하기 때문에 얼마나 자연스럽게 피사체를 닮게 보여주고 들려주는가가 관건이다. 장편 서사 영화에서는 특히 '영상과 사운드를 통한 시청각적 재현'이 핵심 동력으로 작동한다. 실제적인 모습과 가급적 유사하게 표현하는 '닮음의 논리'에 기반을 두는 것이다.

예를 들어, 영화에 '주인공이 길을 걷고 있는 장면'이 있다면, 촬영 장소에서 배우가 걷는 모습을 카메라로 찍고 후반 작업을 거쳐 최종 상영본에 포함시킨다. 이때 표면적으로 드러나는 색감, 형태, 카메라 구도, 음향, 음악, 편집 등 영화의 표현 형식은 필연적으로 무엇인가를 형성하기 마련이다. 주인공의 생김새, 그가 입은 옷, 그 옷의 색깔, 주인공을 촬영한 각도와 구도, 걷는 시간대에 따라 달라지는 조명, 걸음 소리, 음악의 삽입 여부, 음악 리듬의 빠르기 등 다양한 기표에 따라 각각이 모여 만든 종합적인 분위기는 변화한다.

영화기호학은 이 면면을 고민해, '어떻게 표현되었는가 하는 형식 연구'를 출발점으로 삼는다. 이후 '이미지와 소리의 구조(기표의 형식)'와 동시에 감정과 생각의 구조(기의의 형식)'를 파악하는 단계로 나아간다(메츠, 2011b: 125). 메츠에 따르면, 창작자는 1차, 2차 층위를 넘어 3차 층위까지 고려하면서 작업한다.

1차 층위는, 앞서 설명한 것처럼, 녹화된 이미지와 녹음된 사운드로 현실을 유사하게 재현하는 차원을 말한다. '현실을 닮은 재료들로 만들어진 층위'이다(메츠, 2011b: 22). 우리가 이 글에서 영화기호학 분석틀을 적용해 볼 〈블레이드 러너(Blade Runner)〉를 예로 들어 이해해 보자. 〈블레이드 러너〉의 주요 캐릭터 데커드는 배우 해리슨 포드가 연기했다. 그를 촬영한 이미지와 그의 목소리를 녹음한 사운드는 관객이 화면에서 자연스럽게 "해리슨 포드구나" 또는 "데커드구나"라고 '그를 알아보도록' 한다.

2차 층위는 스토리의 차원과 연관된다. 화면 속에서 재현되는 행위를 통해 '데커드가 걷고 있다', '데커드가 인상을 쓴다'처럼 사건이 구성되는 층위를 말한다. 1차와 2차 층위는 대부분 별다른 해석의 노력 없이 보거나 듣자마자 지각되고 이해되며, 영화의 '있는 그대로의 의미'에 해당한다. 이를 표층 또는 디노테이션(dénotation, 외연)이라고 부르기도 한다.

3차 층위는 1차 및 2차 층위가 혼합되어 구성하는 기표에 의미를 부여하는 층위이다. 상징적 의미, 2차적 의미, 숨겨진 의미 등으로 풀어 말할 수 있는 층위, 즉 코노테이션(connotation, 내포)과 결합된다. 가령, 데커드가 안 좋은 표정으로 걷고 있는 장면을 보고 '우울한 분위기'를 감지하고, 나아가 이러한 신(scene)들이 이어지는 초반부를 보고 '디스토피아'를 추측하는 것까지 의미한다. 3차 층위만이 내포와 연결된다. 참고로 신(scene)은 영화에서 가장 많이 사용되는 분절 단위인데, 이음새를 구별할 수 없을 정도로 매끄럽게 여러 숏을 연결해 마치 한 곳에서 동시간대에 발생하는 사건처럼 보이게 하는 것으로, '선형적인 연속성'이 강조된다(메츠, 2011a: 158).

현실적으로는 영화 장면을 단순화시키지 않고 충실하게 고스란히 설명하기란 불가능하다. 영상 안에는 굉장히 많은 세부 정보가 내재하기 때문이다. 데커드가 길을 걷는 장면에서 어떤 길인지, 어떤 시간대인지, 주변에 어떤 물건과 행인이 있는지, 이 길을 어떤 각도 또는 어떤 프레임으로 잡았는지, 이때 음악은 나왔는지, 노랫말이 있는지, 음향은 어땠는지 등 고려해야 할 요소들이 너무 많으며, 설사 일일이 설명을 시도한다고 하더라도 언어로는 다 아우를 수 없다. 만약 언어로 아우를 수 있다면 오히려 영화로 존재할 필요성을 잃어버리게 될 것이다. 게다가 관객이 영화를 보는 동안 앞서 언급한 1차, 2차, 3차 층위가 명확히 구분되지도 않으며 시간차를 두고 순서대로 구성되지도 않는다. 거의 동시에 존재하는 층위들이다.

요컨대 영화기호학은 좀 더 체계적이고 면밀하게 분석하기 위해 이론적으로 작은 단위로 구분하고, 관찰할 수 있는 영역을 설정한다. 이는 분석 단계에서 가장 선행되는 기초 작업이다. 메츠가 제시한 영화기호학의 분석방법론만 고려해도 그 범위가 매우 넓고 깊다. 게다가 후대 학자들의 연구까지 포함하면 짧은 지면에 담아내기에는 버겁다. 이 점을 고려해 이 글에서는 영화의 기표 또는 표현 형식 연구를 기초로 SF 영화 역사상 기념비적인 작품 〈블레이드 러너〉(1982)와 후속작 〈블레이드 러너

2049〉(2017)의 의미작용을 밝히는 방식 중 한 가지를 소개하고자 한다.

3. 영화기호학으로 작품 분석하기

1) 선행 단계: 의미의 축조에 사용되는 다양한 약호

영화 한 편의 의미작용은 모든 것이 새로운 기표와 기의 간 결합으로
이루어지지는 않는다. 상당수는 기존 방식을 가져와서 그대로 사용하
거나 재해석하거나 맥락에 맞게 변주한다. 새로운 기표−기의 결합, 즉
표현 형식과 그 내용의 결합이 기존 방식과 사뭇 달라, 처음 적용되었다
고 여겨질 경우 세간에서 '독창적'이라는 평을 하고는 한다. 가령 K-좀
비라는 신조어를 만든 〈부산행〉은 할리우드 영화의 좀비와는 다른 움
직임을 새롭게 선보였다. 관절을 꺾으며 걷는 개별의 움직임에 빠르게
내달리는 무리의 움직임까지 더한 K-좀비의 움직임은 역동성이라는 기
의와 결합했고 나아가 집단 분노의 표출이라는 코노테이션을 함축하기
도 했다. 〈부산행〉의 좀비 연출은 이후 〈창궐〉, 〈킹덤〉, 〈반도〉, 〈살아
있다〉 등에서 반복적으로 사용되면서, 한국 좀비 영화의 공통적인 표현
형식으로 자리 잡았다.

이처럼 개별 작품들에서 반복적으로 나타나 유사한 의미를 갖는 형식
에 대해 메츠는 '약호(code)'라는 용어를 사용한다. 약호는 역사적으로
수많은 작품에 거듭 등장해 일종의 관습처럼 자리 잡은 표현 형식을 지
칭하는 개념이다. 일반적으로 장편 서사 영화는 관습적인 약호들에 기
댄다. 좀비 영화의 경우 의식이 없는 좀비 떼를 와이드 앵글로 잡곤 한

다. 컷과 컷 사이의 연결은 별다른 광학 효과 없이 빠른 편이다. 호러 영화의 경우 어두운 조명에 붉은색을 많이 사용하고, 프레임 안과 밖을 적절히 사용해서 서스펜스를 고조시키는 연출이 자주 도입된다. SF 영화의 경우 푸른색이 지배적인 포스터를 사용하기도 하고, 영화가 시작될때 드론 숏으로 도시를 천천히 조망하듯 보여주기도 한다. 특정 작품에만 사용된 바로 그 장면이 아니라 어디선가 많이 본 듯한 장면이 이러저러한 영화에서 비슷하게 떠오른다면 약호라 불러도 틀리지 않을 때가 많다. 영화만의 고유한 약호는 대부분 프로덕션 과정에서는 카메라, 영사기, 녹음기, 스피커 등의 기계 장치와 밀접하게 연관되어 있고, 포스트-프로덕션 과정에서는 디졸브, 페이드인·페이드아웃 등의 편집과 연관된다.

그러나 영화에 등장하는 상당수의 약호가 영화만의 약호는 아니다. 이들 약호는 대중적으로 자주 사용되는 상징적 표현, 정치 이데올로기가 반영된 표현, 다른 예술에서 차용한 형태, 문화적인 메타포 등을 함께 포함한다. 이 영역은 영화 외적인 약호로 분류하는 것이 적합하다. 결국 분석 과정에서는 영화의 특정 약호이건 그렇지 않건 간에 작품에 등장하는 모든 약호를 전부 조사하게 된다. 메츠는 영화기호학을 심지어 약호의 연구라 명명하기도 했다(메츠, 2011b: 258).

영화 약호를 연구할 때에는 두 종류의 접근이 가능하다. 첫 번째 방식은 가능한 많은 영화를 분석해 공통적으로 사용되는 약호들을 찾아내는 방법이다. 이 약호들을 정리해 일종의 리스트를 만들고, 개별 요소들 간의 결합 방식 역시 다양한 사례를 통해 조사한 뒤 정리하는 식이다. 이는 세간의 용어로는 '영화 문법'에 해당하고, 영화기호학의 용어로는 '영화 의미작용 시스템'에 해당한다(메츠의 이론 중 가장 많이 회자되는 '거대

통합체 유형'이 대표적인 예시이다). 두 번째 방식은 한 편의 영화에 나타나는 약호를 조사하기는 하지만 이 약호 자체를 연구대상으로 삼지 않고 이 약호들이 작품 속에서 어떻게 독창적인 방식으로 결합되는가에 주목하는 접근이다. 사실 영화 텍스트는 약호에 의거해 구축되기는 하지만, 동시에 약호에 대항해 발생하는 움직임까지 포괄한다. 한 편의 영화를 만들 때 기존 문법에만 충실히 따른다면 식상한 콘텐츠로 빠르게 소비되고 말 것이다. 만약 개성 있는 작품을 만들고자 한다면, 약호들에 근거하면서도 약호들을 가지고 '놀거나' 약호들을 '파괴'하면서 새로운 시도를 해야 할 것이다.

영화의 약호가 무엇인지 좀 더 이해하기 위해 SF 장르로 범위를 국한해 살펴보자. SF 장르는 대부분 미래를 배경으로 한다. 과학기술이 발전된 도시를 재현하는 데에는 마천루와 네온사인이 대표적인 약호로 작용한다. SF 장르에 낯선 독자라면 인터넷 검색 창에 'SF 사이버펑크'라는 키워드로 이미지를 검색해 보라. 그런 후 프리츠 랑(Fritz Lang)의 〈메트로폴리스(Metropolis)〉(1927)를 검색해 보라. 'SF 사이버펑크'의 검색 결과와 비슷한 흑백 이미지를 볼 수 있을 것이다.

우리의 분석 대상인 〈블레이드 러너〉도 SF의 약호를 '당연히' 사용하고 있다. 〈블레이드 러너〉는 핵전쟁 이후 폐허가 된 지구를 다룬 영화로, 2019년 로스앤젤레스를 배경으로 한다. 인간들은 지구를 대신할 식민지 행성(오프월드)을 개발하고, 노동을 전담하는 리플리컨트를 생산한다. 상당수가 오프월드로 이주를 마친 반면, 지구에는 소수의 빈곤층만이 잔존한다. 영화 도입부에서는 높이 치솟아 오른 건축물들이 고공시점으로 조망된다. 고층 빌딩 상층부에는 타이렐사 직원들의 편리하고 쾌적한 공간이 있다. 그 후 빽빽하게 들어찬 고층 빌딩, 어둠 속에서 유난히 밝게 빛나는 네온 광고판, 뿌연 하늘을 가로지르는 비행차 스피너 등을 보여준다. 카메라가 수평 이동하면 건물들이 불규칙적으로 얽혀 있는 무질서한 모습과 쓰레기가 산재한 혼잡한 거리, 도시 뒷골목을 적시는 산성비, 무표정한 다양한 인종과 혼종의 인간 또는 리플리컨트가 부각된다. 멀리 높은 곳에서 바라본 전체 도시 풍경과 가깝고 낮은 곳에서 바라본 거리는 시각적으로 대비된다.

〈블레이드 러너〉는 앞에서 묘사한 것처럼 '하이 테크 로 라이프(High Tech Low Life)'의 사회상과, 기술 문명이 폭주한 끝에 파생된 디스토피아를 시각적으로 재현하는 약호를 제시했다. 이후 SF 장르의 문법처럼 정착되어 〈토탈리콜〉, 〈엘리시움〉, 〈공각기동대: 고스트 인 더 셸〉, 〈알리타〉 등의 후세대 영화들에 반복적으로 사용되고 있다.

SF 영화에서 재현하는 미래 도시의 디스토피아 이미지(1차, 2차 층위, 즉 디노테이션)는 오염, 황폐, 불행, 죽음 등의 코노테이션(3차 층위)과 직결된다. 인간이 과학기술을 오남용해 종말의 지점까지 몰고 간 미래를 함축하는 것이다. 영화 내내 자연과 생명의 이미지는 드러나지 않으며, 더 이상 살 만한 곳이 못 되는 지상의 암울한 모습이 밤거리의 미장센으로 부각된다. 수직성의 논리에 기반을 둔 이러한 SF 영화들은 상층부에는 쾌적함을, 하층부에는 불쾌함을 드러냄으로써 서로 대립시킨다. 상층부는 과학기술의 혜택을 받는 편리한 공간으로, 부유한 인간들이 거주하는 곳으로 묘사되는 반면, 하층부는 빈곤한 인간들이 기술의 폐기 잔재들에 의존해 연명하는 공간으로 묘사된다. 〈블레이드 러너〉 역시 도시 상층과 하층의 위계, 즉 수직 구도를 기반으로 스토리가 전개된다. 여기에 지구와 오프월드의 위계 관계도 덧붙일 수 있다. 'LA 하층 – LA 상층 – 지구 위 오프월드'라는 3층의 수직성이 서사적으로 확보된다.

오프월드가 홍보 영상물과 담론을 통해 유토피아의 장소처럼 제시되는 것을 고려한다면, '황폐한 지구 VS 이상향으로서의 우주행성'의 이분법 구도로도 해석할 수 있다. 이러한 서사적 약호는 〈토탈리콜〉, 〈엘리시움〉, 〈아바타〉, 〈오블리비언〉, 〈인터스텔라〉 등 다수의 SF 영화에서 재생산되고 있다. 수직 구도는 '과학기술로 구원된 지역 VS 버려진 지역', '지상 VS 지하', '과학기술의 생산 및 사용자 VS 과학기술의 혜택에서 소외된 자', '만든 자(과학자) VS 만들어진 대상(피조물)', '인간 VS 비인간(non-human: 기계, 복제인간, 유전자 조작인간, 인공지능, 로봇, 외계인)' 등 이분법의 구도로도 변주된다.

2) 1단계: 캐릭터 및 내러티브 파악

한 편의 영화에 영화기호학의 분석 방법론을 적용하려면, 스토리 전개를 중심으로 '분절(segmentation)'하면서 시작해야 한다. 현상을 덩어리로 바라보면 실마리를 풀어나가기가 쉽지 않기 때문이다. 작은 단위로 하나씩 자세히 살펴본 후 마지막 단계에서 종합하는 편이 수월하다. 따라서 우선 시공간적 배경, 갈등 요인, 인물 간의 관계 등을 중심으로 픽션 세상의 작동 원리를 파악하고, 핵심 사건이 무엇인지 정리한다. 이를 시퀀스 분석이라고 부른다.

〈블레이드 러너 2049〉의 경우, 전편 〈블레이드 러너〉처럼 미래를 배경으로 리플리컨트를 다룬다. 리플리컨트는 애초에 우주 식민지(오프월드) 개척을 목적으로 디자인된 생명체인데, 이들은 인간보다 육체적 능력이 우월하므로 인간이 하기 힘든 영역에서 대신 일을 처리하는 목적으로만 사용되게 프로그램되어 있다. 블레이드 러너는 인간의 통제를 벗어난 리플리컨트를 추적해서 제거하는 임무를 가진 특수경찰이다. 〈블레이드 러너〉, 〈블레이드 러너 2049〉 두 편 모두 제목에서 유추할 수 있듯이 블레이드 러너를 직업으로 가진 데커드와 K가 각각 핵심 등 장인물이다.

〈블레이드 러너 2049〉의 내러티브는 거의 대부분 K가 경찰로서 미 스터리한 사건을 추적하는 이동 경로를 따라 전개된다. 전작 〈블레이드 러너〉의 주인공인 레이첼과 데커드 사이에서 아이가 태어났다는 설정 하에 갈등 양상이 복잡하게 펼쳐진다. 이 아이를 찾으려는 자, 보호하려 는 자, 찾아서 죽이려는 자, 본인이 그 아이라고 착각하는 자 등 서로가 얽혀든다. 결국 사건의 전모가 밝혀지면서, K는 프로그램된 대로 인간 의 명령에 복종할 것인지, 아니면 인생에서 처음으로 스스로 선택을 할 것인지 고뇌한다. 마지막에 K는 데커드가 아이와 만날 수 있게 돕기로 결정한다.

이와 같이 개괄적인 내러티브를 파악하고 나면, 분석자는 분석 방향 에 따라 시퀀스를 분절한다. 가령 K의 이동 경로와 정체성의 변화를 중 심으로 스토리를 파악한 경우라면, 크게는 세 개의 부로, 상세하게는 이 동 장소를 기준으로 대략 12개의 시퀀스로 나눠볼 수 있다(시퀀스 한 개 는 14분 정도이다). 시퀀스를 나눌 때 주의할 점은 각 시퀀스당 균형이 잡 히도록 배분하는 것이다. 장편 서사 영화는 갈등의 전개 양상과 핵심 사 건을 중심으로 대략 기-승-전-결로 구성된다는 점을 고려해, 각 시퀀 스가 너무 짧거나 길지 않게 골고루 배분하는 식이다(지면의 제약으로 상 세 분석표는 생략한다). 시퀀스를 분석하는 기준은 일반론적인 레퍼런스 가 있을 뿐 정해진 것은 아니다. 'K의 이동 경로와 정체성 변화' 대신 '리 플리컨트들 간의 관계'로 기준을 달리할 수도 있다. 또는 '세력 간의 갈등'을 기준으로 삼을 수도 있다. 영화 분석을 막 시작한 초보자라면 스스로 기준을 설정하는 일이 다소 어려울 수 있으므로 이론서나 논문에 제시된 사례를 참고할 것을 추천한다.

시퀀스 분절 후에는 보다 면밀히 캐릭터를 분석해야 한다. 영화기호학적으로 캐릭터를 분석하는 작업에서도 역시, 1차, 2차, 3차 층위를 통합적으로 고려하는가가 관건이다.

〈블레이드 러너〉 시리즈는 비인간이 화두의 중심이다. 〈블레이드 러너〉의 너무나 유명한 마지막 시퀀스(1:38:17~1:48:08)를 떠올려보자. 푸르스름한 무채색이 주조색인 어두운 화면, 비가 내리는 밤을 배경으로 폐허에서 죽어가는 로이가 데커드에게 본인의 심정을 토로하는 장면 말이다. 1980년대 SF 영화 중에서 비인간의 이야기를 이토록 진지하게 들어준 작품은 거의 전무하다. 비인간을 재현하는 약호는 1990년대 말까지도 여전히 '대상화'를 키워드로 인간을 위협하는 '악'이었다.

인간을 닮게 만든 다른 종류의 인간, 즉 유전자 조작 인간 또는 복제 인간은 SF 영화에서 자주 사용하는 테마 중 하나이다. 〈가타카〉, 〈6번째 날〉, 〈리플리컨트〉, 〈아일랜드〉, 〈더 문〉, 〈유니버설 솔저4: 클론의 반란〉, 〈레플리카〉, 〈제미니 맨〉, 〈서복〉 등이 대표적이다. 이 경우, 복제인간 주인공 또는 복제 당한 주인공이 본인이 원본인지 아닌지, 진짜인지 가짜인지를 두고 고민하는 플롯이 서사적 약호로 자리 잡았다.

그런데 〈블레이드 러너〉 시리즈의 리플리컨트들은 애초부터 자신이 만들어진 존재임을 알고 있다. 서사적 약호를 공유하기는 하나, 다르게 갖고 노는 경우라 하겠다. 즉, 원본과의 비교 또는 인간과의 비교를 중심으로 위계 관계를 설정하는 것은 처음부터 배제한다. 리플리컨트가 생산된(manufactured) 존재로서 나름의 가치를 인정받을 수 있는지, 자연의 법칙대로 태어난(natural born) 인간이 아닐지라도 자유를 누리며 의지대로 살아갈 수 있는지가 고민의 대상이다.

2차 층위가 1차 층위와 결합된다는 앞에서의 설명을 적용해 보면, 〈블레이드 러너〉에서 '리플리컨트의 실존적 고민'은 그들을 어떻게 표현하는지와 밀접하게 연관된다. 가령 리플리컨트가 죽어가는 장면들은 공통적으로 그들의 죽어가는 얼굴을 관객의 시선과 동일한 높이에서 아이레벨로, 클로즈업해서 매우 가까이, 슬로모션 또는 느린 컷 전환으로 천천히 오랫동안 보여준다. 영상과 유사한 분위기의 단조롭고 느린 음악, 지속적으로 들리는 빗소리 등도 분위기를 심화시킨다. '가까이에서 느리고 길게' 죽음의 순간을 재현하는 영화적 기표는 리플리컨트가 죽음을 두려워하고 고통스러워하는 표정을 부각시키면서 정서적 차원에 집중한다. 이에 내재된 코노테이션, 즉 3차 층위는 죽음을 피할 수 없는 비인간의 나약함과 더 이상 살 수 없음에서 느껴지는 회한이다.

〈블레이드 러너 2049〉의 리플리컨트 K도 마지막 시퀀스에서 죽음을 맞이한다. 전편의 로이는 4년이 지나면 자동 폐기되도록 설계되었기에 그 조건에서 벗어나려고 애쓰다가 죽음을 맞이했다면, K는 자유 의지를 가질 수 없게 설계되었는데도 존재론적 고민을 멈추지 않은 데 대한 대가로 죽음에 이른다고 할 수 있다.

영화는 K의 눈을 익스트림 클로즈업으로 보여주면서 시작하는데, 바로 이어서 익스트림 롱숏으로 광활한 풍경을 보여준다. 앞서 K의 이동 경로를 따라 시퀀스를 분절할 수 있다고 했는데, 이는 K가 임무 수행을 위해 비행하는 장면이 종종 등장하는 것과도 맞물려 있다. K의 비행 신은 2~3분 정도 제법 길게, 느린 리듬으로 여섯 번 등장한다. 다시 말해, 느린 익스트림 롱숏의 이동 신은 전체 영화에서 8분의 1 정도의 비중을 차지한다. 이는 스펙터클과 화려한 볼거리가 주를 이루는 SF 장르에서 이례적인 표현이다. 주지하다시피 대작 SF 영화는 역사적으로 내내 상업성을 추구하는 경향이 있어왔기에, 할리우드 문법을 따를수록 화려한 액션 스펙터클을 최우선으로 한다. 대부분 행동과 사건 전개를 주목하고, 리듬을 빠르게 연출한다. 짧은 신들을 연결하면서 컷들이 전환되면 활동적인 분위기가 조성되기 마련이다. 그런데 〈블레이드 러너 2049〉는 첫 번째 시퀀스 내내 배경을 소개하는 차원으로의 약호를 넘어서 매우 정적이다(SF 영화에서는 종종 미래 모습을 단시간에 소개하기 위해 풍경을 훑어 보여주고는 한다). 그뿐만 아니라 인물 중심이 아닌 풍경 중심으로 영화 전반에 걸쳐 정적인 분위기를 형성하며, 미래 사회의 황량함과 우울한 분위기를 '묘사(description)'한다.

영화는 익스트림 롱숏으로 공간을 보여주는 데에만 그치지 않는다. 그 공간에 포함된 K도 같이 보여주는데 이때 프레임 안에서 홀로 존재하는 고독한 면모가 부각된다. 혼자 임무를 수행하는 K는 시종일관 매우 조용하다. 말수가 적고 표정의 변화도 매우 적으며, 감정의 표출도 극도로 제한적이다. 앞에서 〈블레이드 러너 2049〉는 K를 중심으로 서사가 진행된다고 언급한 바 있는데, 표현 형식의 측면에서 보자면 이는 K에 초점을 맞추고 묘사하는 영화적 기표들이 주를 이룬다는 의미이기도 하다. 〈블레이드 러너 2049〉의 감독 드니 빌뇌브(Denis Villeneuve)의 전작 SF 영화 〈컨택트(Arrival)〉(2016)는 외계인과의 만남을 다루지만 마찬가지로 전투 신이 적은 작품이다. 빌뇌브 감독의 두 작품, 그리고 〈블레이드 러너〉까지 모두 사운드와 음악 역시 미스터리하고 정적인 분위기를 조성하는 데 기여한다. 이와 같은 영상과 사운드 연출은 영화에서 묘사의 방식에 해당한다.

메츠의 설명을 따르자면, 이는 '묘사적 통합체(syntagme déscriptif)'에 해당한다. 묘사적 통합체는 여러 개의 신으로 구성되는데, 시간의 흐름과 사건 전개를 강조하기보다는, 피사체를 자세히 들여다보는 데 또는 관찰하는 데 더 관심을 둔다. 마치 시간이 잠깐 멈춘 듯 눈송이를 보여준다든지, 새로운 장소의 면모를 살핀다든지, 음악을 들으며 바깥을 응시한다든지 하는 일련의 시퀀스를 예로 들 수 있다. 내러티브의 빠른 전개를 목적으로 하지 않기에, 행위 또는 액션보다 화면 속에 공존하는 대상들의 면면에 주목한다. 묘사적 통합체를 구성하는 신들은 전후 시간 순서를 따지기에 앞서 동시적으로 같은 공간에 있음을 드러낸다.

영화적 묘사는 스크린에 나타나는 전후 상관관계가 어떤 디제시스(diegesis)적인 상관관계와도 연관이 없는 유일한 경우이다.[2] 이 부분과 관련해 영화에서 스크린은 기표의 장소이고 디제시스는 기의의 장소란 점을 상기해 보자. 예를 들어보자. 풍경을 묘사하는 경우 우선은 나무를 보여주고 이어서 이 나무의 부분적인 모습을 보여주고 이후 그 옆 작은 시냇물을 보여주고 이어서 멀리 보이는 작은 언덕을 보여주는 식이다. 묘사 통합체에서 이미지들이 연속적으로 사물들을 제시할 때 이 사물들이 공존하는 사이에서 분명히 감지되는 유일한 관계는 오직 '공간적인' 공존의 관계일 뿐이다(메츠, 2011a: 158).

묘사적 통합체는 사물과 사람뿐만 아니라 인물의 행동에도 적용된

---

2   디제시스적 상관관계란 스토리 전개 과정에서 작용하는 인과관계 정도로 해석할 수 있다.

다. 〈블레이드 러너〉에서 마지막 시퀀스의 로이의 죽음 신도 묘사 통합체라고 할 수 있는데, 이는 〈블레이드 러너 2049〉에서는 더 확실하게 드러난다. 〈블레이드 러너 2049〉의 K가 임무를 수행하기 위해 이동하는 시퀀스들은 대부분 별다른 사건이 발생하지 않고 그의 비행선이 유영하는 공간의 분위기를 포착한다. 행동이 중심에 있지 않으며 시간은 거의 고정되어 천천히 진행되는데, 이 과정에서 메인 캐릭터의 변화가 관찰된다. 이 영화에서 묘사가 중심이 되는 장면은 느린 리듬으로 차분하고 조용한 분위기를 만든다. 이는 결국 작품 자체가 리플리컨트 K에게 얼마만큼 관심을 보이는가, 그와 함께 얼마나 시간을 보내고 그의 이야기를 얼마나 들어주는가와 연결해 볼 수 있다. 종반부의 시퀀스 12에서 발생하는 K의 죽음 역시 묘사 통합체로 표현된다. K는 결투 중에 부상당한 지친 몸을 계단에 기대고 하늘을 본다. 관객은 묘사 통합체를 통해 한참이나 천천히 그와 함께 머문다. 눈 내리는 쓸쓸한 풍경 속에서의 고독한 죽음을 지켜보는 것이다.

3) 2단계: 의미작용 찾기

캐릭터와 내러티브를 분석한 다음의 단계는 상징적 의미작용을 종합적으로 고려하는 작업이다. 이 과정에는 보다 심층적인 인문학적 사유가 요구된다. 가령 SF 영화에 등장하는 첨단 과학기술로 탄생한 비인간들의 함축된 의미를 메타적으로 분석하려면 기술철학, 존재론, 포스트휴머니즘 등의 분야에서 축적한 분석자 자신의 학문적 깊이가 선행되어야 한다.

SF 영화의 비인간들은 웬만하면 죽지 않는 존재이며 대부분 청년 시절의 몸을 갖고 있다. 즉, 젊고 건강한 외모로 재현된다. 기호학자 미셸 코스탄티니(Michel Costantini)는 과학기술이 인간 변형에 미치는 상관관계를 고려해 SF 영화에 등장하는 인간의 형태를 '호모 사피엔스 – 호모 테크놀로지쿠스 – 호모 바이오니쿠스' 단계로 설명한다(Costantini, 2013: 27). 요컨대 그의 글은 만연한 기술결정론의 사고가 SF작품 속에 어떻게 녹아들어 있는지에 관한 비판이다.

기술결정론자들의 관점에서 보자면, 현 인류는 병들고 늙고 죽는 등 불완전한 존재이다. 기술을 통해 보다 강화된 신체와 의식을 보유해야 하고 나아가 유전자 조작이나 생명공학을 통해 다른 몸을 얻어야 한다. 그들은 인간의 실존적 조건을, 그리고 자연 상태의 인간을 개선해야 하는 부족한 무엇인가로 규정한다. 기술결정론자들은 인간의 몸을 기술로 고쳐 향상된(enhanced) 상태로 만들 수 있다고 믿으며, 나아가 이를 불가피한 것으로 간주한다. 수많은 SF 영화에서는 과학기술로 생산된 존재에 투영된 우리의 욕망을 보게 된다. 기술이 인간의 유한성을 넘어서게 해줄지도 모른다는 기대, 인간 몸의 물리적 제약을 극복할 수 있는 해결책이라는 믿음을 보여준다. 비인간들은 인간보다 더 강한 존재로 그려지며, 상대적으로 인간은 나약한 존재로 대비되고는 한다.

이처럼 비인간에 관한 SF 영화의 약호를 어느 정도 알고 있다면, 〈블레이드 러너〉 시리즈가 이 약호를 비틀고 있다는 것 역시 어렵지 않게 알 수 있다. 〈블레이드 러너〉의 비인간들은 약함과 죽음에 매우 가까이 있다. 우리가 앞서 살펴본 묘사적 기표들을 떠올려보자. 〈블레이드 러너〉 시리즈가 그리는 미래 사회에는 더 이상 인간만이 살고 있지 않다. 인간이 주축인 현재의 삶이 인간의 욕심과 어리석음으로 파괴된 그곳에서는 인간과 기술로 탄생한 비인간이 공존하고 있고, 새로운 존재론이 요구된다. 이는 곧 '인간임은 무엇을 의미하는가', '인간과 비인간을 구분하는 기준은 무엇인가' 등의 철학적 질문과 직결된다. SF 영화는 기술과 인간이 혼종된 상황을 드러내면서, 기존에는 볼 수 없었던 새로운 육체성과 새로운 정체성에 관해 생각하게 만든다.

자연적으로 태어난 존재만이 살 가치가 있다는 굳건한 믿음, 인간의 편리한 삶을 위해 사용된 도구적 존재들은 폐기 처분해도 마땅하다는 합의, 제작된 것은 제작된 것일 뿐이라는 멸시 등이 〈블레이드 러너〉 시리즈의 3차 층위에서 흔들린다. 인간에게만 고유했던 관계 맺기, 감정 느끼기, 자의식 등은 인간의 영역을 넘어 비인간들에게도 당연한 것처럼 제시된다. 게다가 〈블레이드 러너 2049〉는 전작의 수직적 구도를 수평적으로 확장하면서 미래 도시와 미래 존재들을 조망한다. 전작에서 상층부에 속했던 리플리컨트 레이첼과 하층부에 속했던 데커드가 서로 관계를 맺으면서 탄생한 새로운 종류의 리플리컨트를 찾아 〈블레이드 러너 2049〉의 모든 존재가 갈등한다. 이제 인간인지 아니면 리플리컨트인지를 구분 짓는 질문은 사라지고, 태어난 존재와 만들어진 존재의 차이를 무화시키는 새로운 질문이 등장한다. 그들도 우리처럼 '약한 존재'라는 답이 의미작용의 결과일 수 있다.

4. 영화기호학을 공부한다는 것

메츠는 생전에 영화기호학은 초보 단계일 뿐이라고 주장했다. 기존 영화 연구에서 시도하지 않았던 작업이므로 당연히 할 일이 산적해 있고, 초기에는 들인 노력의 정도에 비해 결과물의 정확성이 떨어질 수 있다는 이유에서였다. 따라서 연구를 꾸준히 지속하는 것 이외에는 도리가 없다고도 했다. 또한 영화기호학이 아무리 심화된다고 할지라도 약호들의 완성된 목록을 작성할 수 없다고도 했다. 왜냐하면 영화는 지속적으로 창작되고 분석은 작품을 좇아서 작업되기 때문이다. 약호와 텍스트 사이에는 본질적으로 왕복운동이 이루어진다. 한 편의 영화 텍스트는 기존의 약호에 근거해 구축되지만 동시에 새로운 약호 또는 새로운 하위-약호들을 만들 수 있고, 결국 약호의 목록이란 더 이상 아무도 영화를 만들지 않는 순간이 올 때에만 완결될 수 있다.

이러한 맥락에서 메츠는 분석자의 자세를 다음과 같이 밝힌다. 분석자는 항상 작업의 매 단계마다 부분적으로 완수할 수 있는 임무라도 철저히 마칠 필요가 있다. 하지만 절대적인 완결성이란 기호학 프로그램 내부에 자리할 수 없음을 끊임없이 상기해야 한다. "새로운 글쓰기가 무한대로 생산될 수 있는 것처럼, 새로운 읽기도 무한대로 가능하다"(메츠, 2011b: 260). 그렇다고 해서 분석자가 본인의 읽기를 위해 작품을 희생해서는 안 된다. 법칙을 항상 현상에 맞출 수는 없으며, 역으로 법칙에 현상을 맞춰 넣는 것도 바람직한 일은 아니다. 분석자는 가급적 어느 한쪽으로 치우치지 않아야 하고 약호와 영화 텍스트가 상호보완적임을 잊어서는 안 될 것이다.

이 글을 읽고 영화기호학으로 영화 읽기, 보기 또는 해석하기에 관심을 갖게 된 독자라면, 이제 당신 스스로의 읽기를 시도해 볼 것을 권유한다. 처음에는 '뭐 이렇게까지 해서 영화를 보라는 거지?' 다소 귀찮고 번거로울 수 있을지라도 두세 번 꼼꼼하게 정독한다면, 그다음부터는 한눈에 당신만의 영화 읽기가 가능해질 수 있다.

참고문헌

메츠, 크리스티앙(Christian Metz). 2009. 『상상적 기표』. 이수진 옮김. 문학과지성사.
_____. 2011a. 『영화의 의미작용에 관한 에세이 1』. 이수진 옮김. 문학과지성사.
_____. 2011b. 『영화의 의미작용에 관한 에세이 2』. 이수진 옮김. 문학과지성사.
이수진. 2016. 『크리스티앙 메츠』. 커뮤니케이션북스.

Bellour, Raymond. 1971. *Le livre des autres*. Paris: Editions de l'Herne.
Costantini, Michel. 2013. "Le discours du cyborg et la quête du sens." in *Transhumanités*. Paris: L'Harmattan.
Dosse, François. 2009. "Deleuze va au cinéma." in *Gilles Deleuze et Félix Guattari*. Paris: La Découverte.
Lefebvre, Martin. 2016. "Présentation de «Théorie de la communication versus structuralisme» de C. Metz." in *Chapelles et querelles des théories du cinéma*.
Metz, Christian. 1971. *Langage et cinéma*. Paris: Laroussse.
_____. 1977. *Essais sémiotiques*. Paris: Klincksieck.
_____. 1991. *L'Énonciation impersonnelle ou le site du film*. Paris: Klincksieck.

이 글에서 제시한 연습문제는 '본인만의 영화기호학적 읽기'를 개별 작품에 적용하는 단계별 과정이다. 이를 참고로 해서 실제 적용하는 실천의 단계로 각자 나아가기를 권유한다.

1. 본인이 최근에 본 영화 중 분석하고 싶은 작품을 선택한 후 그중 한 장면을 다시 틀어보고 관찰할 수 있는 기표들을 가능한 상세하게 많이 적어보라.

2. 이 기표들, 즉 표현 형식과 결합된 기의 또는 내용을 적어보라. 처음에는 단순하게 떠오르는 내용을 중심으로 나열한 후, 정리된 내용에서 더 발전시켜 상징적인 의미를 찾아보라.

3. 역으로 상징적 의미로부터 출발해 표층에서 관찰한 기표로 거슬러 다시 본인이 나열한 사안들에서 논리적인 오류가 발견되는지 살펴보라. 1-2-3번의 과정을 몇 번 순환 반복하면서 생각나는 것들을 추가하고 수정·보완하라.

4. 한 장면에 대한 분석 작업을 마친 후에는 앞뒤 장면, 시퀀스, 앞뒤 시퀀스 등으로 확장하면서 전체 작품에까지 적용해 보라.

제4장

신경기호학

이론의 태동과 발달, 그리고 현황

조창연

1. 들어가기

최근 신경기호학이라는 말이 기호학 분야에서 주목을 받고 있다. 신경기호학(Neurosemiotik)은 뉴로기호학이라고도 불리는데, 신경에 해당하는 'Neuro'를 우리말의 신경으로 번역한 것이 '신경기호학'이고 원어의 느낌을 살려서 그대로 차용한 것이 '뉴로기호학'이다. 따라서 용어상으로만 보면 신경기호학은 신경에 대한 기호적 접근 정도로 감을 잡을 수 있다. 하지만 여기서 짚고 넘어가야 할 것은 모든 신경이 신경기호학의 대상이 아니라 뉴런(Neuron), 즉 뇌신경만 신경기호학의 대상이라는 점이다(이하 이 글에서는 뇌신경을 뉴런으로 표기한다). 움베르토 에코(Umbert Eco)의 기호학 경계 이론에 따르면 이 새로운 형태의 기호학은 기존의 사회적 관습을 따르지 않는 신경생리학적이고 유전적인 코드를 기반으로 하는 기호학의 하위적 범주에 속한다고도 볼 수 있다. 분명한 사실은 이 접근이 기존의 기호학적 문제를 해결하고 기호학의 외연을 확장하는 잠재적인 가능성을 가지고 있다는 점이다. 기호학사를 살펴보면 새로운 기호학적 문제 해결은 늘 기호학의 영역과 차원을 새롭게 넓혀왔기 때문이다.

다음에서는 신경기호학의 등장 배경과 의의를 고찰할 것이다. 이 작업을 위해서는 기존의 전통 기호학이 전제하고 있는 중요한 몇몇 기호학적 명제를 재검토해야 한다. 따라서 먼저 기호학의 흐름을 살펴보도록 하자.

기호학의 흐름은 큰 틀에서 거시적인 경향과 미시적인 경향으로 구분될 수 있는데, 이 두 가지 경향은 인간 의식을 전제로 하고 있다는 점에서 공통적이다. 전자는 기호작용, 즉 기호생성과 그 의미생성, 그리고 의미 전달이 사회문화적인 요인들에 의해서 크게 영향을 받는다고 간주한다. 페르디낭 드 소쉬르(Ferdinand de Saussure)의 구조기호학의 계열이 이에 속한다고 할 수 있다. 반면에 후자의 경우는 기호작용이 개인에 의해서 좌우된다고 본다. 찰스 샌더스 퍼스(Charles Sanders Peirce)의 실증주의 기호학의 계열이 이에 대한 좋은 예이다. 이렇게 보면 신경기호학은 미시적 경향에 속한다고 볼 수 있을 것이다. 개인의 뇌신경 작용을 기호학적 관점에서 접근하기 때문이다. 따라서 이 글에서는 미시적 시각에서 신경기호학의 등장배경과 의의 등을 중점적으로 살펴볼 것이다. 이 작업을 위해서는 미시적 경향의 중요한 토대가 되는 퍼스의 기호학적 성향을 이해할 필요가 있다.

퍼스 기호학의 핵심은 인식이다. 이것을 가장 극명하게 보여주는 것이 퍼스의 기호 인식론적 명제이다. 이 관점에서 보면 기호의 생성은 생각과 밀접하다. 즉, 모든 사고는 일종의 기호이며 기호적 매개 없이는 생각을 할 수 없다. 따라서 모든 생각은 무한한 기호과정으로 이루어지며 무한한 생각은 연속되는 생각에 의해서 해석됨으로써 가능해진다. 이 같은 관점에서 보면 모든 사고는 기호이고 삶은 생각의 연속이며 인간은 곧 기호인 것이다. 기호생성의 과정은 기호의미의 생성 과정과 맞물려 있는데 그 기반은 논리성이다. 이에 따르면 기호에 의미를 부여하는 것은 의식을 기반으로 하는 인식의 논리적 흐름이다. 이 흐름은 귀납, 연역, 그리고 가추로 이루어져 있으며, 이들은 서로 순환적으로 연결되어 있다. 이 과정에서 해석을 통해 새로운 기호의미를 생성하는 것이 가추적 논리 과정이다. 이처럼 기호학의 미시적 관점은 의식과 이를 기반으로 하는 인식논리가 핵심적인 토대를 구성하고 있다(조창연, 2015b).

퍼스 기호학의 중심인 논리적 인식을 기반으로 미시적 기호학의 지평을 확장한 것이 인지기호학이다. 인지기호학은 인식의 차원을 인지의 차원으로 확대해 기호생성과 그 의미생성을 탐구한다(조창연, 2004). 인식은 문제를 해결한다든지, 의지를 보인다든지, 말을 한다든지 하는 능동적인 지적 과정에 한정된다. 여기에 감정적인 앎과 신체감각 등의 차원을 포함한 것이 인지이다. 즉, 인지는 이성과 감성, 그리고 의지의 의식차원을 모두 함축하고 있다. 인지기호학은 기호생성과 그 의미생성 과정을 인지생성 과정으로 설명한다. 인지기호학에서 기호의 생성은 구상적 논리를 거쳐서 조작적 논리의 발달로 특징되는 형식조작의 단계를 거침으로써 완성된다. 즉, 외부로부터의 자극은 인지의 감각동작 단계에서 신호와 표징이 되고 전(前)조작 단계에서 도상적 상징이 된다. 이것은 기호적으로는 지표 역할을 한다. 형식조작 단계에서는 인지적인 맥락이 논리에 의해서 인과성을 가지게 되므로 기의가 생성되고 기표와 기의가 이 단계에서 결합해서 기호가 만들어진다.

기존의 기호학 이론들이 의식을 전제로 하고 있는 데 반해, 신경기호학은 의식을 넘어서 무의식 또는 비의식을 지향하고 있다. 무의식이란 글자 그대로 의식이 없는 것을 뜻하지만 무의식이란 사실 의식화되지 않은 영역을 가리키는 것이기에 비(非)의식이라는 말이 사용되기도 한다. 두 용어는 같은 뜻으로 사용되고 있다. 기존의 기호학적 접근들 중에서도 무의식을 기반으로 한 연구가 없지는 않다. 정신분석학에 의한 연구가 그것이다. 그러나 정신분석학적인 연구들은 무의식 연구를 하면서 의식을 전제로 하고 있고, 기호에 의해서 무의식이 구조화되었다고 보고 있으며, 탐구방법론에서 의식적 탐구방법을 답습하고 있는 점에서 무의식에 대한 기호학적 연구는 한계가 있는 것으로 보인다. 의식과 무의식의 토대가 되는 보다 근본적인 요인을 탐구해야 한다. 다행히 최근 신경과학의 발달에 힘입어 의식과 무의식의 토대가 되는 심층적인 영역이 밝혀지고 있다. 이에 따르면 의식과 무의식은 뉴런들의 프로세스 결과에서 비롯된다. 이런 점에서 신경, 특히 뉴런에 대한 기호학적 접근은 의식을 넘어 무의식에 이르는 기호작용을 통합적으로 설명해 줄 수 있는 중요한 단서가 된다고 볼 수 있다(조창연, 2010; 2014).

2. 신경기호학의 태동

'신경기호학'은 최근에 급조된 학문 영역이 아니다. 이 말이 공식적으로 문헌에서 사용된 것은 1934년이다. 미국의 의학사 연구자 앤 해링턴(Anne Harrington)에 따르면 신경기호학이라는 말은 이미 오래전에 독일의 신경학자인 쿠르트 골드슈타인(Kurt Goldstein)이 함축적으로 사용했다고 한다(Andersch, 2016). 골드슈타인은 그의 저서 『유기체의 구조(Der Aufbau des Organismus)』(1934)에서 이 말을 언급했다. 이 책은 네덜란드에서 독일어로 처음 출간되었는데 정작 독일에서는 2014년에 서야 비로소 처음으로 출간되었다. 나치의 유대인 학살을 피해 유럽을 전전하던 저자는 미국으로 망명해 활동하다 생을 마쳤다. 골드슈타인은 베를린 학파의 형상심리학(Gestalt Theory)과 상징심리학을 연결하고 에드문트 후설(Edmund Husserl)의 현상학을 심리병리학에 적용하는 시도를 함으로써 '생물 신경기호학'의 선각자의 위치를 갖게 되었는데, 사실 그것은 기술적 심리병리학의 막다른 골목에서 새로운 길을 모색한 결과였다.

그 이후 독일에서 신경기호학이라는 용어가 다시 등장한 것으로 확인된 것은 1993년 페터 그르치베크(Peter Grzybek)가 ≪보쿰 기호학총서(Bochumer Beiträge zur Semiotik)≫에 기고한 「심리기호학-신경기호학(Psychosemiotics-Neurosemiotics: What could/should be?)」에서였다. 여기서 그는 인지의 핵심이 재현이라고 보았다. 따라서 인지를 모델화하고 인지적 과정을 설명하는 데 기호학적인 접근이 유용하다고 보고 심리학과 신경심리학을 통합적으로 접목해 기호학적 모델을 설명하려 했다. 2002년 미국의 도널드 패브로(Donald Favreau)는 「자아와 타인을 넘어서: 간주관성의 신경기호학적인 창발에 대하여(Beyond self and other: On the neurosemiotic emergence of intersubjectivity)」라는 논문에서 신경기호학적 접근을 시도한다. 여기서 그는 기호 관계가 신경적인 수준에서 어떻게 가능한지를 모색하고 이를 기반으로 신경기호학의 구축을 모색한다.

신경기호학이 독일에서 다시 등장한 것은 2003년, 괴팅겐대학교의 안드레아 뮐러(Andrea Müller)와 요아힘 볼프(Joachim R. Wolff)가 『자연과 문화에 대한 기호 이론적 토대를 위한 개론서(Ein Handbuch zu den zeichentheoretischen Grundlagen von Natur and Kultur)』에 게재한 「신경생리학의 기호학적 전망(Semiotische Aspekte der Neurophysiologie)」이라는 글에서이다(Müller and Wolff, 2003). 이 글은 신경생리학의 중요한 문제를 다루고 있다. 여기서 저자들은 인지의 고차적인 작업을 협력적인 현상으로 파악하고 이 작업이 초유기체(Super-Organismus)인 뇌에 의해서 가능하다고 파악한다. 뇌는 뉴런으로 구성되어 있는데 이 글에서는 뉴런에 대해 기호학적으로 접근하고자 시도한다. 여기서 신경기호학의 중요한 명제와 인식이 다루어진다. 여기서 중점적으로 논의되는 것은 신경코드의 여러 요소와 그 요소들의 통합적 기제이다. 저자들은 이 글을 통해 전통적인 의학 전문 영역인 신경학, 해부학, 생리학, 그리고 병리학 등을 신경기호학이라는 범위에서 통합할 수 있는지 모색하고 있다. 2004년, 안드레아스 뢰프스토르프(Andreas Roepstorff)는 『생물학 이론을 위한 연구서(Studien zur Theorie der Biologie)』에 「세포 신경기호학(Cellular neurosemiotics)」을 게재한다. 이 글에서 그는 뉴런과 뉴런들 간의 상호작용을 기호학적인 관점에서 접근하고 모델화 방안을 모색한다. 또 2007년에는 덴마크에서 간행된 『기호학 대사전(Livstegn: Encyclopaedi semiotik.dk)』 I권과 II권에 신경기호학을 소개하는 기고문을 실었다.

2009년 레네 요르나(René J. Jorna)는 독일에서 출간된 『신경과학 대사전(Encyclopedia of Neuroscience)』에 「신경기호학(Neurosemiotics)」을 게재한다. 이 글에서는 신경기호학의 정의, 간략한 이론 소개, 신경기호학의 개념, 그리고 역할 등을 기술하고 있다. 그에 따르면 신경기호학은 기호나 시냅스, 뉴런, 그리고 신경망과 관련된 신호에 대한 것이다. 그런데 뉴런은 생리학적인 요소로서 뇌 및 마음과 밀접하기 때문에 신경기호학은 인지와 정보 처리를 연결하는 체계로서 인간에 대한 것이기도 하다. 신경기호학의 필요성에 대해서 요르나는 다음과 같이 설명한다. "기호, 신호, 그리고 기호학 차원의 기호 프로세스들과 뇌와 인지들 간의 복잡한 관계를 이해하기 위해서는 이들의 다양한 기술적 차원 간의 차이를 이해하기 위한 보조적 수단이 필요하다. 이 작업을 위한 일차적인 수단이 신경심리학적 접근이고, 그다음이 이를 기반으로 다양한 기호 범주 분석을 적용한 신경기호학이다"(Jorna, 2009: 2830). 2015년, 빌헬름 쿠스(Wilhelm Kuehs)는 그의 논문 「지각의 신경기호학(Neurosemiotik der Wahrnehmung)」에서 지각 현상 분석에 신경기호학을 적용한다. 그는 신경적 유형을 기호학적 시스템으로 간주하고 서사과정이 얼마나 깊게 우리의 몸에 뿌리박고 있는지를 분석한다.

한국에서는 필자가 ≪기호학 연구≫에 「비표상적 기호의미 생성에 대한 기호학적 연구」(2005)라는 논문을 기고하면서 두뇌 작용에 대한 기호학적 분석을 시도했다. 이 논문에서 필자는 명시적으로 신경기호학이라는 말을 쓰지는 않았지만 뇌의 비표상적 재현작용을 기호학적으로 분석하면서 신경기호학적인 접근을 함축적으로 적용했다. 필자는 2010년, ≪기호학 연구≫에 「뉴로기호학 패러다임」이라는 논문을 기고하면서 신경기호학이라는 용어를 명시적으로 처음 사용했다. 이 논문에서는 뉴로기호학으로 표기했지만 뉴로를 한글로 번역한 것이 신경기호학이다. 이 논문은 뇌의 기호생성과 그 의미생성의 문제를 기호학적 관점에서 접근한 것이다.

이런 점들을 종합해 보면 '신경기호학'이라는 말은 주로 뉴런 연구와 관련된 의학이나 심리학 또는 생물학 등의 학문 영역에서 배태되었음을 알 수 있다. 그러나 최근에는 신경과학의 발달, 특히 뇌과학과 인지과학의 발달로 신경기호학의 외연도 함께 확장하고 있다. 기호작용이 인지작용과 밀접해지면서 매 순간 투입되는 자극과 이를 재귀적으로 해석하는 뇌의 능력으로부터 생각, 즉 사고 기호가 만들어진다. 따라서 살아있는 생명체의 총체적인 사고 과정을 기호학적으로 살펴보기 위해서는 이런 사고 과정의 토대가 되는 뇌와 뇌를 구성하는 뇌신경, 즉 뉴런을 기반으로 하는 기호학, 즉 신경기호학적인 접근이 요청되는 것이다. 지금까지 신경기호학이라는 말의 탄생 계보와 각각의 접근법의 특징을 살펴보았다. 이를 통해 어렴풋하던 신경기호학의 개념적 실체가 좀 더 명확하게 드러나게 되었다. 즉, 신경기호학에 대한 논의의 중심에는 인간의 신경과 뇌의 기능 및 작용을 기호학적인 관점에서 탐구하려는 기도가 자리 잡고 있는 것이다. 이런 논의의 결과를 토대로 신경기호학은 다음과 같이 정의될 수 있다.

신경기호학은 신경과 그 체계를 기호학적인 관점에서 연구하는 기호학의 한 응용 분야이다. 즉, 인간의 뇌와 신경, 그리고 그 기능과 작용을 기호학적 관점에서 탐구하는 것을 목적으로 한다. 이 목적을 달성하기 위해 신경기호학은 인간의 모든 생각과 사고활동이 뇌와 신경의 작용과 밀접하게 연관되어 있고 이것이 일종의 기호활동과 밀접하게 연관되어 있음을 밝히는 데 초점을 둔다.

3. 신경기호학의 배경 이론

신경기호학의 기표, 기의, 그리고 그 의미작용을 이해하기 위해서는 뉴런(뇌신경)과 시냅스, 그리고 이들로 구성된 뉴런 네트워크, 즉 신경망을 이해하는 것이 필요하다. 이것은 궁극적으로 뇌를 기호학적으로 이해하는 것과 같다. 왜냐하면 뇌는 뉴런과 이들로 구성된 신경망으로 이루어진 구성적인 유기체이기 때문이다. 다음에서는 뉴런과 이들로 구성된 신경망을 설명하고 이를 기반으로 하는 기호 구성요소들에 대해 알아본다.

우리 뇌는 약 140억 개의 뉴런으로 구성되어 있고 이들이 결합하고 연합하는 방식에 따라서 고도의 정신활동이 나타난다. 이런 의미에서 뉴런은 정보를 받아들이고 전달하는 역할을 하는 생각하는 세포로 볼 수 있다. 일반적으로 뉴런은 다른 뉴런들로부터 정보를 받아들이는 수상돌기(가지돌기), 유전자 정보가 들어 있는 세포핵과 이를 담고 있는 세포체, 다른 뉴런들로 정보를 보내는 축삭(축삭돌기), 축삭을 둘러싸고 정보 전달 속도를 더 빠르게 하는 수초, 활동 전위에 영향을 미치는 랑비에의 마디(혹은 랑비에 결절), 그리고 뉴런과 뉴런들을 접속시키는 시냅스(Synapse)로 구성된다(〈그림 4-1〉 참조). 여기서 수상돌기와 세포체는 정보를 수용하는 입력부의 역할을 하고 축삭은 출력부의 역할을 한다. 즉, 수상돌기는 전기적 신호를 통해 입력신호를 받는 기능을 수행하고 세포체는 수상돌기를 통해서 전달받은 입력을 합산하는 기능을 수행한다. 축삭은 세포체에서 처리된 값을 출력하는 역할을 한다. 축삭의 끝부분을 축삭말단이라고 하는데 다른 뉴런의 축삭말단과 시냅스를 통해 연결된다. 따라서 시냅스는 뉴런들의 연결부위를 가리킨다. 일반적으로

그림 4-1 **뉴런의 구조**

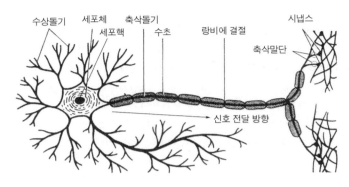

자료: 러셀(1998).

뉴런이 큰 경우에 5000~1만 개 정도의 시냅스를 갖는다. 이 시냅스를 통해 정보의 전달이 일어난다.

〈그림 4-2〉는 앞서 설명한 시냅스가 어떻게 정보를 전달하는지를 도식적으로 보여준다. 시냅스 간의 연결에서는 전기신호와 화학신호가 사용되는데 시냅스 전 뉴런은 정보를 전달하는 쪽을, 시냅스 후 뉴런은 정보를 수용하는 쪽을 가리킨다. 시냅스 전과 시냅스 후의 사이는 시냅스 틈이라고 하는데, 시냅스 전 뉴런에서 방출된 신경성 물질을 시냅스 후 뉴런에 전달하는 역할을 한다. 여기에 도달한 신경물질이 양극(+) 방향으로 작용하면 흥분성 '시냅스 후 전위'가 되는데, 이를 활동전위라고 한다. 반면에 신경물질이 음극(-) 방향으로 변하면 억제성 '시냅스 후 전위'가 된다. 이 경우 전위는 활성화되지 않는다. 즉, 정보가 전달되지 않는다. 시냅스에 연결된 뉴런들은 각각의 값을 갖는다. 다시 말하면 시냅스 후 전위가 양극(+)이 되어 활동전위가 되면 송신된 정보는 수신되어

그림 4-2 **시냅스에서 시냅스로의 정보 전달**

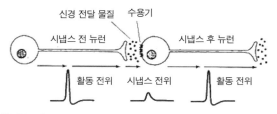

자료: 이정모 외(1999: 58).

서 정보가 전달되는 것이다. 만약에 시냅스 후 전위가 음극성(-)을 띠게
되면 송신된 정보는 활성화되지 않기 때문에 전달되지 않는다. 이런 방
식으로 개개의 뉴런은 서로 정보를 전달한다. 이처럼 뉴런들은 신경망
상에서 전기신호와 화학신호에 의해서 반응하며, 이 반응은 전류를 통
해 나타난다. 뉴런들은 자극을 전기적 신호, 화학적 신호, 그리고 다시
전기적 신호로 바꾸면서 작업을 하는데, 이 과정에서 전기적 변화를 나
타내는 전위가 수반된다.

개개의 뉴런이 모여서 연합체를 이루면 일종의 네트워크, 즉 망이 형
성된다. 이것이 신경망이다(〈그림 4-3〉 참조). 신경망을 인공적으로 도식
화하면 입력 계층, 은닉 계층, 그리고 출력 계층으로 구성된다. 신경망
의 처리 능력은 은닉 계층에 의해서 좌우된다. 은닉층이 하나인 신경망
은 단순 작업에 적합하며 '얕은 신경망'이라고 한다. 반면에 은닉 계층이
많은, 특히 다섯 개 이상으로 구성된 신경망은 복잡한 문제를 해결하는
데 필요하며 '심층신경망'(deep neural Network: DNN)이라고 한다. 다양
한 정보는 입력 계층의 뉴런들을 통해 유입되고 이것이 신경망의 은닉
계층들과 서로 교차적으로 연결된다. 이들의 연결 관계에 의해 중복되

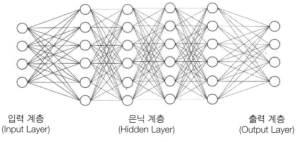

그림 4-3 **신경망의 구조**

입력 계층
(Input Layer)

은닉 계층
(Hidden Layer)

출력 계층
(Output Layer)

자료: https://heung-bae-lee.github.io/2019

는 것이 생기고 그 강도에 따라서 각 뉴런은 벡터 형태의 가중치를 갖는다. 이 가중치들은 출력 계층의 뉴런들과 교차적으로 연결되어 정보들에 대한 의미를 생산한다. 즉, 각 뉴런의 가중치들의 합에 따라서 다양한 패턴이 생성되는 것이다. 여기서 패턴은 여러 정보가 합쳐져서 이들이 지향하는 어떤 대상을 묘사한 것으로, 일종의 인식 행위로 볼 수 있다. 따라서 이런 유형의 인식을 패턴 인식이라 한다. 이 패턴 인식은 대상 정보와 이와 관련된 환경 정보들을 신경망에서 포괄적으로 처리한 결과를 함축한다. 따라서 패턴은 함축된 의미들이 융합해서 가시화된 것으로 볼 수 있다.

4. 신경기호학의 세미오시스

신경기호학의 세미오시스(semiosis)는 신경기호의 작용을 다룬다. 여기서 기호작용이란 기호생성과 의미생성의 기호학적 프로세스를 뜻한다. 신경기호학은 무의식의 차원을 다루지만 또한 의식의 차원과도 밀접하게 연계된다. 따라서 신경기호학의 논의에서는 이 두 차원이 모두 다루어진다. 여기서는 먼저 무의식 차원에서의 신경기호의 작용을 설명하고 그다음으로 의식 차원에서의 신경기호의 작용을 설명한다.

1) 무의식 차원에서의 신경기호학

신경 차원은 의식의 심층에 존재하는 무의식의 영역에 속한다. 신경 차원에서 기호와 의미가 생성되는 프로세스를 살펴보면, 뉴런들의 연결과 이들로 구성된 신경망이 중요한 역할을 하고 있음을 알 수 있다. 신경망을 구성하는 각 뉴런들의 인터페이스를 통해 생성되는 벡터들의 가중치는 무수히 많은 잠재적인 기의를 형성한다. 그러나 이들의 합은 특정한 신경기호의 기의를 생성하는 것이다. 이에 대해 각 뉴런의 벡터의 가중치들은 패턴으로 나타나는데 이 패턴은 기호학적 시각에서 보면 기표에 해당한다고 볼 수 있다. 즉, 신경망상에서 벡터의 가중치와 이것을 개념적으로 가시화한 패턴이 합쳐져서 이른바 신경기호가 만들어진다(〈그림 4-4〉 참조). 그러나 신경 차원에서의 기표와 기의는 전통 기호학에서 전제하듯이 기표가 기의를 담고 있지 않다. 신경 차원에서는 기의가 기표이고 기표가 기의인 것이다.

신경기호의 생성과 신경기호의 의미작용을 이해하기 위해서는 뉴런과 신경망의 관계, 그리고 신경망의 특성과 작업 방식을 이해할 필요가 있다. 신경망의 특성은 조작적이며 자기 폐쇄적이다. 따라서 신경망에서 작업된 결과는 그 과정 자체로 통합되며, 표상에 의해 조작되지 않고 기능과 구조가 분리되지 않는 독특한 방식으로 기호를 창발(emergence)

그림 4-4 **신경기호의 생성 프로세스**

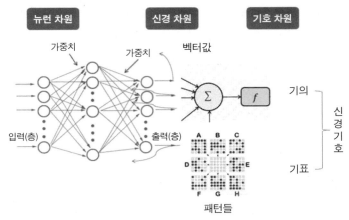

자료: 저자 구상

한다. 여기서 창발은 어떤 층위 요소의 속성들이 통합해 이로부터 전혀
설명되거나 예견할 수 없는 새로운 속성이 다른 새로운 층위에 나타나
는 것을 의미한다.

신경망은 뉴런들의 매우 단순한 조작, 예를 들면 주어진 값을 합하든
가 위상에 대한 합을 비교하는 방식으로 출력 신호를 생성한다. 출력 결
과는 어느 정도는 신경망의 연결 요소의 성질에 의해서 영향을 받지만,
결정적으로는 연결 구조와 각 뉴런들의 연결가중치에 좌우된다. 신경
기호학적으로 보면 입력 계층의 자극 또는 신호는 신경 기제의 코드로
전환되지 않고 연결망 단계에서 직접 프로그램화된다. 즉, 자신의 작업
과정 자체를 변화시키는 방법이 이용되는 것이다. 따라서 기호는 그것
을 생성하는 과정 자체와 분리될 수 없다. 여기서 신경망의 총체적 위상
을 통해 표현되는 비표상적인 산출물이 나타난다. 이것은 명제적 의미

론이나 문장론의 기호 수행 차원의 결과와는 다른 것이다. 왜냐하면 생성되는 표상이 맥락에 좌우되기 때문이다. 이런 특징이 신경망의 기호 생산을 기존의 다른 전통적인 방식과 차별적이도록 하는 것이다.

앞에서 언급했듯이 뉴런들은 신경망상에서 전기신호와 화학신호에 반응하며 이 반응은 전류를 통해 나타난다. 뉴런들은 자극을 전기적 신호, 화학적 신호, 그리고 다시 전기적 신호로 바꾸어 작업을 하는데 이 과정에서 전기적 변화를 나타내는 전위가 수반된다. 기호학적으로 보면 전위를 수반하는 전류는 일종의 기표로 작용하며, 네트워크 내 다른 뉴런들과의 다양한 연결 형식에 따른 네트워크 강도의 변화는 기의를 결정한다. 뉴런의 전류가 신경망을 흐를 때 뉴런들의 흥분 정도, 강도 또는 연결 방식에 따라서 창발적으로 기의가 생성된다. 이로부터 기호학적으로 기표와 같은 역할을 하는 여러 유형의 패턴들이 형성된다. 그러나 신경망상에 하나의 구체적인 기의와 기표가 있는 것이 아니다. 기호의 구성요소인 기의와 기표는 신경망을 구성하고 있는 뉴런들의 관계망에 분산되어 존재한다. 이들이 어떤 특정한 장소에 한꺼번에 저장되어 있는 것이 아니라 뇌의 전체 신경망에 분산되어 있다. 따라서 특정한 하나의 뉴런도 전체 뉴런들이 통합적으로 지향하는 기의적 특성을 지니게 된다. 즉, 기표나 기의가 하나의 뉴런으로 표시되는 것이 아니라, 신경망을 구성하고 있는 모든 뉴런이 이 생성 작업에 관여한다. 따라서 특정한 하나의 뉴런으로부터 전체 신경망의 의미가 도출될 수 있다.

이처럼 각 뉴런들의 기의는 신경망 전체의 벡터들과 연결되어 있고 동시에 이들과 기표적으로 관련된다. 따라서 신경망은 수많은 잠재적인 기의와 기표를 내포한다고 볼 수 있다. 여기서 기표는 기의에 일대일로 대응하는 것이 아니라 상대적으로 주어진다. 여기서 벡터로 표시되는 기의는 활발하게 사용되는 것과 그렇지 않은 것으로 구분되고 활발하게 사용되지 않는 것들은 쇠퇴되고 활발하게 사용되는 것들은 다른 뉴런들과 융합해서 새로운 기의를 생성한다. 이렇게 전체적으로 조율되어 신경망 전체의 형식과 강도가 결정된다. 그리고 이 신경망이 착상되는 방식과 그 착상의 강도, 그리고 신경망의 위상에 따라서 기의와 기표가 결정된다. 이처럼 신경망에서 기표와 기의는 관계망을 통해 스스로 지각되며, 다른 기표와 기의의 지시체가 되어 지속적으로 생성의 순환과정을 반복하면서 스스로의 준거가 된다.

2) 의식 차원에서의 신경기호학

무의식 차원의 신경기호가 의식 차원으로 발현된 대표적인 사례가 언어기호와 영상기호이다. 무의식 차원에서는 기의와 기표가 의미론적으로 같았지만 의식 차원에서는 의식이 신경기호의 기의에 관여하기 때문에 기표와 기의는 의미론적으로 다르다. 여기서 기표는 기의를 담는 일종의 형식으로서의 역할을 한다. 결론부터 말하면 신경기호는 시각의식을 토대로 영상기호가 되고, 고차의식을 기반으로 언어기호로 생성된다. 이해를 돕기 위해서 먼저 시각의식과 고차의식을 설명하자면, 시각의식은 자극이 가치를 반영하는 기억과 가치에 의해서 범주화된 기억 시스템(지각범주화)이 형성됨으로써 생기며 이미지의 현재성을 기반으로 한다. 이 시각의식에 주체 의식과 기호 기억을 기반으로 하는 고차의식이 덧붙여지면 언어기호가 생성되는 것이다.

다음에서는 영상기호와 그 의미가 생성되는 과정을 알아보자(〈그림 4-5〉 참조). 일차적으로 외부로부터의 자극은 망막에서 수용되고 막전압

그림 4-5 **영상기호의 세미오시스**

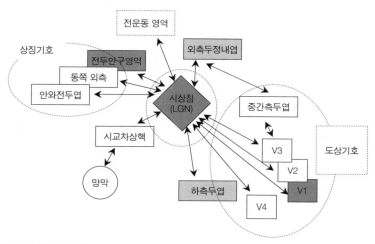

자료: 조창연(2014: 247).

을 이용해 전기적 '신호'로 전환된 후에 시신경(시교차상핵)을 통해 뇌의
시상침(LGN)으로 전달된다. 이때 시각정보는 준계층적인 방식으로 다
수의 피질 영역(V1~V4)을 통과하며, 그 연결은 대부분 인터랙티브한 특
징을 보인다. 일련의 시각 처리 기관들은 구조적·기능적으로 자극들을
수용하고 이를 바탕으로 기호를 생성한다. 여기서 구조는 기표적으로
작용하고 기능은 기의적으로 작용해 내재적으로 기호적 성격을 함축하
는 일련의 '잠재적 기호'를 생성한다. 이 기호들은 뇌 영역의 구조적·기
능적 특성에 따라서 독특한 의미를 생성하는 능력을 갖는다. 이들은 시
각피질과 측두엽, 그리고 두정엽을 거치는 동안에 궁극적으로 '시각 인
식'의 능력을 가지며, 이것은 영상기호를 생성하는 토대가 된다. 시각
인식 전 단계는 V1~V4까지의 피질 영역과 관련되는데 도상기호의 생성

에 관여한다.

시각 처리의 최종 단계에서 '시각의식'이 창발적으로 생성되며 이를
바탕으로 상징적 성격을 가진 영상인 상징적 도상기호가 나타난다. 즉,
영상기호의 생성 프로세스는 뇌가 시각 정보를 처리하는 과정과 동일한
과정을 거치는 것이다. 이것은 시각정보를 처리하는 각 시각 영역들의
구조와 기능이 기호와 의미생성의 잠재성을 내재적으로 함축하고 있음
을 보여준다.

앞서 설명한 바 있지만 언어기호의 생성에는 영상의식을 넘어 기호
기억과 주체 의식을 기반으로 하는 고차의식이 전제된다. 기호기억은
과거와 현재, 그리고 미래를 시간적으로 연결해 시간적 연속성을 갖고
인과적 개념을 파악해 의미를 획득함으로써 자아 형성의 토대가 된다.
이러한 언어기호의 생성은 운동과 감각에 관여하는 넓은 피질을 통합하
는 영역과 밀접하다. 감각 자극을 처리하는 뇌의 깊숙한 영역(뇌간)에서
언어기호가 생성되는데, 여기서 상이한 감각, 특히 촉각과 청각을 통해
축적된 인상이 일관된 기억으로 재구성된다. 이 과정에서 소리를 처리
하는 부분은 손의 움직임을 관장하는 영역과 밀접하게 결부되고, 감각
적인 기억을 통합하는 영역은 몸짓을 유발하는 영역과 연결된다(카터,
2007). 이러한 기호생성은 신경망을 통해 매우 복잡한 과정을 거치면서
뇌의 다양한 영역과 밀접하게 연관되어 진행된다.

언어기호의 생성에는 복잡한 네 가지 신경망이 관여한다(〈그림 4-6〉
참조). 언어기호의 생성에는 주로 언어중추가 있는 좌뇌의 (전)전두엽과
측두엽이 관여한다. 이 생성 과정은 좌반구뿐만 아니라 우반구를 비롯
한 뇌의 여러 부분과 밀접하게 관련되지만, 말과 언어 등의 기호활동은
특히 좌반구의 세 영역, 즉 브로카영역(Broca's area), 베르니케영역

그림 4-6 **언어기호의 뉴로 세미오시스**

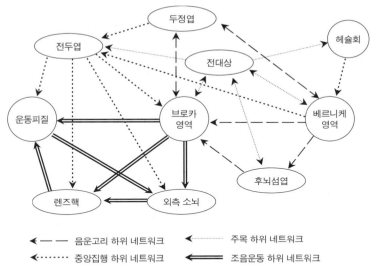

자료: Ingvar & Petersson(2002: 131), 김재진(2007: 25)를 저자가 재구성

(Wernike's area), 보조운동영역(Supplemental Motor Area: SMA) 등과 밀
접하다. 이 과정을 좀 더 자세하게 들여다보면 다음과 같다. 브로카영역
은 베르니케영역보다 더 앞쪽에 있으며 전두엽 옆에 있다. 베르니케영
역은 언어 정보의 해석을 담당한다. 또한 이 영역 주변부는 자음을 듣는
순간에만 활동하는 작은 조직이 있어서 언어를 처리하는 초기 단계의
빠른 변화에 대응해 소리를 정확하게 듣고 구별하는 기능을 한다. 이에
반해 브로카영역은 발화, 즉 말하는 기능을 담당한다. 이 두 영역뿐만
아니라 이 두 영역에 접해 있는 운동피질도 언어기호의 생성에 중요한
영향을 미친다. 그러나 모음은 다른 영역에서 취급된다. 구문을 담당하
는 영역은 아직 확실하게 밝혀지지 않았지만 발화를 담당하는 브로카영

역 주변부 근처에서 처리되는 것으로 보인다.

　베르니케영역 뒤의 약간 위쪽에 시각과 공간을 담당하는 서로 맞닿은 부분이 있는데, 이 영역은 후두엽, 두정엽, 그리고 측두엽이 접해 있는 영역이다. 이 영역은 불룩하게 올라와 있는데 각회(angular gyrus)라고 하며 시각에 의한 기호 인식과 그 외의 기호 처리를 중개한다. 측두엽의 베르니케 지점 옆에는 청각 피질로 알려진 헤슐회(Heschl gyrus)가 있다. 이 영역은 청각 자극과 그 의미생성을 담당하며, 청각 자극이 도착하면 소리를 감지해 의미 있는 해석을 담당한다. (후)뇌섬엽(insula)에는 페리실비안(perisylvian)열구라는 커다란 주름에 감추어져 있으며, 측두엽과 전두엽으로 구분되는데, 이 영역은 언어 영역 사이를 연결하는 다리로 활동을 조정하는 역할을 한다. 전대상(회)은 이성적 회로와 감정적 회로를 중계하며 이를 활성화해서 의식의 형성에 관여한다. 렌즈핵(lentiform nucleus)은 대뇌변연계 부분에 있는 시상(thalamus)의 바깥쪽에 위치한 렌즈 모양의 핵이다. 이것은 바깥쪽의 피각(putamen)과 안쪽의 담창구(globus pallidus)로 되어 있다. 피각은 미상핵(caudate nucleus)과 내부구조가 비슷하고 둘 사이에 많은 신경섬유가 연결되어 있으므로 두 핵을 합쳐서 선상체(線狀體)라고도 한다. 선상체와 담창구는 의지나 의도와는 관계없이 나타나는 이상 운동인 불수의운동을 조절하는 역할을 한다.

　이처럼 언어를 생성하는 다양한 영역은 신경망들로 연결되어 있다. 음운고리 신경망, 조음운동 신경망, 주목 신경망, 그리고 중앙집행 신경망이 그것이다. 음운고리 신경망은 음성고리 또는 유성음고리라고 하는데 구어적인 기호정보를 시연하는 작업기억 영역이다. 이 신경망은 음향적 요소 또는 말(speech)을 기초로 한 요소의 자취를 지닐 수 있는 음운적 기억을 저장하는 역할을 하며, 두정엽과 베르니케영역, (후)뇌섬엽, 브로카영역을 통괄한다. 조음운동 하위신경망은 혀의 움직임, 턱의 움직임, 입술모양과 소리를 시청각 자료로부터 확인하고 반복하는 역할을 하며, 입술에 주어지는 자극을 변별하는 기능도 수행한다. 이 신경망은 브로카영역과 외측 소뇌, 그리고 렌즈핵을 통괄한다. 주목 신경망은 두정엽과 베르니케영역, (후)뇌섬엽과 브로카영역을 관할하며 사물에 대해서 관심을 갖고 주목하는 기능을 수행한다. 중앙집행 신경망은 기호생성에서 가장 핵심적인 영역인 베르니케영역과 전두엽, 브로카영역, 외측 소뇌, 렌즈핵, 그리고 운동피질을 통괄한다.

이러한 신경망들의 역할을 요약하면 의미론을 음운론적 서열에 반복적으로 연관시켜서 구문론적 대응물을 구성하는 것이다. 이것은 기존의 법칙들이 아니라 기억 내에서 발생하는 법칙들을 개념적으로 조작함으로써 만들어지며 이로부터 고차원적인 의식을 기반으로 하는 기호구조가 생성된다(에델만, 2006). 이것은 특수한 기호기억을 기존의 개념 중추들에 추가적으로 연결해 수많은 개념을 만들고 창조적이고 세련되게 연결해 기억 능력을 강화한다. 이처럼 가치-범주 기억이 개념 영역과 말 영역을 결합한 활동과 상호작용함으로써 기호의미가 생성된다. 지금까지의 논의는 영상기호와 언어기호의 생성 과정이 뇌의 정보처리 과정과 유사하다는 것을 보여주는데, 이것은 뇌의 정보 처리 과정이 다름 아닌 기호화의 과정임을 단적으로 시사한다.

5. 나가기

지금까지 진행된 논의의 핵심적인 내용을 정리하면 다음과 같다. 기호학의 흐름은 큰 틀에서 미시적 경향과 거시적 경향으로 구분될 수 있지만 의식을 기반으로 한다는 점에서 두 흐름은 공통적이다. 이 글은 미시적 경향에 속하는 신경기호에 대한 논의에 초점이 맞춰져 있기 때문에 기호작용이 사회문화적인 요인들에 의해서 크게 영향을 받는다는 입장인 거시적 경향을 다루지는 않았다. 전통적인 기호학의 미시적 영역은 한 개체로서 개인의 기호작용을 다루지만, 신경기호학은 그보다 훨씬 더 하위 범주인 뇌신경인 뉴런을 취급한다. 즉, 의식 기반의 기호 인식론(퍼스 기호학)에서 인지 중심(인지기호학)으로 진전되고, 의식을 넘어 무의식을 기반으로 하는 신경 중심으로 진전되어 온 것이다.

그러나 신경기호학은 최근에 생긴 기호학의 신생 영역이 아니다. 신경기호학적 접근은 이미 1934년 문헌에서 확인된 바 있다. 이러한 접근은 처음에 생물학이나 심리학을 기반으로 했지만 이후에 신경 연구와 신경 의학의 관점이 추가되면서 차츰 이론의 틀을 갖추게 되었다. 최근에는 신경과학, 특히 뇌과학과 인지과학의 발달로 신경기호학의 외연도 함께 확장되었다. 이런 일련의 신경기호학의 발달을 토대로 신경기호학은 신경과 그 체계를 기호학적인 관점에서 연구하는 기호학의 한 응용 분야로 정의될 수 있다.

신경기호학을 이해하기 위해서는 기호학의 핵심적인 요소인 기의, 기표, 기호생성, 그리고 의미생성 등의 관점에서 신경을 알 필요가 있다. 즉, 신경기호학의 배경이론을 알아야 한다. 이에 따라 뉴런의 구조와 뉴런들을 연결하는 시냅스, 그리고 뉴런들이 모여서 형성되는 신경망에 대한 핵심적인 특성들이 다루어졌다. 이를 근간으로 무의식을 기반으로 하는 신경기호학의 기호학적 모형이 도출되었다. 신경망을 구성하는 각 뉴런들은 다른 뉴런들과의 인터페이스를 통해 벡터를 산출하고 이들 간에 발생하는 가중치들의 합이 특정 기호의 기의를 생성한다. 이와 동시에 각 뉴런의 벡터의 가중치들은 패턴으로도 나타나는데 이 패턴의 총체가 기표가 된다. 즉, 신경망상에서 벡터의 가중치와 이것을 개념적으로 가시화한 패턴이 합쳐져서 이른바 신경기호가 생성된다. 이러한 신경기호는 기표와 기의가 동일하다는 점에서 기존의 전통적인 기호학적 관점에서의 기호와 다르다. 신경 차원에서는 기표와 기의가 구조적으로 접속하기 때문에 양자 간에 양적·질적으로 의미론적 차이가 발생하지 않는다. 즉, 기표와 기의가 상호 섭동적으로 접속되어 있는 것이다.

신경기호는 의식 차원의 세미오시스에도 관여한다. 무의식은 의식과 연결되어 있기 때문이다. 의식 현상에 신경기호가 관여함으로써 우리가 잘 아는 대표적인 기호인 언어기호와 영상기호가 생성된다. 무의식의 차원과는 다르게 의식 차원에서는 기호의 기표와 기의가 같지 않다. 의식이 기의 형성에 관여하기 때문에 기표와 기의가 다르고 그 결과 기호의미와 기의에 괴리가 생기기 때문이다. 신경기호는 시각의식을 기반으로 영상기호로 전환된다. 여기서 시각의식이란 범주화된 사건들의 이미지, 즉 그림이나 심상으로 볼 수 있는데, 그 특징은 항시 현재적이라는 점이다. 즉, 시각의식은 이미지의 현재성을 기반으로 자극 가치를 반영하는 기억과 가치에 의해서 범주화된 기억 시스템(지각범주화)이 이미지의 현재성을 기반으로 형성한다.

신경기호는 고차의식 차원에서 언어기호로 나타난다. 고차의식은 시각의식에 주체의식과 기호기억이 덧붙여짐으로써 생성되는 의식이다. 언어기호의 생성에 관여하는 신경망은 모두 네 가지이다. 음운고리 신경망, 주목 신경망, 중앙집행 신경망, 그리고 조음운동 신경망이 그것이다. 또한 언어기호의 생성에는 주로 언어중추가 있는 좌뇌의 (전)전두엽과 측두엽이 관여한다. 특히 말과 언어 등의 기호활동에 좌반구의 세 영역, 즉 브로카영역, 베르니케영역, 보조운동영역(SMA) 등이 밀접하게 관여한다. 그 결과 음운적인 요소들이 이 신경망의 프로세스 속에서 언어적인 요소들과 결합해 기호로서 언어를 생성하는 것이다.

지금까지의 논의를 종합하면 신경기호학은 생명의 초미시 현상인 신경작용을 기호학적으로 파악하는 것임을 알 수 있다. 이 작업은 다음과 같은 몇 가지 점에서 그 의의가 있다. 첫째, 기존의 전통적인 기호학의 중요한 전제인 의식을 넘어 무의식의 영역을 기호학적으로 접근한 점이다. 즉, 무의식의 상태에서 기호가 어떻게 생성되고 의미를 생성하는가를 기호학적으로 접근하고 체계화하고 있다. 이로써 의식적 영역에 갇혀 있던 기존의 전통적인 기호학의 패러다임을 무의식의 영역까지 확대하고 이들을 연결한다. 둘째, 기존의 전통적인 기호학의 중요한 축인 구조 언어기호학의 중요한 명제인 기의와 기표에 대한 신경 차원을 검토한 점이다. 기표와 기의는 다르고 이들이 합쳐져서 기호를 만든다는 통념 너머의 새로운 차원을 탐색했다. 즉, 기의와 기표가 동일한, 즉 기호의미와 기의가 동일한 기호의 가능성을 탐색한 것이다. 셋째, 의미작용은 표상과 해석을 기반으로 하는 것이 아니라 비표상과 비선형적 창발에 의한 것임을 밝힌 점이다. 마지막으로 뇌의 의미생성과 상징 형성을 기호학적으로 접근하는 단초를 제공한 점이다. 뇌신경과 이들로 이루어진 신경망의 작용은 궁극적으로 슈퍼기호체로 뇌의 움직임을 보여주는 것이기 때문이다.

참고문헌

김제진 외. 2007.『뇌영상과 정신 이해』. 중앙문화사

러셀, 피터(Peter Russell). 1998.『인간의 두뇌: 어떻게 활용할 것인가』. 김유미 옮김. 교육과학사.

박문호. 2008.『뇌, 생각의 출현: 대칭, 대칭의 붕괴에서 의식까지』. 휴머니스트.

에델만, 제럴드(Gerald M. Edelman). 2006.『신경과학과 마음의 세계』. 황희숙 옮김. 범양사.

이정모 외. 1999.『인지심리학』. 학지사.

조창연. 2004.「인지생성과 기호생성의 관계에 대한 기호학적 연구」. ≪기호학 연구≫, 제15집, 273~300쪽.

_____. 2005.「비표상적 기호의미 생성에 대한 기호학적 연구: 두뇌작용의 기호학적 분석을 중심으로」. ≪기호학 연구≫, 제18집, 249~275쪽.

_____. 2010.「뉴로기호학 패러다임」. ≪기호학 연구≫, 제27집, 421~450쪽.

_____. 2014.『기호학과 뇌인지과학의 커뮤니케이션』. 커뮤니케이션북스.

_____. 2015a.『뉴로커뮤니케이션』. 커뮤니케이션북스.

_____. 2015b.「퍼스의 기호학적 커뮤니케이션에 대한 연구」. ≪기호학 연구≫, 제42집, 329~354쪽.

카터, 리타(Carter, Rita). 2007.『뇌 맵핑마인드』. 양영철·이양희 옮김. 말글빛냄.

Andersch, N. 2016. *Kurt Goldstein-ein Pionier der Neurosemiotik?*, Schriftenreihe der DGGN 22, pp.93~112.

Arbib, M. A. 1989. *The metaphorical Brain 2: Neuroal Networks and Beyond*. New York(etc.): John Wiley & Sons.

Ingvar, M. and K. Petersson. 2002. "Functional Maps and Brain Networks." A. W. Toga and J. C. Mazziotta. *Brain Mapping: The Methods*. Academic Press, pp.111~139.

Jorna, René J. 2009. "Neurosemiotics." M. D. Binder, N. Hirokawa, U. Windhorst (eds.). *Encyclopedia of Neuroscience*. Springer, pp.2830~2833.

Müller, Andreas and Joachim R. Wolff. 2003. "Semiotische Aspekte der Neurophysiologie: Neurosemiotik." R. Roland, K. Robering and Thomas A. Sebeok(eds.). *Ein Handbuch zu den zeichentheoretischen*

Grundlagen von Natur and Kultur. Berlin·New York: Walter de Gruyter, pp. 2667~2698.

https://heung-bae-lee.github.io/2019/12/08/deep_learning_03/

1. 퍼스 기호학의 기호 인식론이 지닌 특징을 설명하라.
2. 인지기호학을 설명하고 퍼스 기호학의 기호 인식론과의 연관성을 설명하라.
3. 신경기호학을 정의하고 중요한 국외의 발달 과정을 약술하라.
4. 신경기호학의 핵심 배경이론을 설명하라.
5. 신경기호학 이론의 핵심적인 내용을 약술하라.

››› **연습문제 해설 1**

퍼스의 기호 인식론에 따르면 인식과 사고는 기호를 통해 연결되어 있고 사고 과정은
본질적으로 기호작용 또는 세미오시스이다. 따라서 모든 사고는 일종의 기호이며 기
호적 매개 없이는 생각할 수 없다. 따라서 무한한 생각은 무한한 기호과정으로 이루어
지며, 모든 생각은 연속되는 생각에 의해서 해석됨으로써 가능해진다.

››› **연습문제 해설 2**

인지기호학은 기호생성과 의미생성의 토대가 인지라는 기호학적 입장이다. 여기서 인
지는 이성과 감성, 그리고 의지의 의식 차원을 모두 함축하는 것이다. 인지기호학적 입
장은 인식을 기반으로 하는 퍼스의 기호 인식론을 확장하고 있다고 볼 수 있다. 퍼스의
기호 인식론의 입장은 기호 사용자의 인식 차원을 기반으로 하고 있기 때문에 이성과
합리성에 근거한 논리가 기호생성과 의미생성의 중심이 된다. 이런 관점은 인간의 사
고가 몸을 기반으로 이성과 감성, 그리고 의지를 통합한다는 점을 간과하고 있다. 기호
인식론의 이런 점들을 인지적 관점에서 보완한 것이 인지기호학이다.

››› **연습문제 해설 3**

신경기호학은 신경과 그 체계를 기호학적인 관점에서 연구하는 응용기호학의 한 분야
다. 인간의 뇌와 신경, 그리고 그 기능과 작용을 기호학적 관점에서 탐구하는 것이 신
경기호학의 목적이다. 즉, 인간의 모든 생각과 사고활동이 뇌와 신경의 작용과 밀접하
게 연관되어 있고 기호활동과 밀접하게 연관되어 있음을 밝힌다.
신경기호학적 접근은 1934년에 독일의 신경학자인 골드슈타인이 언급한 이래 1993년

에는 그루지벡이 심리학과 신경심리학을 통합적으로 접근해 신경기호학의 기호학적 모델을 설명했다. 2003년에 괴팅겐대학교의 뮐러와 볼프는 신경생리학을 기호학적으로 고찰하면서 뇌신경에 대한 기호학적 접근을 시도했다. 2004년에 뢰프스토르프는 단순한 뉴런 단위 수준에서 더 복잡한 뉴런 단위를 기반으로 하는 상호작용을 기호학적인 관점에서 접근하고 모델화를 모색했다. 2009년, 요르나는 기호, 신호, 그리고 기호학 차원의 기호 프로세스들과 뇌와 인지 간의 복잡한 관계와 이들의 다양한 기술적 차원의 차이를 이해하기 위한 보조적 수단의 필요성을 언급했다. 그는 이 작업을 위해 일차적인 수단으로 신경심리학적 접근을 제기하면서 이를 기반으로 다양한 기호 범주 분석을 위한 방법이 신경기호학이라고 정의했다.

››› 연습문제 해설 4

신경기호학의 배경이론은 신경기호학의 대상이 되는 뉴런과 이들로 구성된 신경망을 이해하기 위한 것이다. 뉴런은 다른 뉴런들로부터 정보를 받아들이는 수상돌기(가지돌기), 유전자 정보가 들어 있는 세포핵과 이를 담고 있는 세포체, 다른 뉴런들로 정보를 보내는 축삭, 그리고 뉴런과 뉴런을 접속시키는 시냅스 등으로 구성된다. 시냅스는 시냅스 전 뉴런과 시냅스 후 뉴런으로 구성되는데, 이들 간의 연결에 전기신호와 화학신호가 사용된다. 시냅스 전 뉴런은 정보를 전달하는 쪽이고 시냅스 후 뉴런은 정보를 수용하는 쪽이다. 시냅스 전과 시냅스 후의 사이를 시냅스 틈이라고 하는데 시냅스 전 뉴런에서 방출된 신경성 물질이 음극(-)이면 정보전달이 억제되고 양극(+)이면 정보가 전달된다.

신경망은 개개의 뉴런이 모여서 망 연합체를 이룬 것으로, 이를 구조화·기능화하면 입력 계층, 은닉 계층, 그리고 출력 계층으로 구성된다. 입력층의 뉴런들을 통해 다양한 정보가 유입되고 이것이 신경망의 은닉 계층들과 서로 교차적으로 연결되어 그 강도에 따라서 각 뉴런들이 벡터 형태의 가중치를 갖는다. 이 가중치들은 출력 계층의 뉴런들과 교차적으로 연결되어 정보들에 대한 의미를 생산한다.

››› 연습문제 해설 5

신경기호학의 대상이 되는 신경 차원은 의식의 심층에 존재하는 무의식의 영역에 속한다. 이 무의식의 차원에서 기호생성과 의미생성 프로세스는 뉴런들의 연결과 이들로 구성된 신경망에 좌우된다.

신경망을 구성하는 각 뉴런들의 인터페이스를 통해 생성되는 벡터들의 가중치는 무수히 많은 잠재적인 기의를 형성한다. 그러나 특정한 기호의 기의는 이들의 합에 의해서 생성된다. 이와 함께 각 뉴런의 벡터의 가중치들의 합은 패턴으로도 나타나는데 이 패턴은 기표에 해당된다고 할 수 있다. 즉, 신경망상에서 벡터의 가중치와 이것이 개념적으로 가시화된 패턴이 합쳐져서 이른바 말하는 신경기호가 만들어진다.

신경기호는 의식 차원에서는 우리가 잘 아는 대표적인 기호인 언어기호와 영상기호의 토대가 된다. 이 영역에서는 의식이 기의 형성에 관여하기 때문에 기표와 기의는 서로 다르다. 즉, 기호의미와 기의가 서로 다르다.

시각 처리의 최종 단계에서는 '시각의식'이 창발적으로 생성되는데, 이것이 신경기호와 결합해서 영상기호를 생성한다. 반면에 시각의식에 기호기억과 주체 의식이 덧붙여지면 고차의식이 창발되는데 이를 기반으로 언어기호가 생성된다.

제5장

화쟁기호학의 이론과 실제[*]

화쟁을 통한 형식주의 비평과 마르크스주의 비평의 아우름

이도흠

1. 왜 화쟁기호학인가

그리스 시대 이래로 수많은 예술가들과 이론가들은 문학과 예술을 창작하거나 비평할 때 여러 대립물이나 아포리아(aporia)와 마주쳤다. 큰 범주의 것만 떠올리더라도 이데아와 그림자, 기호와 진리, 기호와 이미지, 형식과 내용, 은유와 환유, 텍스트와 콘텍스트, 미메시스와 판타지, 반영과 굴절, 텍스트와 이데올로기, 작가와 독자, 대중성과 예술성 등이 있다. 많은 사상가와 이론가들이 이들 간의 대립에 번민하면서 종합을 모색했지만, 많은 것이 미제로 남아 있다.

---

[*] 이 글은 이도흠의 『화쟁기호학, 이론과 실제』(한양대출판부, 1999)에서 1부 이론 부분(13~220쪽)을 거의 7분의 1로 압축한 것으로, 이 책에 있는 각주는 생략하고 책에 없는 내용만 이 글의 각주로 표기했다. 구체적인 논증과 각주는 이 책을 참고하기 바란다.

비평으로 한정하면, 자본주의와 사회주의처럼 형식주의 비평과 마르크스주의 비평은 미학적으로나 정치적으로 대립적이다. 한 작품에 대해 형식주의 비평을 하면, 그 텍스트의 내적 구조를 분석해 문학성을 되찾고 형식의 아름다움과 낯설게하기를 드러낼 수 있는 반면에 맥락에 따른 해석을 하지 못한 채 구체성과 진정성을 잃어버린다. 마르크스주의 비평을 하면, 작품을 사회경제적 토대와 연관해 구체적으로 해석함으로써 현실의 모순을 비판하고 진정한 가치나 유토피아를 추구하는 대신에 문학을 사회에 종속시켜 문학성과 낯설게하기를 상실하고 형식의 아름다움에 별로 주목하지 못한다. 미하일 바흐친(Mikhail Bakhtin)이 사회학적 시학을 통해 양자의 종합을 모색했지만 다분히 당위적이었고 이 양자를 절충하는 데 그치고 말았다.

아포리아의 종합이든 비평의 종합이든 간에, 실체론과 이분법의 틀 내에서는 완전한 종합이 불가하다는 것이 필자의 생각이다. 이에 이를 넘어선 새로운 패러다임인 화쟁의 사상에 따라 이 대립과 아포리아를 아우르고, 이를 바탕으로 형식주의 비평과 마르크스주의 비평의 종합을 모색하고자 한다.

2. 화쟁이란 무엇인가

화쟁(和諍)의 축자적 뜻은 모든 이론과 논리의 대립과 갈등[諍]을 하나로 아우른다[和]는 것이다. 불교학자들이 화쟁을 소통, 화해, 개시개비(皆是皆非)로 보는데, 화쟁은 서양의 소통이나 화해와는 양상만 비슷할 뿐 본질과 논리체계가 다르며, 개시개비가 화쟁인 것은 맞지만 이는 겉

껍데기에 지나지 않는다.

원효는 '우다나경' 등에 나오는 장님 코끼리 만지기 비유를 예로 들며 "장님들이 코끼리를 말하고 있는 것은 사실이므로 옳지만[皆是], 누구도 코끼리의 전모를 보지 못한 채 부분을 전체로 오인하고 있으니 그른 것이다[皆非]"라는 취지의 말을 한다[원효, 『열반종요(涅槃宗要)』]. 이를 바탕으로 조성택 교수는 화쟁을 개시개비(皆是皆非)로 해석했으며, 조계종의 화쟁위원회 위원장인 도법 스님은 4대강 사업, 쌍용자동차 대량해고 문제 등에 이 논리를 적용하면서 진보도 진영의 논리에서 벗어나라고 주문했다. 필자가 이에 대해 화쟁을 양비론으로 왜곡했을 뿐만 아니라 결과적으로 정권과 자본을 옹호했다고 비판하는 글을 게재한 것을 계기로 토론회가 열렸고, 당시 한 언론이 '도법식 화쟁 대(對) 이도흠식 화쟁의 대결'이라고 제목을 달아 보도할 정도로 뜨거운 논쟁이 있었다.

무엇보다 화쟁은 연기론의 하나이기에 연기론의 속성과 논리를 포함한다. 전쟁을 하려던 두 나라가 서로 순망치한(脣亡齒寒)의 관계임을 알고 화해하고 더 나아가 동맹을 맺는 것처럼, 대립물이 연기, 곧 상호관련, 인과(因果)와 조건을 형성하고 있음을 인식하는 순간 대립은 조화를 향해 운동한다.

연기론을 바탕으로 대대(待對)의 논리로 불교사상에 있는 아포리아, 대립, 구분을 하나로 아우른 것이 화쟁이다. 대대는 세계를 'A 또는 A가 아닌 것(A or not-A)'의 이분법적 모순율을 넘어서서 'A이면서 A가 아닌 것(A and not-A)'의 퍼지(fuzzy)의 논리 체계로 바라본다. 서양의 주류 철학은 이 세계를 이데아/그림자, 주체/대상, 현상/본질, 이성/감성 등 'A 또는 A가 아닌 것'의 이분법으로 세계를 바라보았고, '이데아인 동시에 그림자' 식으로 'A이면서 A가 아닌 것'은 모순으로 간주했다. 우리 또한 어두우면 밤, 밝으면 낮이라 한다. 하지만 실제 세계는 'A이면서 A가 아닌 것'이다. 낮 12시라 하더라도 12시에서 0.00001초도 모자라지도 남지도 않은 극점만이 낮인 것이며, 1분만 지났다 하더라도 그만큼 밤이 들어와 있는 것이니, 하루의 모든 시간은 낮인 동시에 밤이다. 이렇게 실제 세계는 A인 동시에 A가 아닌 것, 곧 퍼지이다. 그러니 이 세계를 이분법에서 벗어나 퍼지의 관계로 인식하는 것이 실상을 바라보는 길의 시작이다.

화쟁은 개시개비를 넘어선 연기와 대대이다. 한 예로, 군대에서 한 신병이 너무도 춥고 손이 시려서 차마 세수하지 못한 채 세숫대야만 바라보고 있었는데 지나가던 소대장이 이를 보고 측은한 마음이 들어 "식당에 가서 온수를 달라고 해라"라고 말했다. 신병은 그렇게 했다가 고참에게 군기가 빠졌다고 두들겨 맞았다. 다음 날 아침 인사계가 신병에게 "식당의 김 병장에게 내가 세수할 온수를 달라고 해서 가지고 와라"라고 시키고는 그리하자 신병에게 그 물로 세수하라고 일렀다.

차이는 무엇인가? 소대장과 인사계 모두 신병에 대한 자비심이 있었고 개시개비의 화쟁적 사고를 했다. 하지만 소대장이 신병의 실체만 보았다면, 졸병 경험이 있는 인사계는 졸병의 입장에서 대대적으로 고참과 졸병 사이의 연기관계, 특히 그 관계에 스민 권력을 파악하고 소대장과 다르게 사고하고 행동한 것이다.

화쟁은 변증법적인 것이 아니라 대대적(待對的)이고 생성적인 종합이다. 내가 팔을 펴는 것이 양이고 팔을 구부리는 것이 음이라면, 팔을 펴는 순간 구부리려는 마음이 작용하고 구부리는 순간 펴려는 마음이 서야 팔을 마음대로 구부리고 펼 수 있다. 음양론에서 파란 태극 문양에 빨간 동그라미가 있고 빨간 태극 문양에 파란 동그라미가 있는 것, 곧 순양(純陽)과 순음(純陰)이 있는 것은 이 때문이다. 보수와 진보가 맞서면 아무 변화도 없지만 서로 상대방의 입장에서 바라볼 때 사회가 변화하듯, 양 안의 음과 음 안의 양이 대대로 작동하는 순간에 인간, 사회, 우주는 변화를 시작한다.

화쟁은 반야와 유식을 한데 아우른다. 반야는 모든 것이 공(空)이라며 존재를 부정하는 것이고, 유식은 그 반대이다. 내 눈앞에 사과가 있다. 이는 존재하는 것인가? 사과는 씨 없이 존재하지 못하며 배나 복숭아 등 다른 것들과 차이를 형성해 사과임을 드러낸다. 사과식초나 사과술을 사과라 할 사람은 없다. 사과는 온도와 빛, 토양, 영양분, 미생물 등 일정한 조건 상태에서 이런저런 원소들이 결합해서 이루어진 구성물에 지나지 않으며, 찰나의 순간에도 분해되며 변화하고 있기에 공이다. 나는 사과라고 규정하지만, 시위 군중에게는 돌의 대체물이고 상인에게는 상품일 뿐이다. 씨는 씨이고 열매는 열매이며, 씨와 열매는 별개의 사물이니 하나가 아니다[不一]. 국광 종의 사과 씨는 육질이 단단하고 당도는 덜한 사과를 맺고, 후지 종의 사과 열매는 육질은 덜 단단하지만 당도는 높은 사과 씨를 품으니 씨와 열매가 둘도 아니다[不二]. 사과와 사과 씨 모두 상대방 없이 존재하지 못하고 금세 변하고 결국 사라져버리니 스스로 존재하는 것은 아무것도 없다. 공이다. 하지만 씨가 땅에 떨어져 자신을 썩히면 싹을 틔우고 꽃을 피워 열매를 맺으며, 열매가 자기 몸을 흙에 던지면 씨를 남긴다. 이처럼 모든 존재가 공하지만 연기의 관계 속에서 이것이 원인이 되어 저것을 생성하며 서로 변화하는 조건을 형성한다. 연기의 관계 속에서는 모든 것이 공하지만 생성과 변화를 구성한다.

비유한다면, 홍수를 막는 데에는 두 가지 방법이 있다. 서양의 이분법 패러다임에서는 인간과 자연을 둘로 나누고 인간에게 우월권을 주기에 자연의 도전에 맞서서 둑이나 댐을 쌓는 방안을 택한다. 하지만 댐은 물이 흐르면서 이온작용, 미생물과 식물의 물질대사에 의해 자연정화하는 것을 방해해 물을 오염시키고 거기에 깃들여 사는 수많은 생물을 죽인다. 반면에 화쟁의 패러다임을 가졌던 최치원은 함양 태수로 부임하자 위천의 홍수를 막기 위해 물길을 트고 상림(上林)이라는 숲을 조성했다. 그러자 씨와 열매처럼 물은 자신을 소멸시켜 나무의 양분이 되었고, 나무는 흙 속에 구멍을 뚫어 물을 품었다. 그렇게 하여 상림은 1000여 년 동안 홍수를 막으면서도 더욱 맑은 물이 흐르게 했다. 실제로 서양, 특히 독일, 호주, 캐나다 등은 댐으로 홍수를 막던 방식이 물도 오염시키고 홍수도 잘 막지 못한다는 것을 깨닫고 댐이나 둑을 해체해서 외려 강의 유역을 넓혀주고 숲을 조성하는 한편, 그 사이에 실개천과 습지를 만들어 흐름을 분산시키는 것으로 전환하고 있다.

왜 원효는 소통, 화해, 종합, 개시개비를 넘어 대대의 화쟁을 구성했는가? 예를 들어, 기술력뿐만이 아니라 관리 면에서도 세계 최상위 기업인 삼성전자가 2조 원의 손실을 입으면서까지 '갤럭시 노트7'을 단종한 까닭은 무엇인가? 무게를 가볍게 하는 것과 전기 용량을 늘리는 딜레마를 완벽하게 해결하지 않은 채 이 둘을 절충했기 때문이다. 이를 근본적으로 해결하려면 부피를 줄이면서도 전기용량을 늘리는 혁신적인 전기 축전 테크놀로지나 메커니즘을 개발해야 하는데, 그렇게 하지 못한 상태에서 융착돌기를 비정상적으로 높이는 방식을 택하다 보니, 절연띠와 갑 안에 두루마기 모양으로 말린 일명 '젤리롤' 안의 분리막이 제대로 기능하지 못해 음극판과 양극판이 만나 방전하면서 화재가 발생한 것이다.

불교에서도 마찬가지이다. 원효는 불교계 내부의 여러 논쟁과 딜레마에 직면했을 때 이를 어설프게 절충하거나 단순히 소통하는 데 머물지 않았다. 대립물의 연기를 살피면서 양자의 소통을 끊임없이 추구하다가 대대의 전환을 하여 양자를 하나로 아우름으로써, 양자가 하나이면서도 둘이게 했다. 이의 구체적인 논리가 '불일불이(不一不二), 순이불순(順而不順), 비동비이(非同非異), 변동어이(辨同於異), 진속불이(眞俗不二), 무이이불수일(無二而不守一), 무불파이환허(無不破而還許)와 무불립이자견(無不立而自遣)'이다. 반야와 유식의 대립을 불일불이(不一不二)로, 언어와 진여(眞如)의 딜레마를 선령언구 후령의리(先領言句 後領義理)론으로, 부처와 중생, 깨달음과 깨닫지 못함의 대립을 진속불이(眞俗不二)로 화쟁을 하고, 사(事)와 이(理) 등 그 밖의 대립과 모순에 대해서도 순이불순(順而不順)이나 변동어이(辨同於異)를 통해 하나로 회통(會通)한 것이다.

따르는 동시에 따르지 않아야 함[順而不順]은 각각의 주장을 대하는 기본이라 할 만하다. 어떤 것을 진리라 해서 전적으로 믿으면 도그마가 되어 그에 갇히게 되고, 어떤 것을 허위라 해서 내치면 그 속에 일말이라도 진리가 있는데 이를 놓치게 된다. 또 진리도 다른 시간과 맥락에서는 허위로 변하고 허위 또한 다른 시간과 맥락에서는 진리로 변한다. 그러니 어떤 것이 허위라 해도 그 가운데 진리인 점과 그것이 진리로 변할 수 있는 점을 잘 살펴서 따르고, 어떤 것이 진리라 해도 그 가운데 허위인 점과 허위로 변할 수 있는 점을 잘 살펴서 따르지 말아야 한다. 그래야 우리는 각기 다른 주장 속에서 온전하게 진리를 구할 수 있다.

이처럼 '화쟁은 모든 대립과 갈등, 딜레마, 모순[諍]을 직시하고 그 사이의 연기 관계를 묘파해 끊임없이 소통하다가 대대의 전환을 해서 서로 대립되는 것이 상대방을 생성하게 하며[相反相成] 하나로 아울러[和] 일심(一心)을 지향하는 것'이다.

3. 화쟁의 의미작용
일심은 품/몸/짓을 따라 끊임없이 의미를 드러낸다

여기서는 궁극적 진리는 언어기호를 떠나 있지만 언어기호 없이는 궁극적 진리에 다다르기 어려운 언어기호와 궁극적 진리 사이의 아포리아를 어떻게 해결할 것인지에 대해 알아보자. 누군가를 진정으로 사랑하면 '사랑한다'라는 말이 나오지 않는다. 사랑에 관한 세상의 모든 낱말을 동원해서 표현한다 하더라도 그 표현이 완벽한 사랑에는 미치지 못하기 때문이다. 이렇듯 궁극적 진리인 진여(眞如)나 도(道)는 언어를 떠나 있다. 말로 할 수 있다면 진여나 도가 아니다. 그래서 붓다와 달마는 이미 수천 년 전에 이를 깨닫고 언어도단(言語道斷)을 선언하는 한편, 지극한 선정(禪定)을 통해서만 그 경지, 곧 부처님의 마음, 일심, 진여에 이를 수 있다고 선언했던 것이다. 하지만 선생이 수업 시간 내내 언어가 진리를 왜곡한다면서 입을 다물고 염화시중(拈華示衆)의 미소로 일관한다면 학생들은 더욱 혼란이나 어리석음에 빠질 것이다. 중생들은 언어 없이 진리에 다가갈 수 없다.

이 아포리아를 어떻게 해결할 것인가? 붓다도 이에 대해 오래 번민했다. 그 결과 뗏목을 타고 언덕 너머에 이르고 손가락을 통해 달을 보듯, 언어를 이용해서 궁극적 진리에 다다르되 언어를 떠나는 인언견언(因言遣言)의 방편을 세웠다. 원효는 먼저 언어를 이해한 다음 그 언어에 담긴 뜻을 헤아린다는 선령언구 후령의리(先領言句 後領義理)론을 세우고, 이를 더욱 구체화해서 진여문과 생멸문처럼 문어(文語)와 의어(義語) 사이의 화쟁을 꾀한다. 일상의 언어와 유사한 문어는 진리를 왜곡하지만, 화두(話頭)와 유사한 의어를 통해 궁극적인 진리에 한 자락 다가갈 수 있

그림 5-1 **진리와 언어의 화쟁**

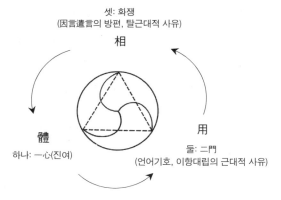

셋: 화쟁
(因言遺言의 방편, 탈근대적 사유)

相

體
하나: 一心(진여)

用
둘: 二門
(언어기호, 이항대립의 근대적 사유)

다. 하지만 배에서 내려야 언덕에 이르고 손가락을 떠나야 달이 보이듯, 의어 또한 방편일 뿐이다. 언어를 떠나 진여실제(眞如實際)로 가야 한다.

이렇듯 세계는 기호로는 그 실상에 대해 모두 알 수는 없지만 기호를 통해 그 한 자락이 드러난다. 세계의 실체[體]는 '하나'이다. 그 가운데 인간이 이항대립의 구조에 따라 이해하고 기호로 표현하는 것이 '둘'이다. 이를 언어를 방편으로 이용하되 언어를 떠나 실상을 직시하는 인언견언(因言遺言)의 원리에 따라 해체하는 것이 '셋'이다.

예를 들어, 빛은 원래 하나이지만 이를 명(明)과 암(暗)으로 가르고 다시 세분해서 빨, 주, 노, 초로 나누듯, 세계는 하나이지만 그러면 인간이 이를 이해할 수도 이용할 수도 소통할 수도 없으니 이데아와 그림자, 본질과 현상, 주와 객, 노에시스(noesis)와 노에마(noema) 등 둘로 나누어 본다. 이처럼 하나를 둘로 나누는 것은 실제 둘인 것이 아니라 인간이 이해하고 이용하고 소통하기 위한 것이니 하나가 둘로 갈라지는 것은

용(用, 짓)이다.

무지개가 빨, 주, 노, 초, 파, 남, 보, 일곱 가지 색인가? 무지개를 자세히 보면 빨강과 주황 사이에도 무한대의 색이 존재한다. 그러나 그렇게 하면 색에 대해 알 수도, 전달할 수도 없으니 이를 분별해 명명하는 것이다. 범주를 세분해서 주황을 '진한 주황, 아주 진한 주황, 극도로 진한 주황' 등으로 만 가지, 억 가지로 나눈다 해도 그것은 실제의 색에 이를 수 없다.

이렇듯 아무리 범주를 세분했다 하더라도 둘로 나눈 것—또는 이에 근거한 이원론적 사고나 이에 이름 붙인 언어기호—으로는 세계의 실체를 드러내지 못한다. 극도로 세분한 범주에 언어기호를 부여한다 하더라도 그 언어기호가 세계 그 자체는 아니다. 그럼에도 포스트모더니즘 이전의 서양 철학자들이 세계를 둘로 나누고 이렇게 인식하는 것을 진리라고 생각한 것처럼, 사람들은 무언가를 둘로 나누고 이에 이름을 부여한 것을 실체로 착각했다. 그러니 셋을 두어 둘의 허상을 해체해서 하나로 돌아가는 것이 바로 체(體, 참)이다.

그럼 이들은 어떤 관계를 가질까? 일심, 체는 영원히 알 수 없다. 나무나 인간의 체는 영원히 알 수 없다. 광합성 작용이나 증산작용 등 나무의 작용을 통해 나무의 본질을 유추하고, 한 사람의 말과 행위를 보고 그 사람의 본성을 헤아린다. 그렇듯 우리는 용을 통해 체의 한 자락을 엿본다. 이처럼 체는 용을 통해 일부 드러난다.

몇몇 원숭이가 직립을 하고 손을 쓰면서 손이 발달하고 뇌가 점점 커진 것처럼, 탄소동화작용이나 증산작용을 활발히 하는 나무가 햇빛을 충분히 받아들이도록 넓게 벌어진 잎과 바람에 살랑거리며 공기를 내뿜도록 가는 잎새를 갖는 것처럼, 용은 상(相, 꼴)을 만든다. 고무나무처럼 너른 이파리를 가진 나무와 선인장처럼 수분의 방출을 최소화하기 위해 이파리가 가시로 변한 나무는 서로 다른 특질을 갖는다. 뇌가 일정 정도 이상으로 커진 원숭이는 다른 원숭이와는 다른, 인간의 특질을 드러낸다. 이처럼 상이 체를 담는다.

결론적으로, 체는 용을 통해 드러나고, 용은 상을 만들고, 상은 체를 담고, 이 체는 또 다시 용을 낳는다. 체와 용과 상은 영겁순환에 놓인다. 일심이 이문(二門)으로 나누어지고, 이문은 화쟁의 방편을 통해 다시 일심의 체로 돌아가며, 이는 다시 이문으로 갈린다.

선령언구 후령의리를 불교의 지평에서 기호학의 지평으로 내리면 그것은 은유와 환유이다. 인류가 700만 년 동안 별다른 발전을 보이지 않다가 1만 4000여 년 만에 토기를 제작하고 농경혁명을 이룩하고 이어서 급속한 발전을 하여 생명을 창조하고 스마트폰, 우주선, 인공지능을 만든 원동력은 무엇인가? 필자는 뇌의 신경가소성(neuro-plasticity)이나 호혜적 보상 등을 주장한 기존 세계 학계의 정설과 달리 이를 은유와 환유라고 본다.

의미의 존재인 인간은 자기 앞의 세계를 해석하고 의미를 지향하고 실천한다. 사물이 없더라도 무수한 연상을 떠올린다. 카오스에도 인간이 미처 인식하지 못한 질서가 내재하듯, 이 무수히 떠오르는 의미와 연상에도 질서가 있다. 우선 인간이 세계를 인식하고 이를 표명하는 방식은 '엄마 얼굴과 보름달, 별과 희망'처럼 '유사성(simlarity)'을 근거로 유추하는 은유(metaphor)와 '축구와 손흥민, 허수아비와 참새'처럼 '인접성(contiguity)'을 근거로 유추하는 환유(metonymy)로 나뉜다. 은유와 환유를 알게 되자 인류는 이의 매개와 이미지 도식을 통해 자연지능, 과학기술지능, 사회지능을 횡단하게 되었고, 철학, 종교, 문화와 예술을 만들게 되었으며, 과학을 이해의 영역으로 전환하게 되었다.

예를 들어, 자연을 관찰하면 사자가 용맹하다는 것을 알게 되어(자연지능) '사자=용맹'이라는 은유를 형성한다. 사자 시신이 썩어도 이빨은 썩지 않는 것을 인지하고(과학기술지능), 사자 시신의 한 부분으로 사자 이빨 목걸이를 만들어 사자의 용맹함을 가질 수 있다고 생각한다(환유). 더 나아가 용맹한 전사에게 상을 주면 개인적으로 인정욕망을 달성해 더 용감하게 사냥에 나서며 다른 구성원들도 인정을 받기 위해 용감하게 사냥한다는 사실을 알게 되었다(사회지능). 이 세 가지 영역을 횡단해서 용감한 전사에게 사자 이빨 목걸이를 상으로 준다. 이처럼 인류는 은유와 환유를 매개로 빠른 속도로 문명을 발전시켜 과학·산업·시민혁명을 이루었으며, 마침내 4차 산업혁명도 추진하고 있다(이도흠, 2020).

원효의 화쟁의 원리를 따라 체상용(體相用)과 은유와 환유의 원리를 결합함으로써 세계의 인식과 그 의미작용을 종합할 수 있다. 곧 시인이나 사상가처럼 의미를 만들 수 있고 비평가들처럼 의미를 해석하는 원리를 구성할 수 있다. '달'이라는 사물을 예로 들어 이를 예시하면 〈표 5-1〉과 같다.

전이론을 비롯해 개념체계론과 행위구조론에 이르기까지 서양의 은유이론이 공통으로 갖고 있는 문제는 은유가 창조되고, 수사적으로 표현되고, 해석되고, 소통하는 네 개의 장 가운데 어느 한 면에만 치우쳐 있다는 것이다. 이런 관점에서 필자는 네 개의 장을 종합해 은유를 정의한다. 은유는 하나의 개념이나 대상을 다른 개념이나 대상과 견주어 양자 사이의 유사성이나 차이를 발견하고 이를 바탕으로 세계를 유추해 하나의 대상이나 개념을 다른 무엇으로 전이하거나 대치해서 비유하는 것이다. 또한 담론 안에서 작동 시 수용자가 주어진 세계관과 문화 안에

표 5-1 **화쟁의 체계에 따른 달의 은유적 인식과 의미작용**

	체상용	유사성의 근거	내포적 의미
일심 (一心)	상(相) 몸의 품	보름달(원)	쟁반, 미인, 님, 어머니, 완성, 조화, 덕성, 부처나 보살님, 임금님
		반달(반원)	배, 송편, 빗
		초승달	아미(蛾眉), 쪽배, 손톱
		그믐달	아미, 실눈, 여자
		분화구	곰보, 계수나무, 옥토끼, 빵, 바다
		밝은 달	명료함, 일편단심
		노란 색	병아리, 개나리, 노란 꽃
		푸른 색	차가움, 냉혹함, 청아함
		유사한 발음	돌, 탈, 알
	체(體)2 몸의 몸	차고 기욺	변화, 영고성쇠(榮枯盛衰), 인생
		사라졌다 다시 나타남	부활, 영원성, 파라오
		드러나고 감춤	은밀현료구성문(隱密顯了俱成門)
	용(用) 몸의 짓	월별로 나타남	달거리, 생리, 밀물과 썰물
		두루 널리 비춤	광명, 관음보살, 자비, 임금(의 은총)
		태양과 대립함	음(陰), 여성성, 여신, 밤, 어둠세계(어려운 상황)
		하늘과 땅 사이에 위치하고 운동함	신/인간, 성(聖)/속(俗), 하늘과 땅의 중개자
	체(體)1 참	?	?

서 형성된 개념 체계와 상상력에 따라 원관념과 매체관념 사이의 관계
를 유추해 의미작용을 일으키는 방식이자 행동하는 양식이기도 하다.
창조의 장에서 보면 은유는 두 가지 개념이나 대상 사이에서 유사성을
유추하는 것이다. 수사의 장에서 은유는 전이와 대체이다. 해석의 장에
서 보면 이는 원관념과 매체관념 사이의 동일화이다. 소통의 장에서 보
면 발신자가 보낸 코드에 대해 수신자가 유사성을 유추함으로써 해석해
서 의미작용을 일으키고 이에 따라 실천하는 양식이다.

이를 품, 몸, 짓, 참으로 체계화한다. '품'은 상과 어느 정도 차이를 갖는 것으로, 세계의 겉으로 드러난 모습이거나 인간이 세계를 드러난 모습 그대로 보는 경지이다. '몸'은 세계의 품 뒤에 숨겨져 있어 인간 주체가 세계의 실체, 또는 본질이라고 파악하는 바이다. '짓'은 세계가 관계에 따라 작용하고 기능을 하며 운동하는 바이다. '참'은 체 가운데 체라고 할 수 있는 것으로, 인간 주체가 파악할 수 없는 영원불멸한 것이다. 또한 늘지도 줄지도 않으며, 시작도 끝도 없는 세계의 진정한 실체를 나타낸다.

달의 품은 보름달, 초승달, 반달 등 여러 가지 모습을 띤다. 우리가 보름달을 보고 '님의 얼굴'을 연상하고 '님의 얼굴'로 노래할 수 있는 것은 보름달과 얼굴 모두 '둥그렇다, 환하다'라는 유사성을 지녔기 때문이다. 따라서 "초승달이 하늘을 지나간다"라고 말하면 일상의 언술이지만, 초승달이 '쪽배'와 모양이 유사한 것을 바탕으로 "쪽배가 은하수를 건너네"라고 말하면 시적 진술이 된다.

인간이 달의 대표적인 짓으로 본 것은 달이 땅에서 떠서 하늘로 올라간다는 기능이다. 하늘은 신의 세계, 천상계나 성스러운 세계, 천국이요, 땅은 인간의 세계, 지상계나 비속한 세계이니, 달은 자연히 이 둘 사이를 오고가는 중개자의 의미를 갖는다. 샤머니즘 시대에 달에게 소원을 비는 것이나 불교시대에 달에게 왕생을 염원하는 것은 모두 여기에서 비롯된 것이다.

달이 차고 기우는 것을 달의 몸으로 파악한 이들은 달의 의미를 영고성쇠(榮枯盛衰)로 본다. 반면에 달이 완전히 사라졌다가 다시 나타나는 것을 달의 몸이라 본 이들은 달의 의미를 '부활'이라고 본다. 몸의 은유를 개념으로 체계화하면 그것이 바로 철학이다.

표 5-2 **화쟁의 체계에 따른 달의 환유적 인식과 의미작용**

	체상용	인접성의 관계	내포적 의미
일심 (一心)	상(相) 몸의 품	부분-전체	분화구-달, 달-천상계, 달-천문, 달-세월
		유개념-종개념	달-초승달, 반달, 보름달, 그믐달; 달-천체
		공간적	천상계, 하늘(해, 별, 구름)
		시간적	밤, 한가위, 대보름, 깊은 밤(어려운 상황)
	체(體)2 몸의 몸	형식-내용	공(空)의 철학
	용(用) 몸의 짓	원인-결과	달-맑음
		도구-행위	등불-비춘다
		경험적	월명사, 이태백, 늑대, 광인, 아폴로, 암스트롱, 한민족; 초승달-아랍민족, 이라크
	체(體)1 참	?	?

이처럼 세계는 드러내는 동시에 감추며, 감춰진 것이나 드러난 것이나 다같이 공존하는 것이다. 여기서 중요한 것은 이런 의미작용이 모두 인간의 마음에서 비롯된 것으로 달의 진정한 의미인 '참'은 파악할 수 없다는 점이다. 달에서 천 개, 만 개의 낱말을 연상해서 그 낱말을 달의 의미로 삼는다고 하더라도 이는 달이라는 세계의 실체 가운데 극히 한 부분만을 드러내는 것이며 오히려 헛된 망상이나 왜곡이기 쉽다.

환유란, 꽃-꽃병처럼 인간이 세계와 세계 사이의 인접성을 근거로 유추한 데서 기인하는 세계의 의미화이다. 이 또한 품, 몸, 짓으로 나누어진다. 환유의 품은 환유 가운데 눈에 보이는 것으로서, 서로 부분과 전체의 관계를 가지거나 공간적·시간적으로 인접해 있을 때 일어난다.

달의 짓이 보여주는 환유는 원인-결과와 도구-행위의 관계, 사물과 경험 사이에 있는 인접성이다. '맑음'의 원인은 '달이 뜬다'라는 결과를 낳는다. 그러므로 '연기'가 '불'을 의미하듯, '달이 떴다'라는 것은 '오늘 맑다'라는 의미를 갖는다. '달'이 '이태백'이나 '아폴로'를 대신하는 것은 달과 관련된 경험으로부터 연상된 의미이다.

달의 몸이 보여주는 환유는 '형식-내용'의 관계이다. 형식과 내용의 관계로 볼 때, 반달의 형식은 보이는 것과 보이지 않는 것이 동시에 나타나는 것과 해와 대비시켜 달이라 하는 것이다. 반달은 지구상에서 햇빛에 반사되어 밝은 부분만 보이지만, 나머지 부분도 햇빛에 반사되지 않을 뿐 사라지는 것이 아니다. 이런 형식은 달 자체가 자성(自性)이 없으므로 존재하지 않는다는 생각, 그렇다고 해서 나머지 반쪽이 없는 것은 아니라 있는 것이므로 우리 눈에 보이는 현상은 모두 공(空)에 불과하다는 생각을 낳는다.

체상용의 유추를 집단적으로 실천하면 의례와 상징으로 어우러진 문화가 된다. 새가 하늘과 땅을 오고가는 관찰을 통해 '새=하늘과 땅, 신과 인간의 중재자/사자(使者)'라는 은유를 형성하고 새를 신으로 모시는 천조(天鳥) 신앙을 형성한다. 또한 솟대, 임금의 관에 새 형상의 상징을 얹거나, 새에게 소원을 빌거나, 새의 중개로 초월적 존재와 소통하거나, 새를 매개로 죽은 영혼을 타계로 보내는 천장(天葬) 등의 의례와 신화를 구성한다.

은유는 세계의 숨은 의미를 드러내는 대신에 동일성과 관념을 지향한다. 반면에 환유는 현실과 관련된 구체적인 의미를 드러내고 차이를 지향하는 대신에 유비추리의 오류를 범한다. 은유이든 환유이든 낯설게하기를 통한 창조적 비유로 의어를 만들 때 이는 기존의 세계를 파괴하고 새로운 세계를 드러낸다. '하루살이'와 '아득한 성자'의 은유의 예처럼, 창조적 은유는 그럴듯하고 당연한 것으로 여겼던 기존의 세계를 해체하고 낯설고 새로운 세계를 드러낸다. '동물농장'과 '전체주의 사회'의 환유처럼, 창조적 환유는 기존 세계를 이것과 전혀 상관없는 것으로 생각했던 세계와 관련시키는 동시에 양자의 동일성을 해체하고 차이를 드러낸다. 반면에 상투적인 비유는 세계를 기존의 상상과 의미 속에 가두어 결국 기존 체제를 옹호하도록 이끈다. 창조적 은유와 환유를 통해 낯설게하기를 아무리 제대로 이루었다 할지라도 세계의 일부분만 드러낼 뿐이다. 체는 영원히 알 수 없으나 용을 통해 일부 드러나며, 용은 상을 만들고 상은 체를 품는다. 체상용으로 인식하는 것이 계속되듯, 이에 따른 의미작용 또한 끝이 없다.

4. 반영과 굴절을 아우르는 화쟁의 시학

우리가 꽃을 보고 아무런 생각이나 선입관, 관념 없이 아름답다고 느끼듯, 미는 이념이나 실용성을 떠난 것이라는 이마누엘 칸트(Immanuel Kant)의 통찰은 타당하다. 그러나 우리는 아름답다고 느낀 그 꽃이 생태계를 파괴하고 심각한 독을 퍼트리는 외래종의 꽃임을 알고서는 더 이상 아름답다고 느끼지 않는다. 이처럼 순수미의 영역이 분명히 존재하지만, 예술과 아름다움은 사회문화적 맥락으로부터 영향을 받는다.

현실의 모방과 반영이 예술이기도 하지만, 작가는 그 현실을 의식을 통해 반영시키는 동시에 지향의식,[1] 전의식(前意識), 무의식을 통해 굴

---

1   지향의식이란 주체가 세계와 마주쳤을 때, 그 세계를 인식하고 파악하는 것을 넘어서서 무엇인가로 현상학적으로 지향하려고 하는 의식의 단계를 말한다. 예를 들어 국화를 보았을

절시킨다. 이 굴절이 상상력이든, 표현이든, 존재론적이든 간에 예술작품을 자율적이게 하는 기초이자 영역이다. 텍스트는 현실을 반영하기도 하지만 진정한 예술 텍스트일수록 현실을 굴절시킨다.

문학과 예술을 현실의 반영으로만 보는 관점이나 그 반대로 현실과 유리된 꿈의 양식으로 보려고 하는 관점, 문학과 미학을 사회문화적 맥락에 종속시켜 해석하는 방식이나 텍스트 외적 요인을 배제하고 텍스트 그 자체만을 분석과 감상의 대상으로 삼는 방식 모두 반쪽의 이론일 수밖에 없다. 마르크스주의 비평이나 타율적 미학은 텍스트를 현실이나 사회적 맥락에 종속시키고 문학 텍스트의 시학적 구성을 회피해 결국 과학적 객관성과 문학성, 텍스트 자체의 미적 특질을 앗아간다. 반면에 형식주의 비평이나 자율적 미학은 문학을 현실과 유리시키고, 문학해석의 지평을 축소하며, 문학에 작용하는 외부 사회적 요인이 문학 자체의 고유요인, 다시 말해 문학의 내재적 발전 요인이자 미적 자질임을 허용하지 않는다.

이 때문에 화쟁기호학은 텍스트를 반영상(反映相)과 굴절상(屈折相)으로 분절하고, 각 텍스트에 담긴 세계를 화엄철학의 사법계(四法界)로 나누어 분석과 해석을 행한다.

반영상은 현실을 거울처럼 반영한 텍스트이다. 반영상에서 실제 현실과 텍스트의 현실은 환유의 관계를 이룬다. 반영상에는 현상계와 원리계가 포개진다. 시학에 적용할 때, 현상계는 인간이 마주친 사물이나

때 그것을 '가을에 피는 꽃'이나 '무서리를 이기고 피는 꽃'으로 인식하는 단계가 현실의식이라면, 여기서 더 나아가 실존적 삶을 지향해서 국화를 '실존'으로 인식하는 단계가 지향의식이다.

현실이다. 현상계는 비 오듯이 땀을 쏟으며 노동하는 노동자나 들에 핀 국화를 다들 아무 관심 없이 스치듯 세계가 드러내는 사상(事象)대로 세계를 바라보는 경지를 뜻한다. 몇몇 주체는 사물과 만나 '새로운 미적 체험'을 하며 새로운 세계를 형성한다. 예를 들어, 어떤 쓰는 주체는 무서리를 맞아 모든 꽃들이 사라진 뒤 더욱 아름답게 피어 있는 국화꽃을 보면서 '저 국화꽃처럼 인간 또한 좋은 조건보다 절망의 상황을 극복할 때 참다운 실존을 한다'는 것을 유추한다. 이렇게 주체가 현상계의 경계를 무너뜨리고 사물과 새로운 만남을 이루어 사물에 내재하는 보편원리라고 직관으로 깨달은 경지를 원리계라고 한다.

굴절상은 프리즘이 한 줄기 빛을 무지개로 바꾸듯 현실을 굴절시킨 텍스트이다. 쓰는 주체로서의 예술가는 현상계와 원리계 간의 괴리나 세계의 부조리를 표상하는 데서 결핍을 느끼며 욕망을 지향한다. 이때 쓰는 주체와 현실 사이에 현전하던 의식의 자리를 지향의식, 전의식, 무의식이 대체한다. 이들은 서로 결합하거나 분리되면서 현실을 다른 무엇으로 전화시키거나 부정한다.

이때 굴절상은 진자계와 승화계를 지향한다. 진자계를 시학에 적용하면, 진자계는 쓰는 주체가 지향의식에 따라 현실과 사물, 그리고 이들에 내재하는 원리를 발견한 후 이 원리를 통해 현실을 바라보며 현실과 욕망, 당위와 존재, 이데올로기와 삶, 개별적 삶과 보편적 삶, 절대와 상대, 현상과 본질, 역사적 존재와 실존적 존재 사이를 시계의 진자처럼 진동하는 경계이다. 삶은 예술보다 훨씬 더 풍부하고 생동하며 복잡하기에 결국 예술은 부분으로서 전체를 말할 수밖에 없다. 그러니 예술이 유비추리의 오류를 덜 범하고 삶의 총체성에 더 가까이 다가가려면 양자의 어느 한편에 머물지 않고 그 사이를 끊임없이 진동하며 변증법적인 종합을 꾀해야 한다. 사회주의 리얼리즘처럼 진동을 멈추면 예술은 이데올로기나 그 도구로 전락한다. 반면에, 「제망매가」처럼 승려로서 누이의 죽음을 '극락에서 왕생한 것'으로 간주하며 기뻐하는 나와 한 평범한 인간으로서 '완전한 단절과 모든 의미의 상실'로 생각하며 슬퍼하는 나 사이에서 진동을 많이 할수록 의미는 웅숭깊어지고 미적으로도 완성도는 높아진다.

승화계는 모든 대립과 갈등을 승화해서 이룩한 총체성의 세계이다. 승화계는 주체와 대상, 이상과 현실, 현상계와 원리계, 세계의 부조리와 자아 등 여러 관계에 있을 수 있는 대립과 갈등을 해소하거나 조화시키거나 원융(圓融)시킨 경계이다. 승화계는 쓰는 주체가 텍스트상에 직접 제시할 수도 있고 숨겨두어 읽는 주체가 독서하는 과정에서 읽을 수도 있다.

반영상의 텍스트는 현실을 반영해 생동하는 구체적인 현실을 보여주고 여기에 담긴 삶의 진실을 드러내지만, 그만큼 '쓰는 주체'를 현실을 반영하는 '모방적 예술가'로 머물게 하는 한편, '읽는 주체'를 텍스트에 담긴 반영상과 현실을 관련시키면서 텍스트의 의미를 역사주의 비평식으로 해석하는 '역사적 독자'에 머물게 한다.

굴절상은 현실을 반영하는 것을 넘어서므로 그 텍스트는 현실과 거리두기를 한다. 굴절의 강도가 심할수록 현실과의 거리는 크다. 굴절상은 '쓰는 주체'를 '내포적 예술가'로 거듭나게 하여 그로 하여금 텍스트를 다양하게 의미화하게 하는 한편, '읽는 주체'를 텍스트에 담긴 현실을 다양하게 해독하도록 안내하는 '내포적 독자'로 기능하게 한다. 마르셀 뒤샹(Marcel Duchamp)은 남성용 소변기에 '1917 R. Mutt'라고만 적고는 「샘」이라는 제목으로 미술전에 출품했다. 뒤샹은 전혀 진보적인 미술가가 아니었지만, 이 작품은 "공산품은 예술이 될 수 없다"라거나 "미술가는 독창적인 내용이나 형식을 담은 그림을 그려야 한다"라는 관점을 견지하던 기존의 미학과 비평가 집단을 해체했다. 그렇듯이, 굴절상은 상부구조이기는 하지만 시대를 뛰어넘는 독창성을 가질 경우 체제 부정적인 기능을 한다. 반면에 고도의 굴절상이라 할지라도 체제 보존적인 기능을 할 수 있다. 굴절상만 있는 텍스트는 '난파된 사람 가운데 거의 누구도 해독하기 어려운 메시지를 담은 병'이다. 학문의 순수성과 고고함을 고집한 독일 지식인이 히틀러의 전체주의를 강화시켜 주었듯이, 현실을 소거한 텍스트는 정치적 힘을 잃고 지배체제에 동조적인 기능을 할 수 있다.

그러므로 가장 바람직한 유형은 「게르니카」, 「제망매가」, 「풀」처럼 반영상과 굴절상이 화쟁을 이룬 텍스트이다. 이 경우 독자는 반영상을 통해 현실을 읽어내면서도 굴절상 때문에 역사주의적 해독을 넘어서서 텍스트의 숨겨진 의미를 다양하게 해독하려 한다. 그러기에 시를 통해 현실의 모순을 읽을 수도 있지만 현실의 굴레를 넘어 다양하게 시를 해독하며 꿈꿀 수도 있다. 반영상은 굴절상이 현실을 버리고 비상하는 것을 붙잡아매면서 미학적으로는 구체성과 진정성을 추구한다. 굴절상은 반영상이 쳐버린 울타리를 풀어버리고 열린 해석의 길을 열며 미학적으로는 낯설게하기와 다의성(多義性)을 추구한다. 좋은 텍스트일수록 반영상과 굴절상의 이런 상호작용이 1차로 끝나지 않고 계속 반복된다. 이렇게 하여 텍스트의 의미는 끊임없이 드러나며, 반영상이 야기할 수 있는 닫힌 읽기도, 굴절상이 수반할 수 있는 비정치성과 비역사성도 지양된다.

5. 사회문화시학으로서 작가와 수용자, 텍스트와 맥락의 아우름

글올의 짓이 품을 만들고 품이 몸을 품고 몸은 참을 감춘다

왜 교양과 상식, 이성을 가장 잘 갖추고 보통교육이 실시된 20세기가 외려 집단학살을 자행하는 '극단의 세기'가 되었는가? 이의 원인에 대해, 한나 아렌트(Hannah Arendt)는 '악의 평범성(banality of evil)'과 '순전한 생각 없음(sheer thoughtlessness)' 때문이라고(아렌트, 2006), 스탠리 밀그램(Stanley Milgram)은 '권위에 대한 복종' 때문이라고 주장한다(밀그램, 2009). 하지만 아무런 생각 없이 그저 조직에 충실한 아이히만에게 히틀러가 독일 우파 시민을 학살하라고 명령을 내렸더라도 아이히만이 유태인에게 하듯이 별 거리낌 없이 이를 수행했을까? 이를 푸는 실마리는 학살 이전에 특정 집단을 타자화하는 혐오 발언(hate speech)이 선행한다는 점이다. '생각 없음'이나 권위에 대한 복종보다 대량 학살이나 집단적인 폭력을 야기하는 근본 요인은 동일성이다. 백인 어린이는 때리지도 못하는 신부가 마야족이나 잉카족의 어린이는 별 죄책감 없이 죽였다. 이교도, 또는 악마의 자식으로 타자화했기 때문이다. 이처럼 동일성이 형성되는 순간 세계는 동일성의 영토로 들어온 것과 그렇지 못한 것으로 나뉜다. 동일성은 '차이'를 포섭해서 이를 없애거나 없는 것처럼 꾸민다. 동일성은 인종, 종교, 이데올로기, 입장이 다르다는 이유로 이들을 분리해 타자로 규정하고 자신과 구별하면서 편견에 찬 시선으로 바라보며, 이들을 '배제'하고 이들에게 '폭력'을 행사하면서 동일성을 유지하거나 강화한다.

동일성에 대한 대안으로 필자가 내세우는 것은 원효의 진속불이(眞俗不二)론을 바탕으로 하는 '눈부처 차이'이다. 아주 가까이 다가가서 상대

방의 눈동자를 똑바로 보면 거기에 비친 내 모습이 보인다. 형상이 부처 님과 비슷해서 우리 조상들이 '눈부처'라고 붙였는데, 필자는 여기에 크게 세 가지 의미를 덧붙인다. 첫째, 눈부처란 '주/객의 이분법을 해체하는 대대'이다. 우선 상대방의 몸인데 내가 있다. 그리고 상대방의 눈부처를 보는 순간에 내 눈동자에도 상대방이 담겨 있음을 깨닫게 된다. 이를 서로 바라보는 순간만큼은 너와 나, 주체와 객체의 이분법이 해체되고 상대방을 내 안에 서로 모시는 대대의 관계를 형성한다. 둘째, '내 안의 불성(佛性)과 타인 안의 불성의 서로 드러남'이다. 설혹 상대방을 때리러 간 사람이라 할지라도 눈부처를 보는 순간 멈출 수밖에 없다. 이처럼 눈부처는 내 안에 타인과 공존하고 섬기려는 불성이 드러난 것이다. 셋째, 동남아인 며느리를 반대하던 아버지가 그녀에게서 독일 간호사로 갔다가 성폭행으로 자살한 누이를 발견하고 받아들이는 것처럼, '동일성에 포획되거나 환원되지 않는 차이 그 자체'이다. 눈부처의 차이는 내 안의 타자, 타자 안의 내가 대화와 소통, 교감을 해서 공감을 매개로 대대적으로 하나로 어우러지는 것이다. 이는 두 사람이 서로 감성에 의해 차이를 긍정하고 몸으로 상대방을 수용하고 섞이면서 생성된 것이기에, 개념을 넘어서서 자비와 공감을 바탕으로 한 것이기에 동일성으로 환원되지 않는다.

작가와 독자의 관계 또한 불일불이의 관계를 형성한다. 작가는 글을 쓰는 자이고 독자는 글을 읽는 자이니, 양자가 하나가 아니다. 그러나 작가가 글을 쓰고자 할 때에는 타자로서 독자를 상정하고 글을 쓰니 이미 독자는 작가 안에 들어와 있다. 독자 또한 작가의 의도를 파악하며 글을 읽으니 독자 안에 작가가 내재한다. 그러니 양자가 둘도 아니다. 이렇게 작가 안의 독자와 독자 안의 작가를 눈부처-작가와 눈부처-독자로 명명한다. 창작과 독서, 비평은 동일성을 갖는 작가/독자와 이를 해체하는 눈부처-작가/눈부처-독자, 네 개의 자아 사이의 끊임없는 대화의 소산이다. 이 과정에서 텍스트는 타자의 수많은 흔적이 중첩되고 다른 텍스트가 끊임없이 반복되고 변형되는 열린 체계이다. 하나의 텍스트와 다른 텍스트가 불일불이의 관계를 형성하니, '나무'가 '풀'과의 차이를 통해 '목질의 줄기를 가진 여러해살이의 식물'이라는 의미를 드러내듯, 텍스트 또한 홀로 의미를 드러내는 것이 아니라 다른 텍스트와 맺는 관계에 따라 연기적으로 의미를 드러낸다.

위와 같은 인식을 바탕으로 앞 장에서 의미작용 체계에 적용했던 상체용의 범주를 '품, 짓, 몸, 참'으로 범주화해 형식주의와 역사주의, 마르크스 사회학과 구조적 시학, 해석학과 수용미학, 공시태와 통시태를 종합하는 체계로 활용한다.

'글올의 품'은 글올(텍스트)이 바깥으로 드러내고 있는 양상이다. 수용자의 입장에서는 텍스트를 해독할 때 텍스트에 대한 간단한 정보와 문법을 바탕으로 한 번의 읽기로 파악할 수 있는 텍스트에 동원된 각 기호가 품고 있는 1차적 의미와 감동, 미적 효과이다. 텍스트의 품을 면밀하게 분석함으로써 우리는 텍스트가 담고 있는 의미, 곧 글올의 몸에 다다를 수 있다.

'글올의 몸'은 작가의 의도와 맥락을 종합한 의미이다. 이는 수용자가 통사론적으로나 문법적으로 한번에 파악할 수 없는 텍스트의 숨은 의미이자, 글올의 품에서 드러난 1차적 의미로는 전체의 맥락을 파악할 수 없어 이를 기표로 놓고 작가의 입장에서 작가의 의식 및 의도, 텍스트를 생성한 사회경제적·정치적인 맥락과 연관시키면서 해석해서 얻어내는 2차적 의미이다.

이 몸을 캐는 작업을 통해 우리는 텍스트를 반영상과 굴절상으로 나눈다. 다음으로 작가가 현상계를 바탕으로 어떻게 세계를 새로이 구성했으며 이를 어떻게 표상했는지, 원리계의 원리에 따라 어떻게 이상과 현실의 괴리, 세계의 부조리, 주체와 세계의 대립과 갈등을 진자계와 승화계로 승화시켰는지에 대해 분석한다.

이 원리계에 작용하는 구조가 세계관이다. 세계관의 의미는 크게 세 가지이다. 세계관은 세계를 인식하고 의미를 구성하는 바탕 체계의 원리이다. 달이 '높이 떠서 산이든 들이든 가리지 않고 두루 비추는' 짓(기능)을 하는 것을 보고 불교적 세계관을 지닌 신라인들은 그처럼 '자비의 빛을 귀족이건 양인(良人, 신라의 서민)이건 가리지 않고 두루 뿌린다'라고 인식해서 달을 '관음보살'로 노래하고 해독했다. 반면에 똑같은 달의 짓을 두고 성리학적 세계관을 지향하는 조선조의 양반층은 이를 '양반과 서민을 가리지 않고 은총을 베푼다'라고 인식해서 '임금님'으로 노래하고 해독했다.

세계관은 세계의 부조리에 대한 집단무의식적인 대응양식 체계이다. 내 누이가 지극히 선하게만 살아왔는데 갑자기 전염병에 걸린 것은 세계의 부조리이다. 이 부조리에 맞서서 샤머니즘 세계관을 지닌 고대 한국인이라면 무당을 찾아가서 전염병 귀신을 달래거나 쫓는 굿을 행할 것이고, 불교적 세계관을 지닌 신라인이라면 절을 찾아가서 재를 올리며 부처님께 병이 낫기를 발원할 것이며, 근대 과학적 세계관을 지닌 현대 한국인이라면 병원으로 가서 진단을 받고 그에 따른 처방을 받을 것이다. 이처럼 인간은 세계관에 따라 세계의 모순과 부조리를 인식하고 이에 맞서서 집단무의식으로 대응해 다시 질서와 조화를 이루고자 한다.

'상호주관적 실재를 구성하는 의미망의 체계'라는 것은 허구이지만 특정 시대에 특정한 맥락에서 집단에 속한 절대 다수의 개인에게 일관되게 믿음의 체계로 작동하면서 현실을 구성하는 것을 뜻한다. 중세시대에는 상호주관적 실재가 신이었다. 현대 사회에서는 기업, 국가, 화폐등이 허구임에도 집단적으로 인정되는 한에서는 개인의 현실을 구성한다. 예를 들어 국가가 허구임에도 그 나라 국민 모두가 국가를 믿고 세금을 내고 국방의 의무를 수행하고 국가가 폭력을 독점하는 것을 인정한다. 이에 따라 국민들은 국가에 소속된 구성원으로서 국가 안에서 국가가 만든 시스템에 따라 다양한 현실을 구성한다. 하지만 소련처럼 해체되는 순간에서야 그것이 허구임을 인식한다. 해체되지 않더라도 국민 모두가 세금내기를 거부하기만 해도 국가는 존속하지 않는다.[2]

한 시대에 단일한 세계관만 존재하는 것은 아니다. 한 시대에는 주동적 세계관, 잔존적 세계관, 부상적 세계관 등 여러 세계관이 공존할 수 있으며 한 텍스트나 한 사람에게 여러 세계관이 중첩될 수 있다.

'글올의 짓'은 텍스트와 수용자가 만나 텍스트와 미적 상관(美的相關)을 하여 수용자가 자신이 접한 텍스트, 이념, 세계관에 대한 입장과 태도에 따라 미적 가치를 평가하고 해석하는 것이자 담론의 사회적 실천이다. 이는 시학적으로는 텍스트와 수용자가 만나 텍스트와 상관을 하여 수용자가 미적 가치를 해석한 것이다.

수용자는 다양한 세계관과 이념을 가지고 텍스트를 해독하는데, 이러한 해독이 작가의 세계관이나 이념과 일치하지 않을 수도 있다. 따라서 우리는 여러 세계관과 그 하위체계라 할 사상과 이념, 이데올로기,

---

2   상호주관적 실재에 대해서는 유발 하라리(2015: 175~177)에서 시사받았다.

사회문화 구조가 서로 역동적으로 작용하는 가운데 그 틀 속에 있는 쓰는 주체가 어떻게 세계와의 분열에 맞서 세계를 의미화했는지, 이를 어떤 체계에 따라 약호화해 텍스트를 만들었는지, 또 수용자는 어떤 세계관과 어떤 이념으로 텍스트를 해독하는지, 그리고 이것이 인간의 구원이라는 문학의 소명과 어떤 관련이 있는지라는 관점에서, 열린 눈으로 다채롭게 해석하되 과학적으로 텍스트를 해명해야 한다.

세계관의 구조 아래 인간은 텍스트를 생성하고 해석하는 다양한 개인 전략을 구사한다. 이 개인 전략이 계급적 이해관계에 충실할 경우 개인은 원리계 중 어느 한 가치를 당위의 가치로 파악한다. 이 경우 개인은 이데올로기적 의도를 가지고 텍스트를 생성하거나 텍스트를 이데올로기적으로 해독한다. 작가가 이데올로기를 노골적으로 표출할수록 문학성과 미학적 가치는 떨어진다. 이때 작가가 집단이나 계급의 이해관계에서 텍스트를 제작했을 경우나 수용자가 집단이나 계급의 이해관계에 따라 텍스트를 해독할 경우, 텍스트의 의미 덩어리는 지배 이데올로기로 전락한다. 텍스트는 신화적 기능을 하며 허위의식을 텍스트 안에 담는다.

세계관과 주어진 문화체계 안에서 읽는 주체는 약호를 해독해 의미작용을 일으키는데, 주체가 자신의 취향과 입장, 이데올로기, 의식, 태도, 발신자와의 관계 등을 종합해서 어디에 더 중요한 가치를 부여하느냐에 따라 텍스트는 크게 지시적 가치, 문맥적 가치, 표현적 가치, 사회역사적 가치, 존재론적 가치를 갖는다. "절망에 잠긴 내 눈가로 별이 반짝였다"라는 간단한 문장을 예로 들어보자. 지시적 가치를 추구하면, 독자는 문장을 사전적 의미대로 읽는다. 문맥적 가치를 추구하면, 앞뒤 문맥을 살펴 "절망에 잠긴 내 눈앞에 벼랑이 (달빛 등에) 드러났다" 등으로 읽는다. 표현적 가치를 추구하면, "절망에 잠긴 내 눈가로 눈물이 반짝였다" 등으로 읽는다. 사회역사적 가치를 추구하면, "절망에 잠긴 내 앞에 별과 같은 사람이 나타났다" 등으로 읽는다. 존재론적 가치를 추구하면, "절망에 잠겼던 내가 희망을 품었다" 등으로 읽는다.

이것으로 텍스트의 의미가 모두 드러나는 것은 아니다. 텍스트의 진정한 체는 드러날수록 감춘다. '글올의 참'은 글올의 품, 몸, 짓이 서로 화쟁을 이루면서 기존의 코드체계를 해체하고 텍스트의 숨은 의미를 새롭게 드러내는 경지이다. 텍스트의 내적 구조를 분석하고 이에 텍스트의 품과 몸과 짓으로 얻은 의미를 대입해서 겉으로는 드러나지 않고 기존의 코드체계로는 파악할 수 없었던 숨은 의미를 찾는 것이다.

텍스트의 품과 짓, 몸은 가변적이다. 품은 텍스트를 분석하는 도구, 수용자의 텍스트 분석력 등에 따라 변한다. 몸 또한 텍스트와 작가에 관련된 새로운 사실이 추가됨에 따라, 텍스트가 놓인 시공간에 따라 변한다. 짓은 수용자에 따라, 수용자가 놓인 사회경제적 맥락과 수용자가 접한 텍스트에 따라, 또 텍스트가 수용되는 시공간과 그 시공간의 이념과 세계관에 따라, 텍스트가 사회적으로 실현되는 양상에 따라 수시로 변한다. 변수인 텍스트의 품, 짓, 몸이 변하므로, 텍스트의 진정한 체는 인다라망의 보석처럼 중중무진(重重無盡)으로 드러나고 숨는다.

이처럼 텍스트의 의미는 고정되어 있는 것이 아니라 이것 자체가 츠이(différance)[3]로서, 차이에 의해서 드러나고 맥락에 따라 변하며 미끄

---

3   불어에서 동사 'différer'는 '차이가 나다, 다르다'와 '미루다, 연기하다'의 두 가지 뜻을 갖는다. 하지만 명사 'différence'는 '다름, 차이'의 뜻만 갖는다. 이에 자크 데리다(Jacques Derrida)는 'e'를 'a'로 대체하여 'différance'라는 낱말을 만들고 이에는 '차이'와 '연기' 두 가지 뜻을 모두 갖는 것으로 설정했다. '나무'라는 기호에는 나무의 의미가 없다. '나무'는 '풀'과의 '차이'에 따

러진다. 텍스트는 현실을 반영하는 것보다는 작가와 텍스트, 수용자 간에 끊임없이 일어나는 읽기의 과정을 통해 읽는 주체를 자유롭게 한다. 인간 주체는 중중무진의 읽기를 통해 이미 낯익은 세계를 낯설게 만나고 세계의 숨겨진 의미에 다가가며 자신을 억압하던 관념에서 해방되어 궁극적으로 자유롭게 된다. 그 대신 텍스트가 담론으로 변할 때 항상 이데올로기를 품게 되므로 열린 읽기를 하되 여러 읽기 가운데 이데올로기에 대한 비판적 읽기를 우선적으로 수행해야 텍스트에 숨어 있는 이데올로기의 장막을 걷어낼 수 있으며, 주체 또한 자유로울 수 있다.

6. 소통의 화쟁기호학

지금까지의 논의를 '소통의 기호학'에 적용하면 〈그림 5-2〉와 같은 모델이 만들어진다. 인간은 세계1과 마주친다. 누구에게나 보이는 대로 주어진 사물의 형상, 세계의 드러난 모습, 주체가 마주친 현실은 현상계이다. 새로운 만남이 이루어지면 세계는 숨겨진 의미를 드러낸다. 무서

라 '목질의 줄기를 가진 여러 해 살이의 식물'이라는 뜻을 드러낸다. 나무의 의미는 이것으로 결정되지 않고 연기된다. '쇠'가 '금속성, 문명'을 뜻한다면, '나무'는 '쇠'와의 차이를 통해 '목질성, 자연'의 뜻을 드러내며, '하늘'과 관련시키면 나무는 '신과 인간, 성스런 세계와 비속한 세계의 중개자'의 의미를 드러내며, 이는 계속 차이에 따라 의미를 미룬다. 그러므로 기호든 텍스트든 진리든 확정할 수 없다. 또, 불어에서 'en'이나 'an' 모두 발음은 [ã:]로 같다. 이는 음성중심주의(phono-centrism)를 해체하고 쓰기를 통해 흔적을 드러낸다. 우리나라에서는 'différance'를 '차이'나 '차연(差延)'으로 번역한다. 전자는 'difference'와 구분이 되지 않으며, 후자는 억지스럽고 일본식 번역을 따른 것일 뿐만 아니라 데리다의 조어법이나 사상이 반영되지 않았다. 필자는 이 낱말에 대한 데리다의 조어법과 해체 사상을 반영해 'différance'를 '차이'와 발음이 같으면서 뜻은 다른 '츠이'로 번역한다.

그림 5-2 **화쟁기호학 소통 모형**

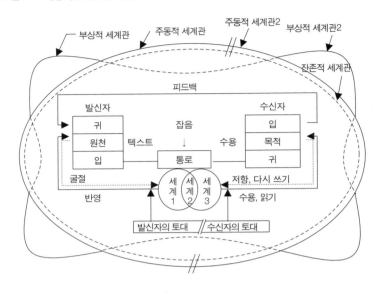

리가 내린 뒤 더 아름답게 피어 있는 국화를 통해 인간 또한 절망의 상황에서 참다운 실존을 할 수 있다는 것을 유추하듯, 사람들은 사물에 내재하는 보편원리, 현상에 숨겨져 있는 본질 등을 발견한다. 이렇게 주체가 현상계의 경계를 무너뜨리고 세계1과 만나 세계1에 내재하는 보편원리라고 직관으로 깨달은 경지는 원리계이다. 이때 주체 앞에 선 사물과 현실은 비로소 존재하게 되며, 의식과 현실 사이에 변증법적 종합이 일어난다. 이 과정에서 사회경제적 맥락이 영향을 미치기는 하지만 결정적인 것은 아니다.

세계1이 낯익은 현실이든 낯선 현실이든 간에, 이는 기존의 세계와 다른 세계이기에 작가가 기존에 가졌던 세계와 맞선다. 이 맞섬 속에서 작가는 새로운 세계를 지향하려 하기에 이 과정에서 기존의 세계가 깨지는 '세계의 분열'을 경험한다. 작가는 사회경제적 맥락의 영향과 문화의 간섭 아래 세계의 분열에 대응한다. 이 대응은 세계에 자신을 동화시키거나 세계를 자신에 맞게 조절시키려는 양상으로 나타난다. 간혹 대응을 회피하고 일탈하려는 양상을 보이기도 한다.

이런 세계는 원천(대개는 인간의 두뇌)으로 전달된다. 주체는 의식, 지향의식, 무의식 등을 종합해 자기 앞에 놓인 세계에 대해 가치평가를 하고 이를 기호를 통해 의미화한다. 세계를 변용시키는 것이므로 이 의미화는 지시적 의미를 넘어서서 약호화한다. 원리계의 깨달음을 개념의 틀로 체계화하려는 자가 철학자이며 감성의 틀로 형상화하려는 이가 예술가이다. 예술가는 이를 기본원리로 압축된 언어기호와 이미지를 통해 자기가 새롭게 느낀 세계를 재질서화해서 삶의 진실을 드러내고 미적 감동을 주고자 한다.

이 과정에서 작가는 세계를 품, 몸, 짓, 참, 혹은 상체용으로 분절하고 이를 '은유'와 '환유'를 통해 기호로 변용시킨다. 이 의미작용은 연상작용에 따라 또는 직관과 유추에 따라 아무런 규제 없이 일어나는 것 같지만 여기에는 세계관의 구조가 작용한다. 세계관의 구조 안에서, 인간은 세계를 인식하고 세계의 분열에 대응하는 하나의 방편으로 텍스트를 만들고 해독한다. 이때 한 사회 내에는 주동적·잔존적·부상적 세계관이나 사회문화가 상호 공존할 수 있다. 이 세계관의 구조 안에서 세계1과 작가가 상관하거나 세계3과 독자가 상관하는 과정에서 사회경제적 토대가 영향을 미치며, 반영상의 경우에는 결정적으로 작용하지만 굴절상에 기울수록 영향력을 벗어난다.

인간은 소통적 존재이기에 주체는 이 원리계의 깨달음을 전달하려는 욕구를 갖는다. 주체가 이를 자기 혼자만 향유하려 하지 않고 누군가에게 전달하려는 순간 주체는 발신자로 기능한다. 인간 주체는 입, 손 등 전달체를 이용해 자신이 느끼고 인식한 이미지와 메시지를 전달한다. 발신자로서의 주체는 자신이 놓인 상황의 사회경제적 맥락과 문화체계 속에서 여러 가지 전략을 선택한다. 그는 수신자의 범위를 확정한 후 수신자와 자신의 전언 목적에 따라 텍스트의 유형, 약호, 전달 방식과 시기 등을 결정한다. 이에 따라 그는 전에 읽었던 텍스트를 바탕으로 약호 원리에 따라 전언을 배열하고 조합해 하나의 텍스트로 만든다. 이 텍스트를 통로를 통해 수신자에게 보낸다. 이때 통로에 잡음이 낄 수도 있다.

이것은 수신자의 귀, 눈 등 수용체로 전달되고 다시 목적(대개는 뇌)으로 들어간다. 텍스트를 전달받은 수신자는 발신자와 발신자가 놓인 맥락을 파악한 후 자신의 의식, 지향의식, 전의식 등에 따라 신호에 대해 가치평가를 한 다음 세계관과 사회문화의 구조와 자신의 인지 범주에 이미 들어와 있는 텍스트들의 영향 아래 이것을 해독한다. 이 과정에서 수신자는 새로운 기호적 지시자의 안내를 받아 자신의 문화적 원천으로부터 새로운 체계를 환기하며 지금까지 알려지지 않았던 약호를 종합한다.

세계관과 주어진 문화체계 안에서 수신자는 자신의 취향과 입장, 이데올로기, 의식, 태도, 발신자와의 관계 등을 종합해 어디에 더 중요한 가치를 부여하느냐에 따라 텍스트를 지시적 의미, 문맥적 의미, 표현적 의미, 사회역사적 의미, 존재론적 의미로 해석한다.

이렇게 해서 수신자로서의 읽는 주체는 자신이 해독한 메시지와 정보를 종합해 세계3을 형성한다. 이 세계3은 작가가 형성한 세계1과 통하는 부분도 있고 전혀 다른 부분도 있다. 겹치는 부분이 세계2이다.

읽는 주체는 세계3 속에서 텍스트의 메시지를 감지할 뿐만 아니라 약호 꾸러미에 의해 변용되어 낯설어진 세계에 대해 미적 쾌감을 느끼게 된다.

이때 발신자의 입장에서 발신자가 무엇을 지향하느냐에 따라 텍스트의 형식과 속성은 어느 정도 규정된다. 발신자가 발신자 자신을 향하면 텍스트는 독백적이고 약호의 해독이 어려우며, 정보는 암호성을 중요한 가치로 삼아 짜이고 닫힌 텍스트를 지향한다. 발신자가 수신자를 지향하면 산문적이고 약호의 해독이 쉬우며, 정보는 진실성을 중요한 가치로 삼아 짜이고 열린 텍스트를 지향한다. 발신자가 텍스트를 지향하면 텍스트는 표현적이고 약호의 해독이 어려우며, 정보는 낯설게하기를 중요한 가치로 삼아 짜이고 닫힌 텍스트를 지향한다. 발신자가 맥락을 지향하면 텍스트는 (현실과) 알레고리적이게 되고, 정보는 진정성을 중요한 가치로 삼아 짜이고 열린 텍스트를 지향한다.

수신자의 입장에서도 수신자가 무엇을 지향하느냐에 따라 텍스트 해독의 범위와 구조가 결정된다. 수신자가 발신자를 향하면 수신자는 발신자의 의도를 캐는 데 주력해 지시적 의미와 문맥적 의미를 주로 캐며 텍스트에 대해서는 역사적·실증적 읽기를 한다. 수신자가 수신자 자신을 향하면 수신자는 존재론적 의미를 캐는 데 주력하며 텍스트에 대해서는 해석학적 읽기를 한다. 수신자가 텍스트를 향하면 수신자는 표현적 의미를 캐는 데 주력하며 텍스트에 대해서는 형식주의적 읽기를 한다. 수신자가 맥락을 향하면 수신자는 역사적·사회적 의미를 캐는 데 주력하며 텍스트에 대해서는 마르크시즘적 읽기를 한다.

발신자는 수신자에 대해서 소통을 통해 의식적이든 무의식적이든 간에 지배나 종속을 꾀할 수도 있고 연대를 꾀할 수도 있다. 접촉사고가

났을 때 상대방이 여성이면 한국과 같은 가부장사회에서는 남성 운전자의 목소리가 커지며, 이에 주눅이 들었던 여성 운전자는 자신이 나이가 많음을 내세워 남성 운전자를 반박한다. 그러고도 자신이 열세라 생각하면 옆의 구경꾼들 중 한 사람에게 자신의 말이 맞지 않느냐고 하소연하며 연대를 청한다. 이처럼 발신자와 수신자 사이에서 소통이 일어날 때 연령, 사회적 지위, 계급, 인종, 젠더 등의 권력이 작동하기 때문에, 발신자는 수신자에 대해 우월한 권력은 강화하고 열등한 권력은 축소하는 텍스트를 만들며, 더 나아가 수신자와 연대의 소통을 행한다. 이는 수신자에게도 그대로 작용해 수신자는 발신자에 대한 지배와 연대를 선택해서 피드백한다. 수신자는 또 당대 사회가 규정하는 원리에 따라 동일성을 지향해 닫힌 해석을 할 수 있고, 이것을 벗어나서 주체의 마음에 따라 다양성을 지향해 자유롭고 열린 해석을 행할 수도 있다. 이처럼 텍스트는 지배와 연대, 동일성과 다양성이 마주치는 역동적인 장이며, 이 때문에 텍스트의 쓰기와 해석 또한 다양하게 전개된다. 그리고 이것이 모두 문화의 역동성을 낳는 동인이 된다.

읽는 주체는 때로는 자신이 형성한 세계3에 대해 부정의 태도를 견지하고 이를 변용하고자 한다. 이때 '다시 쓰기'가 행해진다. 예를 들어, '토끼와 거북이' 우화가 경쟁을 정당화하는 이데올로기를 담고 있다고 해석하는 독자 가운데 적극적인 독자는 거북이가 토끼를 깨우고 이에 감동한 토끼가 거북이와 어깨동무를 하고 함께 결승선에 들어가는 것으로 이야기를 다시 구성한다. 이처럼 읽는 주체로서의 수신자는 작가가 쓴 텍스트의 세계를 그대로 읽고 수용하는 데 만족하지 않고 이에 대응해서 새로운 텍스트를 만들고자 한다. 수신자는 또 읽는 주체의 범주에 머물지 않고 다시 발신자에게 정보를 피드백할 수 있는데, 피드백을 받으면 발신자는 수신자의 반응을 반영해 텍스트를 다시 형성한다.

주체가 이 세계에 대한 변용을 기호적으로 실천하면서 역사와 문화가 만들어진다. 수용자는 한 나약한 개인으로 기호와 구조에 갇히기도 하지만, 주체로 서고자 할 때에는 자기가 마주친 세계에 대응하는 하나의 양상으로 텍스트를 적극적으로 읽고 때로는 다시 쓰기를 감행해 당대 사회·문화의 코드를 깨고 주어진 세계를 변용시켜 세계의 숨겨진 실체 한 자락을 드러내기도 한다. 한편 대결이든 조화든 간에, 개인적이든 집단적이든 간에 세계 속에서 자신의 삶의 평형을 모색하기 위해 실천하기도 한다. 이 실천이 집단적·시간적으로 축적되어 특정 시대의 집단이 정보를 통해 현재를 분석하고 미래를 전망할 때 역사가 형성된다. 또 사회 구성원들이 이 실천을 통해 획득한 정보를 체계화하고 보존하고 전달하는 복합적인 총체가 바로 문화이다.[4]

---

4   여기서는 지면 관계상 『화쟁기호학, 이론과 실제』의 1부 이론만 요약해 제시했다. 실제 적용한 사례를 보려면 2부(223~469쪽)를 참고하기 바란다. 필자는 이 이론을 향가, 시조, 현대시, 소설, 신화와 설화 등 다양한 장르의 작품에 실제 적용해 비평했다. 아울러 이후에 선시(「화두와 선시의 화쟁기호학적 연구」, ≪백련불교논집≫, Vol.11, 2001), 하이쿠(「마츠오 바쇼오 하이쿠의 화쟁시학적 연구」, 일한비교문학 국제학술대회, 동경대, 2005), 당시(「두보(杜甫) 시의 화쟁시학: 〈춘망(春望)〉을 중심으로」, 국립대만대학교 중문계 초청세미나, 2011), 영화(「프랑스혁명기와 21세기 한국 사회, 두 현실의 맥락에서 '레미제라블'의 화쟁기호학적 읽기」, ≪문학과 영상≫, Vol.14, No.3, 2013)로도 장르를 확대했다. 조지형 등은 이 이론을 역사이론(조지형, 「포스트모던 시대의 기호학적 역사학: 화쟁기호학을 중심으로」, ≪역사학보≫, Vol.165, 2000), 무용(이찬주, 「범부춤의 심층구조와 의미에 대한 화쟁기호학적 해석」, ≪우리춤과 과학기술≫, Vol.2, No.1, 2006; 김지원, 「한국춤의 의미체계에 관한 화쟁기호학적 접근」, ≪한국언어문화≫, No.30, 2006)에 적용했다.

참고문헌

밀그램, 스탠리(Stanley Milgram). 2009. 『권위에 대한 복종』. 정태연 옮김. 에코리브르.
아렌트, 한나(Hannah Arendt). 2006. 『예루살렘의 아이히만』. 김선욱 옮김. 한길사.
이도흠. 1999. 『화쟁기호학, 이론과 실제: 화쟁사상을 통한 형식주의와 마르크시즘의
    종합』. 한양대 출판부.
_____. 2020. 『4차 산업혁명과 대안의 사회1: 의미로 읽는 인류사와 인공지능』. 특별
    한서재.
하라리, 유발(Noah Yuval Harari). 2015. 『사피엔스』. 조현욱 옮김. 김영사.

Derrida, Jacques. 1976. *Of Grammatology*. translated by Gayatri C. Spivak. The
    Johns Hopkins University Press.

연 습 문 제

1. 대대(待對)와 이분법의 차이는 무엇인가?
2. 화쟁기호학은 형식주의 비평과 마르크시즘 비평을 어떻게 아우르는가?
3. 21세기 오늘의 맥락에서 나의 텍스트 해석과 실천에 구조로 작용하는 주동적 세계관, 잔존적 세계관, 부상적 세계관은 무엇인지 말해보자.

⟩⟩⟩ 연습문제 해설 1

이분법은 실체론의 범주 안에 있는데, 대대는 관계론의 범주에 있다. 이분법은 'A 또는 A가 아닌 것(A or not-A)'의 논리체계인데, 대대는 'A이면서 A가 아닌 것(A and not-A)'의 퍼지적 논리체계를 바탕으로 한다. 이분법은 대립자가 맞서고 변증법적 종합을 추구하는데, 대대는 대립자를 내 안에 품어서 하나가 된다.

⟩⟩⟩ 연습문제 해설 2

텍스트와 콘텍스트, 미메시스와 판타지, 자율적 미학과 타율적 미학, 주체와 구조 등의 아포리아를 화쟁을 통해 하나로 아우른다. 텍스트를 반영상과 굴절상으로 분절한 후, 반영상은 마르크스주의 비평처럼 맥락과 결합해 해석하고, 굴절상은 형식주의처럼 내적 분석을 한다. 이후 두 해석을 한데 아우르며 구체성과 진정성 있는 해석을 하면서도 낯설게하기를 추구하며 열린 해석을 한다. 텍스트의 드러난 의미인 글올의 품, 작가의 의도와 맥락을 종합한 의미인 글올의 몸, 수용자와 맥락에 따른 해석인 글올의 짓, 당대 코드체계로 알 수 없는 숨겨진 의미인 참을 캐고 이를 종합한다.

⟩⟩⟩ 연습문제 해설 3

주동적 세계관은 근대과학적 휴머니즘의 세계관이고, 잔존적 세계관은 토테미즘, 샤머니즘, 유교적 세계관, 불교적 세계관 등이며, 부상적 세계관은 탈근대의 세계관, 포스트휴머니즘이다.

제6장

신화기호학

기호학으로 한국 신화 읽기

오세정

1. 천의 얼굴을 가진 신화

최초의 이야기인 '신화(神話)'는 흥미롭고 매혹적인 이야기로 사람들의 관심을 받아왔다. 신화는 이야기의 내용 자체가 일상이나 평범함을 뛰어넘는다. 신(神)이나 우주에 대해서 다루거나, 인간과 인간 문화의 존재론적 근원 등을 다루고 있다. 이야기의 내용뿐 아니라 이야기를 대하는 전승자들의 인식이나 태도 면에서도 다른 이야기 갈래나 이야기 문화와는 분명한 차이가 난다. 신화는 그것을 전해 온 공동체에게 특별한 가치와 문화적 지위를 가진다.

문자로 기록되기 이전의 서사, 또는 문자가 아닌 말로 전승된 서사를 의미하는 '설화(說話)'의 하위 갈래로는 통상 '신화(神話)', '전설(傳說)', '민담(民譚)'을 설정한다. 전설은 특정 지역을 배경으로 구체적인 증거를 바탕으로 전승되어 온 민중의 구술 역사의 성격이 강하다. 전승자들은 이 전설을 실제 일어난 사건을 다룬 이야기로 받아들인다. 민담은 민중들의 세계관을 반영한 흥미로운 이야기로, 재미를 위해서 만들어진 것으로 인식된다. 이에 반해 신화는 전승집단의 존재론적 정체성에 대한 이야기이자, 그들이 신앙하는 신들에 대한 이야기이며, 집단의 중요한 문화와 풍속에 대한 유래담이기도 하다.

오늘날 우리가 멋지고 흥미로운 옛이야기의 대명사로 '그리스·로마 신화'를 꼽듯이, 신화는 다른 종류의 서사문학과는 다른 특이하고 특별한 이야기로 인식된다. 동시에 신화는 단지 '재미있는' 허구적 서사물이 아니라 전승집단의 존재론적 가치와 운명을 함께하는 역사적이고 실제적인 응축 상징물로 존재하고 기능한다.

민간에서 신화는 민간신앙과 운명을 함께하면서 공동체의 삶과 직접적인 관련을 맺고 있다. 한국의 무속(巫俗) 문화체계 속에서 생사관, 자연현상, 생활풍속 등 다양한 영역에서 인간과 신들이 교섭하는 양상을 신화를 통해 확인할 수 있다. 공적 영역에서 볼 때 신화는 역사적으로도 상당히 중요한 의미와 기능을 가진다. 민족이라는 공식적·거시적 단위의 공동체에서 고유성이나 정체성을 확보하기 위해, 또는 민족의 결속을 다지기 위해 신화가 요청되고 소환되며, 재탄생되거나 재창조되기도 한다. 가장 가까운 사례로 한국의 경우, 국가 교체기나 일제 강점기에 우리 민족의 대표 신화 격으로 인정받는 '단군신화'가 항상 주목을 받았다는 사실을 들 수 있다.

이처럼 공동체의 문화에 대한 뿌리 찾기나, 집단의 결속과 정체성 수립에 관한 요구가 있을 때, 신화는 단순한 이야기의 차원을 넘어서 정서적·문화적인 힘을 발휘해 왔다. 오늘날에 와서는 전대와는 전혀 다른 문화적 맥락에서 신화의 존재론적 의미와 그 실제적인 기능이 새롭게 조명받고 있다. 문화산업의 시대에 문화콘텐츠의 원천 소스로 가장 각광받는 것이 다름 아닌 신화인 것이다.

신화에 대한 학문적인 접근이 체계적으로 이루어진 것은, 신화의 태생과 비교해 볼 때 아이러니하게도 아주 최근의 일이라 할 수 있다. 더구나 해외에서나 한국에서나 신화에 대한 연구는 단일한 학문 그룹에 의해 수행되지 않았다. 문학, 철학, 역사학, 사회학, 인류학, 민속학, 종교학 등 인문·사회 계열 전반에 걸친 다양한 학문분과에서 신화를 연구하기 시작했다.

2. 신화학의 전개

인간 사상사의 흐름을 개괄할 때 보편적으로 사용되는 방법은 인간 정신을 '뮈토스(mythos)'와 '로고스(logos)'의 양항 관계로 설명하는 것이다. 뮈토스적 사유를 벗어나 로고스적 사유를 함으로써 비로소 인간은 합리화의 세계, 과학의 세계에 발을 내딛게 되었고 이것이 궁극에는 인간의 문화 발전의 초석이 되었다고 보는 것이다(신응철, 2011).

이러한 인간 정신의 이행을 선도했던 대표적인 인물로는 서구 철학자의 대부 격인 플라톤이 꼽힌다. 플라톤은 당시 유행하던 신화 속에서 묘사되는 인간의 삶의 모습이 일관적이지 않고 모순적이며 허위라는 것을 깨닫고 그러한 삶의 모습이 정의로운 사회를 설계하는 데 전혀 도움이 되지 못한다고 인식했다(김용민, 2004). 플라톤의 세계에서 핵심 주제 중의 하나는 전체(우주)와 국가와 인간이 어떻게 연관되어 있느냐 하는 것이었다. 플라톤의 주장은 전체가 좋고, 인간이 전체의 좋은 질서를 모방해 국가의 질서를 만들고, 자신에게 좋은 영혼을 생성할 수 있다면, 인간은 행복하고 정의로운 삶을 누릴 수 있다는 것이다. 그런데 역설적이게도 플라톤은 이제까지 존재하지 않았던 새로운 이상세계의 모델을 자신이 부정했던 신화에서 찾았다. 플라톤의 『국가론』에서는 이상적인 국가, 즉 자신의 사상이 실현된 모범적인 정치사회를 만들기 위해 신화가 요청되었는데, 이는 인간사회가 정의롭고 행복하기 위해서 필수적인 '정치적 기술' 또는 '정치적 지혜'가 바로 신화와 결부되어 있음을 알 수 있다.

플라톤의 『국가론』에서 수용된 바와 같이, 신화는 현실의 세계 질서와 차별화되는 것으로서, 이상적이며 완전체의 의미를 지닌다. 이는 신화에 대한 초월적·신비주의적 관점이 잘 드러난 사례라 할 수 있다. 현실 세계의 '대안 세계(alternative world)'로서의 신화 세계가 고대의 저명한 사상가에 의해 주목받은 것이다. 서구의 근대 지식인들에게 와서는 신화가 실제 세계와 더 밀착되어 관심을 받았다. 현실의 대안 세계가 아닌, 현실 세계 또는 현실 세계의 근원과 관련해서 의미를 갖고 작용하는 신화에 관심을 가진 것이다. 특히 근대의 연구자들은 신화의 사회적인 기능에 대해 주목하면서 동시에 전대와 다른 관점에서 신화에 대해 접근했다.

신화에 대한 본격적인 연구는 19세기부터 이루어졌다고 보는 것이 정설이다. 비교 언어학의 성과에 자극되어 그리스, 인도, 게르만 등 인도·유럽 어계(語系) 민족의 신화에 대한 비교 연구가 성행했다. 프리드리히 막스 뮐러(Friedrich Max Muller)나 아달베르트 쿤(Adalbert Kuhn) 등 이른바 자연신화학파는 모든 신화를 자연 현상에 결부시켜 해석했다. 예컨대 태양이 지고 뜨는 것은 태양신 헬리오스가 태양마차를 모는 것이라고 여기는 것이다. 자연 현상을 그에 해당하는 신격의 형상이나 행위로 본 것이다. 이후 인류학파에 의해서 자연신화학파는 맹렬히 비판받았고, 인류학자들은 의인화와 같은 추상적인 원리가 아닌 보다 구체적이고 과학적인 방식으로 현실 세계 속에서 실질적인 기능을 수행하는 신화에 대해 접근했다(안진태, 2004).

신화를 연구한 인류학자들은 현실과는 다른, 또는 현실의 세계에서 초월해 있는 신화에 주목하지 않고 신화가 실제 인간사회 내에서 어떤 구체적이고 실제적인 기능을 수행하는가에 관심을 가진 것이다. 대표적으로 사회인류학의 시조로 불리는 브로니슬라브 말리노프스키(Bronislaw Malinowski)는 신화를 기능주의적 관점에서 파악했다. 그는 신화에 내재한 원시문화에서 필수 불가결한 기능에 대해 주목했는데, 신화는 집단의 구성원들에게 믿음을 강화하고 그 믿음을 약호화하는 것이라고 보았다. 신화는 어떤 집단을 영화롭게 하기도 하고, 그 집단에게 이례적인 지위를 제공하고 정당화하기도 한다(Malinowski, 1954).

프랑스의 저명한 사회학자이자 인류학자 에밀 뒤르켐(Émile Durkheim) 역시 신화의 사회적 기능에 주목했다. 신화의 주요 기능이자 특징이 바로 '분류 체계'에 있다는 것이다. 분류 체계란 그 부분들이 위계질서에 따라 정렬되는 체계이기도 한데, 어떤 것들은 지배적인 특성을 이루고 다른 것들은 거기에 종속된다. 결국 분류 체계의 목적은 종속과 조화의 관계를 확립하는 데 있다(Durkheim, 1995). 신화학자 브루스 링컨(Bruce Lincoln)은 뒤르켐이 말한 이 분류 체계가 신화라는 틀 속에 담겨질 때, 그 이야기는 아주 매력적이고 인상적인 모습으로 온갖 특정한 차별 체계를 그럴듯하게 포장한다고 보았다. 세계는 균질한 상태가 아니라 특정한 차이 또는 차별의 체계이기 때문에, 이러한 차이나 차별을 정당화할 수 있어야 그 사회가 유지·작동할 수 있다. 링컨은 이러한 점에 착안해 신화는 서사 형식으로 된 이데올로기라고 보았다(Lincoln, 1999).

오늘날 신화학을 반석에 올려놓은 현대의 신화학자는 조르주 뒤메질(Georges Dumézil)과 클로드 레비스트로스(Claud Lévi-Strauss)이다. 뒤메질은 이른바 '3기능 체계'를 통해 신화 공통의 구조와 내용을 밝혔다. 레비스트로스는 자신의 연구를 '구조인류학'이라고 명명하고, 그때까지 '시행착오' 단계에 있던 신화 연구를 엄밀한 '과학'으로 혁신하기 위해 남·북아메리카 원주민의 신화를 비교·분석했다. 이는 찬반양론의 반향을 불러일으켰다. 그 결과를 집성한 『신화론(Mythologique)』 네 권은 비록 군데군데 논리적 비약이 존재한다는 비판을 받지만, 신화학뿐 아니라 현대의 사상이나 문화 전반에까지 중대한 영향을 미친 것으로 평가된다(안진태, 2004).

한국에서는 1970년대부터 본격적인 신화 연구가 진행되었는데 주로 국문학자들과 민속학자들에 의해 주도되었다. 국문학 영역에서 볼 때 신화라는 갈래는 그 텍스트 수가 그다지 많지 않지만 비교적 다양한 접근과 연구가 수행되었다. 텍스트 내적 체계에 관심을 가진 시학적인 접근, 신화가 구연되는 현장을 중심으로 현장론적·연행론적 관점에서의 접근, 역사나 철학 같은 인접 학문분과와의 학제 간 접근, 비교문학적 접근 등이 있다. 이 같은 현상은 신화 자체가 가진 복합적 성격 탓인데, 신화는 일종의 문화적 응축물로 다양한 사회문화적 네트워크 속에서 존재하기 때문이다.

신화 텍스트는 언어기호로 구성되었지만 일상의 언어체계나 정통 문학적 기호체계에서 포착할 수 없는 독특한 기호체계로 되어 있다. 다시 말해 신화 텍스트 그 자체를 하나의 '상징(symbol)'으로 또는 상징적인 텍스트로 간주할 수 있으며, 신화 텍스트를 해석하기 위해서는 다양한 사회문화적 맥락을 고려할 수밖에 없다. 신화체계 속에서 일어나는 특유의 기호작용에 대한 연구는 신화학의 본질적인 과제이며 이는 앞으로도 계속될 것이다.

3. 신화 연구와 기호학

현대 신화학 정립의 주역인 레비스트로스의 신화 연구 방법론은 이후 구조주의 서사론자들이나 기호학자들에게 절대적인 영향을 끼쳤다. 레비스트로스는 테베의 신화 '오이디푸스(Oedipus)'를 분석하면서 신화의 해석방식을 구체화시켰다. 그는 계열적(syntagmatic)으로 구성된 신화 텍스트를 양항 대립의 병렬적(paradigmatic)으로 재구성하고, 대립적 가치가 서로 상충하고 있음을 밝혔다. '오이디푸스'의 이야기 전개 순서와 무관하게 오이디푸스 이야기는 크게 네 개의 계열체이며 이 계열체들이 양항 대립의 의미체계로 구성되었다고 밝힌 것이다. 그 내용을 간단히 정리하면 다음과 같다.

레비스트로스는 오이디푸스 신화를 분석할 때 오이디푸스의 조상 대 이야기와 그의 자식 대 이야기를 모두 포함시켰다. 몇 대에 거친 테베 왕조의 이야기는 영웅의 탄생, 모험과 전쟁 등 많은 흥미로운 화소를 담고 있다. 테베 건국 주인공인 카드모스에서 오이디푸스의 자식들까지의 이야기를 간단하게 정리하면 다음과 같다.

오이디푸스의 조상이자 테베의 건국 주인공인 카드모스는 제우스에 의해 납치된 누이동생을 찾아 나서지만 결국 실패한다. 그는 아버지의 노여움을 피해 집을 떠나 자신의 나라를 세운다. 신탁을 따라 땅을 찾던 중 독룡을 처치하고 땅에 용의 이빨을 심어 인간 조상을 탄생시킨다. 땅에서 태어난 스파르토이들은 혈육끼리 살육하는 존재였지만 나중에 화해했다.

이후 테베의 한 왕국에서 아버지를 살해하고 어머니와 결혼할 운명을 타고난 오이디푸스가 태어난다. 이를 알게 된 부왕 라이오스는 아들을 죽일 것을 명하지만, 갓난아이인 오이디푸스는 죽음을 피하고 이웃 나라의 왕자로 입양된다. 장성한 후 자신이 양아들이라는 사실은 모른 채 자신의 운명을 알게 되고 결국 왕국을 떠나 방황한다. 도중에 생부 라이오스와 마주쳐 사소한 시비 끝에 그를 죽이게 된다. 스핑크스를 만나 물리치기도 한다.

테베로 들어온 오이디푸스는 백성들의 지지를 받으며 왕이 된다. 과부인 전 왕비를 자신의 아내로 삼고 2남 2녀를 낳았다. 하지만 결국 자신이 생부를 죽였고 생모와 결혼했다는 사실을 알게 되자 두 눈을 찌르고 고행의 길에 오른다. 오이디푸스의 쌍둥이 아들들은 왕위를 놓고 경쟁한다. 이웃 나라에서 군대를 동원한 폴리네이케스가 테베로 쳐들어와 동생 에테오클레스와 치열한 전투를 벌인다. 테베는 나라를 지켰지만 두 왕자는 모두 죽는다.

그들의 외숙 크레온이 왕이 되어 에테오클레스는 성대히 장례를 치러주고, 조국에 군대를 들인 폴리네이케스의 시체를 수습하지 못하게 한다. 하지만 누이 안티고네가 몰래 오빠의 시신을 수습하고 비극적인 운명을 맞는다.

레비스트로스는 이 이야기에서 유사한 것들끼리 크게 네 개의 패러다임을 묶었다. 여동생을 찾아 나서는 오빠, 오이디푸스와 어머니의 결혼, 안티고네의 오빠를 위한 헌신 등이 하나의 패러다임을 이룬다. 이것은 가족 관계, 특히 남녀 이성 간의 관계가 과잉 강조되어 있다. 다른 하나는 이와는 반대로 거인 동족끼리의 싸움, 오이디푸스의 아버지 살해, 쌍둥이 형제간의 왕위 쟁탈전이 하나의 패러다임을 이룬다. 세 번째 패러다임은 카드모스가 독룡을 물리친다거나, 오이디푸스가 스핑크스를 물리치는 것과 같이 지상의 괴물을 처치하는 것이 하나의 패러다임을 이룬다. 이와 대립되는 네 번째 패러다임은 카드모스의 손자이자 오이디푸스의 할아버지인 라브다코스와 오이디푸스의 생부인 라이오스가 왼손잡이라는 점, 그리고 오이디푸스의 다리가 퉁퉁 부었다는 점 등의 신체적인 특징이다. 이 세 번째와 네 번째 대립은 인간이 지상성을 부정한다는 것과 인간은 결국 지상에 예속된 존재라는 것이 대립 체계를 이루고 있다.[1]

분석 결과, 레비스트로스는 '오이디푸스'가 인간 창조에 대해 대립되는 두 가지 논리를 중재하고 있다고 결론 내렸다. 즉, 인간 존재는 남녀의 결합을 통해 생긴다는 '남녀 결합설'과 식물들처럼 지상에서 생겨난다는 '자동지생(自動地生, autochthonous)'의 관념이 서로 상충하는데, 이 모순을 해결하려는 시도로 신화 '오이디푸스'가 있다는 것이다(Lévi-Strauss, 1963).

---

1   세 번째 패러다임은 지상의 괴물을 물리치는 것으로서, 지상성을 거부하는 것으로 쉽게 이해된다. 반면 네 번째 패러다임인 신체의 특징이 지상성에 예속된다는 것은 쉽게 납득되지 않는다. 레비스트로스는 아메리카 인디언 신화에 등장하는 최초의 인간이 지상에서 태어났고 이렇게 태어난 인간은 제대로 서거나 걷지 못했다는 점에 착안해 네 번째 패러다임을 의미화했다.

기호학자 중 가장 독특하면서 동시에 영향력 있는 신화론을 내세운 이로는 롤랑 바르트(Roland Barthes)가 있다. 그는 신화의 속성이 지닌 이데올로기 또는 이데올로기적 기능에 주목했다. 그에 따르면 신화는 '자연화(naturalization)'라는 이데올로기적 기능을 수행하는데(Barthes, 1977), 이 기능은 문화적인 것을 자연적인 것으로 가장하는 것이다. 다시 말해 신화는 지배적인 문화적 가치와 역사적 가치, 태도, 신념 등을 완전히 '자연'스럽고 '정상적'이고 '당연'하고 '영원'하고 '자명'한 상식처럼 만든다. 그 결과 그런 가치가 세계의 모습을 객관적이고 진실하게 드러내는 것처럼 보이게 한다(챈들러, 2006).

바르트는 신화를 어떤 특별한 종류의 언술로 파악했다. 신화를 고정된 장르나 문예적 형식이 아니라 특정한 담화가 의미작용하는 상황에서 발생하는 하나의 가능성으로 간주한 것이다(송효섭, 2009). 바르트가 말한 메시지로서의 신화는 그 메시지의 내용에 의해 정의되는 것이 아니라, 그 메시지가 발화되는 방식에 의해 정의된다. 그런데 신화는 기표와 기의가 결합하는 일반 언어기호와 달리, 이렇게 결합된 기호가 다시 기표가 되고 그 기표의 기의가 결합해서 또 다른 기호가 된다.

기호	1. 기표		2. 기의	
	3. 기호 I. 기표		II. 기의	신화
	III. 기호			

이 같은 기호작용을 통해 신화는 원의미를 굴절·왜곡시킨다. 이는 진

실이 아닌, 기호를 조작하는 텍스트 산출자가 원하는 의미로 신화를 수용하도록 강요해서 하나의 상징으로 받아들이게 한다. 바르트는 신화의 발화 방식, 즉 신화의 존재 양태에 주목한 것이다. 신화는 '서사'로 존재한다. 다시 말해 언어기호적 구성물이다. 따라서 신화 서사의 '약호(code)'를 찾는 것은 곧 신화의 의미작용을 밝히는 것이자, 신화가 갖는 문화적 기능과 의미에 접근하는 토대가 될 것이다.

일반적으로 약호는 텍스트를 구성하는 요소들을 '선택(selection)'하고 '조합(combination)'하는 규칙을 의미한다. 다시 말해 기호들을 사용해서 텍스트를 만들어내는 규칙이자, 텍스트를 통해 의미를 찾아내는 규칙인 것이다. 예컨대 한국어 어문규칙은 하나의 약호라 할 수 있다. 따라서 한국어로 소통하는 사람들은 소통을 하는 데 별 장애 없이 텍스트를 산출하고 해석할 수 있다. 한국어를 모국어로 하는 사람은 이 약호를 공유하고 있기 때문이다.

레비스트로스 이후 구조주의 기호학의 관점에서 서사에 대한 연구가 성행했다. 특히 이야기의 보편 법칙이라 할 수 있는 이야기의 구성 원리를 찾는 작업이 알지르다스 그레마스(Algirdas J. Greimas)에 의해 진행되었다. 전대의 민담학자 블라디미르 프로프(Vladimir Y. Propp)의 영향을 받았지만 훨씬 더 정교한 서사문법 모델이 그레마스에 의해 기획된 것이다. 그레마스는 특별히 신화에 국한해 서사문법을 연구한 것은 아니었지만, 이야기의 보편적인 규칙을 찾기 위해 신화를 포함한 설화를 대상으로 삼았다. 따라서 신화라는 이야기를 분석하는 데 있어서 그레마스의 논의는 여러모로 유용하다.

다음 절에서는 한국의 건국신화를 대상으로 신화를 어떻게 분석하고 이해할 것인가에 대한 사례를 살펴볼 것이다.

4. 한국의 건국신화 분석하기[2]

1) 계열체와 통합체 분석

신화는 전승집단에게 전하는 존재론적 근원에 대한 메시지 또는 사회의 질서와 가치에 대한 내용을 '이야기', 즉 '서사(narrative)'라는 형식에 담고 있다. 서사를 간단하게 정의하면, '사건에 대한 보고'(프린스, 1992)라고 할 수 있다. 여기서 '사건(event)'은 행위자에 의해 야기되거나 경험되는 것으로, 하나의 상태에서 다른 상태로의 '전이(transition)'가 필수적이다(Bal, 1985). 이 점을 감안할 때 신화에서 형상화하는 핵심 메시지는 특정한 사건을 통해 드러나는 변화된 상태라고 할 수 있다. 이는 신화 갈래의 정체성이자 이념과 직접적으로 연결된다. 신화는 무정형의 것에 질서를 새기는 것, 또는 기존에 없던 새로운 문화가 시작된 것에 대한 이야기이다. 따라서 신화는 '다른 상태로의 전이'라는 서사의 정체성을 가장 극적으로 재현하고 있다고 볼 수 있다.

서사는 시작과 종결이 있는 닫힌 구조로 존재한다. 그리고 한 편의 이야기는 요소들이 결합해 선형적인 구조를 띤다. 인간의 언술, 담화 등을 분석하기 위해 흔히 쓰이는 '계열체(paradigm)'와 '통합체(syntagm)'는 이야기 구조를 이해하는 데 유용하다(송효섭, 1997). 페르디낭 드 소쉬르(Ferdinand de Saussure)에 의해 널리 쓰이게 된 이 개념은 하나의 문장을 예로 들면 쉽게 이해할 수 있다. 한국어 문장 "춘향이 몽룡을 사랑한다"

---

2   이 장의 사례분석은 《Journal of Korea Culture》 28권(2015)에 게재된 「한국 건국신화의 정치적 약호와 상징작용 연구」를 수정·보완한 것이다.

에서 '춘향이' 자리에 들어갈 수 있는 다른 말은 목적어를 수반하는 서술어의 행위 주체가 될 수 있는 것들이다. 이 자리에 '엄마', '아빠', '스승', '옛 친구' 등 무수한 대체어가 있다. 하지만 이 자리에 '사랑한다', '어제', '빨리'와 같은 단어들로 대체될 수는 없다. 이 규칙은 '몽룡을', '사랑한다'에도 동일하게 적용된다. 이처럼 유사한 성격과 지위를 가지는 것들의 집합을 계열체라고 한다. 한국어 어문규정에서 "사랑한다 몽룡을 춘향이"와 같은 문장은 성립되지 않는다. 한국어에서는 주어, 목적어, 서술어의 어순으로 하나의 문장이 구성된다. 이처럼 정해진 순서에 따라 이루어진 하나의 문장이 통합체가 된다. 계열체에는 유사성의 원리가, 통합체에는 인접성의 원리가 적용된다.

한국의 신화체계는 크게 무속신화와 건국신화로 구성된다. 무속신화는 종교의 영역에서 전승되어 온 한국의 독특한 신화체계로, 한국의 민간종교인 무속에서 신격의 유래를 담고 있는 이야기이다. 건국신화는 한국인에게 널리 그리고 흔히 알려져 있듯이 고조선, 부여, 고구려, 신라 등 한민족의 고대 국가들이 개창될 때를 배경으로 한 건국의 주인공들인 시조왕(始祖王)들에 대한 이야기이다. 여기에서는 일반에게 널리 알려진 한국의 건국신화들을 대상으로 신화 서사의 구조적 특성을 살피고 신화 텍스트를 통해 도출할 수 있는 의미체계에 접근해 보도록 하자.

한국의 건국신화는 모두 신성한 인물이 나타나 새로운 나라를 세웠거나 시조왕으로 등극했다는 이야기이다. 한국의 건국신화들을 대상으로 레비스트로스의 신화분석 사례와 같이 대립되는 패러다임을 제시하는 것은 쉽지 않다. 일단 '오이디푸스'와 같이 조상 대, 당대, 후대로 이어지는 장편의 이야기가 한국의 건국신화에는 거의 없다. 대부분 짧은 일대기 형식을 기반으로 한 이야기이다. 하지만 레비스트로스의 착안

점을 빌려와 신화 서사가 어떤 계열체를 중심으로 이루어져 있는지 분석하는 것은 한국 신화의 특성을 살펴보는 데 있어서 중요한 의미를 발견할 수 있다. 특히 개별 신화들의 계열체가 의미상 그리고 형태상 유사성을 가진다면 한국의 건국신화에 공통으로 적용되는 어떤 원칙을 찾을 수 있을 것이다. 이러한 계열체가 결합되어 결국 하나의 선형적 구조를 가진 이야기가 된다. 따라서 계열체의 나열 순서를 통해서 통합체의 원리 또한 추출할 수 있을 것이다.

2) 신화의 구성 원리

한국의 건국신화 중 가장 내용이 풍부하다고 할 수 있는 '주몽신화'를 중심으로 살펴보자. 고구려의 시조왕인 주몽에 대한 신화는 『삼국사기』, 『삼국유사』, 『동국이상국집』을 비롯해 비교적 많은 기록물에서 전하고 있다. 기록에 따라 이야기 내용과 길이 등에서 차이가 있지만 세 문헌에서 전하는 공통의 내용을 바탕으로 이 신화의 내용을 간략히 정리하면 다음과 같다.

유화는 해모수와 사통했다가 버림받자 이에 격분한 아버지에 의해 입술을 길게 늘어뜨린 후 추방당한다. 유화가 물고기를 몰래 훔쳐 먹으며 지내다가 부여의 왕 금와에게 붙들린다. 금와에 의해 다시 본래의 모습으로 돌아온 유화는 금와의 별궁에 갇힌다. 햇빛이 유화를 쫓아 비추니 유화가 임신을 하게 된다. 주몽은 유화가 낳은 알을 깨고 인간 세상에 태어난다. 금와의 왕궁에서 태어난 주몽은 금와의 왕자들과 갈등하다가 결국 부여를 탈출한다. 주몽은 졸본지역으로 이동해 새로운 국가를 건설한다. 주몽은 세상을 다스리다가 하루는 옥편을 지상에 남겨두고 승천한다.

이상의 '주몽신화'의 내용에서 가장 핵심이 되는 사건들을 중심으로 간단한 문장으로 정리하면 다음과 같다.

① 유화와 해모수가 결연하다.
② 유화가 임신하다.
③ 알에서 주몽이 태어나다.
④ 주몽이 시련을 극복하다.
⑤ 주몽이 고구려를 세우다.
⑥ 주몽이 하늘로 올라가다.

이야기의 줄거리는 먼저 주인공의 부모 대의 사건, 즉 부모의 결합(잉태)이 나타나며, 탄생 이후 성장(시련)의 단계를 거쳐 과업을 완수하고 신이 된다는 전체 서사 흐름을 보여준다. 즉, 이 이야기는 주인공의 탄생에서부터 죽음까지의 일대기(一代記)라 할 수 있다. 신화에서는 주인공이 죽거나 또는 인간 세상에서의 삶을 마감하고 난 이후에도 그 행적이 종종 언급된다. 주몽은 인간 왕으로서의 삶을 마치고 옥편만 남겨둔 채 하늘로 올라간다. 이러한 사후의 이적은 주몽이 인간 왕에서 천신(天神)으로 변신했음을 의미한다. 신화의 주인공인 초대 왕들이 자신의 일대기를 마감할 때면 신이한 사건이나 현상이 나타난다. 탄생과 더불어 죽음이 신비화되고 있는 것이다. '주몽신화'를 볼 때, 이 서사는 주인공의 일대기를 '핵심 내용(topical content)'으로 하고, 그 앞에는 부모 대의 결합이, 그 뒤에는 신격으로의 변신과 같은 사후 이적이 '관련 내

표 6-1 '주몽신화'의 계열체와 핵심 사건

부모 대 이야기	탄생	성장	핵심 과업	사후 이적
①, ②	③	④	⑤	⑥

표 6-2 '단군신화'와 '탈해신화'의 계열체와 통합체

	단군신화	탈해신화
부모 대 이야기	- 환웅이 인간세상을 탐해 강림하다 - 환웅이 신시를 열어 인간을 다스리다 - 곰과 범이 사람이 되려고 환웅을 찾다 - 곰은 금기를 지켜 웅녀로 변신하다 - 웅녀와 환웅이 결합하다	- 용성국의 왕과 비가 혼인해 임신하다 - 왕비가 알을 낳자 조상 대부터 없던 일이라 하여 알을 바다에 버리다
탄생	- 웅녀와 환웅이 결합해 단군을 낳다	- 알이 한반도 남쪽에 당도하다 - 알에서 탈해가 태어나다
성장		- 탈해가 양모 밑에서 성장하다 - 탈해가 지혜로 좋은 터를 차지하다
핵심 과업	- 단군이 조선을 건국하고 다스리다	- 탈해가 왕의 사위가 되다 - 탈해가 석씨 왕조의 시조왕이 되다
사후 이적	- 단군이 산신이 되다	- 탈해가 산신이 되다

-용(correlated content)'(Greimas, 1971)을 이루고 있다.

'주몽신화'의 계열체는 각각 '부모 대 이야기', '탄생', '성장', '핵심 과업', '사후 이적'에 해당하는 사건들이며, 이것들이 순차적으로 연결되어 하나의 통합체를 이루고 있다. 이를 정리하면 〈표 6-1〉과 같다.

이러한 신화 서사의 구성은 '주몽신화'에 국한되는 것이 아니라 한국의 다른 건국신화에서도 두루 나타난다. 예컨대 고조선의 건국신화인 '단군신화'에서도 부모의 결합과 주인공 단군의 출생, 즉위와 사후 이적이 전개된다. 신라 석씨 시조왕인 '탈해신화'에서도 마찬가지이다. 두 신화 모두 『삼국유사』에서 전하는 이야기를 대상으로 위의 틀을 적용시키면 〈표 6-2〉와 같이 정리할 수 있다.

표 6-3 '혁거세신화'와 '수로신화'의 계열체와 통합체

	혁거세신화	수로신화
부모 대 이야기	- 신라의 토착 세력들이 새로운 질서와 왕을 구하다 - 하늘에서 땅으로 신기한 빛이 비추고 백마가 꿇어앉아 있는 곳이 있다 - 그곳에서 알을 얻다	- 인간세상이 아직 제대로 된 질서가 잡히지 않다 - 하늘에서 소리가 들려 신군을 맞이할 준비를 시키다 - 백성들이 천명에 따라 하늘에서 오는 신군을 맞이하다
탄생	- 알에서 혁거세가 탄생하다 (같은 날 계룡에게서 여아가 태어나다)	- 여섯 개의 알이 하늘에서 내려오다 - 그중 가락국의 수장 수로가 탄생하다
성장	- 남녀 아이가 궁에서 성장하다	- 수로가 궁에서 성장하다
핵심 과업	- 혁거세가 성장해 왕이 되다 - 혁거세가 알영과 혼인하다	- 수로가 성장해 왕이 되다 - 수로가 아유타국의 공주 허황옥과 혼인하다
사후 이적	- 혁거세의 사체가 다섯으로 나누어져 각각 무덤을 쓰다	- 수로가 치세하다 죽고 왕자가 계승하다 - 수로의 무덤에서 신이한 일이 발생하다

　　신라 건국 시조이며 박씨 시조왕의 신화인 '혁거세신화'와 가락국의 건국 시조왕의 신화인 '수로신화'에서는 앞의 신화들에 비해 전반부의 내용이 다소 다르게 나타난다. 부모의 결합과 잉태가 아니라, 하늘에서 천손(天孫) 강림을 고지하고 곧이어 천상에서 지상으로 주인공이 강림하는 것으로 나온다. 이 두 신화에서는 주인공의 부모에 대한 이야기가 직접 드러나지 않지만 이를 대체할 만한 내용이 나타나고 있다. 탄생 자체가 신성한 것으로 의미를 갖기 위해서는 신성한 존재들이 결합하고, 그 결과 신군(神君)이 태어나는 것이 '주몽신화'나 '단군신화'의 논리이다. 반면에 '혁거세신화'나 '수로신화'에서는 절대 신격 또는 그의 메시지를 통해 신군이 출현할 것을 예비하고 있다. 신성한 주인공의 등장 이전에 필요한 관련 내용이 신탁과 천명(天命)으로 표현된 것이다. 『삼국유사』에 전하는 한반도 남쪽의 대표적인 두 신화를 분석하면 〈표 6-3〉과 같이 정리할 수 있다.

이처럼 한국의 건국신화는 주인공의 탄생에서부터 건국(등극)까지의 일대기를 중심으로 전후에 관련된 이야기들이 결합되어 있다. 전반부의 이야기는 주인공의 탄생이 신성하다는 것을 드러내는 기능을 하며, 후반부의 이야기는 주인공의 죽음과 그와 관련된 이적이 소개되거나 자손의 왕위 계승에 관한 것으로 시조왕 이후 세계에 대한 간략한 언급에 해당된다.

3) 신화의 핵심 메시지

이 같은 서사의 구성을 통해 한국의 건국신화에서 공통적으로 나타나는 중심 메시지가 무엇인지 분석해 보자. 그레마스의 서사구조 도식을 참조하면 이야기의 거시 구조를 훨씬 더 명료하게 파악할 수 있다. 그레마스는 서사의 전체 전개가 전후 변화하거나 또는 상황의 반전이 이루어진다는 점에 주목했다. 그에 따르면 이야기 전체를 통해서 실현되는 가치 질서와 상반되는, 즉 '전도된(inversed)' 상황이 전반부의 내용이며, 이야기의 후반부는 결핍은 충족되고 불안정하고 무질서했던 세계가 질서 잡힌 '정돈된(posed)' 상황으로 바뀌는 내용이다(Greimas, 1971).

한국의 건국신화에서는 다음과 같은 상황이 보편적으로 나타난다. 주인공이 인간세계에 출현해 건국 또는 등극하기 이전에는 인간세계가 불안전한 세계 또는 무질서의 세계였다. 주인공이 건국한 이후에는 이전의 문제 상황이 개선되거나 결핍이 충족되어 보다 안정된 세계, 질서 잡힌 세계로 바뀌게 된다. 인간세계는 주인공의 등장과 건국이 이루어지기 이전과 이후의 세계로 뚜렷이 구분된다.

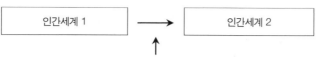

| 인간세계 1 | → | 인간세계 2 |

변화의 계기: 주인공의 건국(등극)

이는 카오스(chaos)에서 코스모스(cosmos)로 전환하는 신화의 전형적인 패턴이라 할 수 있다. 물론 개별 신화마다 주어진 애초의 세계(인간세계 1)의 상황은 다를 수 있다. 가령, 한국 건국신화의 초기 형태라 할 수 있는 '단군신화'에서는 환웅이 등장하기 이전 세계는 국가가 부재하며 문명의 흔적을 찾기 힘든 상태로 보인다. 혁거세나 수로가 등장하기 이전의 신라와 가야는 고대국가로서의 위상을 정립하지 못한 부족국가의 단계를 보여준다. 혁거세 이전의 신라는 여섯 촌장이 다스리는 부족 연맹체의 형태이며, 수로가 등장하기 이전의 가야는 아직 국가의 위용을 갖추지 못한 채 아홉 명의 씨족장[九干]이 소규모 지역을 다스리고 있었다. 이에 비해 주몽이나 탈해는 기존의 국가 시스템이 비교적 탄탄한 지역에서 출현한다. 주몽은 금와가 통치하는 부여에서 태어나며, 탈해는 혁거세의 후예가 다스리는 신라에서 왕권에 도전한다. 주어진 세계의 양상은 이처럼 다양하지만 주인공이 출현해 새로운 국가를 건립함으로써 이전 세계보다 더 발전한 세계로 진입하는 것은 모든 신화에서 보편적이다.

신화를 통해 형상화된 변화는 결국 이전 세계와 이후 세계의 차이를 두드러지게 하는 효과를 가진다. 이 차이는 질서의 다른 이름이며, 이 차이의 산출이 결국 문화의 수립을 의미한다. 문화는 문화가 아닌 것에 대한 차이를 획득하는 것을 의미하며, 질서 이전의 것에 대한 차별화를 자연스럽게 수반한다.

이처럼 한국의 건국신화는 정치적 신화의 전형적인 형태를 하고 있다. 그런데 다른 신화체계와 달리 다소 독특한 특성을 지니고 있어 주목을 끈다. 이야기 전반에서 주인공의 탄생(출현) 대목에 과도하게 집중하는 현상이 나타난다는 점이다. 건국신화는 주인공이 나라를 세우거나 어떤 집단의 초대 왕이 되는 이야기이므로 '건국' 또는 '등극'이 핵심 주지(主旨)가 되는 것은 당연하다. 그런데 대부분의 이야기들에서 '건국' 과정보다는 주인공의 '탄생' 또는 '출현' 그 자체가 훨씬 주되게 다루어진다. 환웅, 해모수, 수로, 혁거세 등은 인간세계에 자신의 모습을 드러냄으로써 이미 신군이자 시조왕으로서 각인되고 즉위한다. 이는 지상에 없던 새로운 국가를 세우거나 새로운 국가의 개창자인 시조왕이 되기 위해 필요한 조건이 이미 출현이나 탄생에서 결정됨을 의미한다. 따라서 건국의 주인공들은 별다른 시련이나 과업의 성취 없이 쉽게 즉위한다.

신성한 인물이 지상에 출현했는데도 손쉽게 왕위에 오르지 못한 인물로는 주몽 정도가 있다. 주몽은 시련을 극복하고 직접적인 투쟁을 통해 자신의 존재 가치를 세상에 알린 뒤 왕이 된다. 하지만 주몽 역시 탄생 과정에서 다른 지상적인 존재들과는 다른 신이함을 강조하고 있으며 부모의 신성성을 직접 드러내고 있다. '주몽신화'를 좀 더 살펴보자.

다양한 기록에서 주몽의 아버지는 해모수로 명시되어 있지만, 실제 이야기를 보면 주몽의 아버지를 해모수로 단정하기 어렵다. 이규보의 「동명왕편」에서는 천제(天帝) 또는 천자(天子)인 해모수가 하백의 딸 유화와 혼인한 뒤 갑자기 처를 버리고 떠나는 것으로 나온다. 하백과 변신술로 경합을 벌인 후 어렵게 정식 혼인으로 인정받았는데, 얼마 후 별다른 이유 없이 유화를 버린 것이다. 아버지로부터 추방당한 유화는 금와에게 잡혀 별궁에 갇혀서 지내는데, 이때 일광(日光)이 그녀를 임신시킨다. 천신인 해모수가 정상적인 결혼 생활을 파탄 내고 일광으로 변모해서 주몽을 임신시키는 것은 이야기의 논리상 쉽게 수긍하기 어렵다. 분명히 유화는 금와의 별궁에서 임신한 것이지, 금와를 만나기 전에 임신한 것이 아니다. 그럼에도 불구하고 '주몽신화'는 굳이 해모수의 이야기를 끌어와 주인공이 탄생하기 이전의 이야기를 부풀려놓았다.

신성한 부모가 존재하는 이야기와 달리, 부모 없이 인간세계에 탄생하는 신군들도 있다. 이들의 신화에서는 신성 존재를 인간에게 드러내기 이전에 나타난 신비로운 현상이 구체적이고 자세하게 묘사된다. '수로신화'에서는 하늘에서 명이 있어 인간들에게 신군을 맞이할 준비를 독촉한다. 지상의 인간들이 신군맞이 의례를 요란스럽게 벌이자 그 이후 하늘에서 알이 내려온다. '혁거세신화'에서도 혁거세가 지상에 등장하는 과정에서 특별한 사건이 함께한다. 번갯불과 같은 이상한 기운이 땅을 덮고 천상의 말이 꿇어앉아 절을 하는 신이한 현상이 있은 연후에 혁거세의 존재가 인식되는 것이다.

한국의 건국신화가 지닌 이러한 특징을 서사의 요소들을 중심으로 좀 더 분명하게 나타낼 수 있다. 신화 서사의 주체와 대상을 연접과 이접 관계로 표시해 보자(Hénault, 1983). 서사가 기본적으로 '행위'를 중심으로 일련의 '사건'으로 이루어져 있다는 점을 상기하면 이 같은 도식은 전체 서사의 핵심 이념이나 의미구조를 파악하는 데 유용하다. 예컨대 『춘향전』의 서사 또는 『춘향전』의 암행어사 출도 대목을 '몽룡이 춘향에게 자유를 주다'로 정리한다면, 여기에서 몽룡은 행위 주체이고, 춘향은 상태 주체이며, 자유는 대상이다. 대상을 가지는 것을 연접이라 하고, 반대의 상황을 이접이라 해서 이를 각각 '∧', '∨'으로 표시하자. 그러면 [몽룡 → (춘향 ∧ 자유)]와 같이 표현할 수 있다.

　그렇다면 한국의 건국신화는 [절대 신격(또는 하늘) → (천상혈통의 주인공 ∧ 왕위(인간세상))]로 표현될 것이다. 결국 한국의 건국신화는 건국을 할 주인공이 어떤 정당성을 확보하고 있는가를 보여주는 이야기라 할 수 있다. 건국을 하기 위한 특정한 행위가 요구되기보다는 건국을 하기 위해 어떤 인물이 어떻게 탄생(출현)했는가가 핵심이 된다. 이는 건국신화를 통해 나타나는 정치적 힘에 대한 한국의 전통적인 사유가 권력의 출처에 집중하고 있음을 보여주며, 권력의 시원이 천상과 연결되어 있는 것은 지상의 질서가 결국 천상 또는 신성한 세계의 질서와 닮았다는 것을 의미한다.

5. 결론

　신화는 인간의 탄생과 더불어 시작된 이야기이다. 인간과 밀접하게 관계 맺고 있는 것이라면 어떤 것이라도 신화에 포착되어 인간세계의 본질적인 '의미망' 속에 위치하게 된다. 신화가 갖는 이러한 문화적·사회적 기능과 위상으로 말미암아 신화는 단순히 특정한 학문분과의 전유물로 제한될 수 없었다. 동시에 신화에 대한 연구, 좀 더 구체적으로 말해 신화에 대한 해석은 21세기 현재 시점까지 끊임없이 지속되고 있으며 범위와 방법론은 확대되고 있다. 이러한 현실 속에서 기호학은 신화학의 중요한 열쇠이다. 신화가 하나의 서사로 존재하며, 신화에 대한 해석은 결국 신화의 의미작용에 대한 연구가 되어야 하는데, 그 연구를 수행하기에 가장 적합한 방법론이 바로 기호학이기 때문이다.

참고문헌

김용민. 2004. 「플라톤의 세계에서 신화의 의미: 정치적 신화를 중심으로」. 한국정치
    사상학회. ≪정치사상연구≫, 10집 1호.
송효섭. 1997. 『문화기호학』. 민음사.
_____. 2009. 『해체의 설화학』. 서강대학교출판부.
신응철. 2011. 「신화·종교·정치, 그 뒤얽힘에 대하여: 카시러(Cassirer)의 종교·정치
    비판을 중심으로」. 새한철학회. ≪철학논총≫, 63집.
안진태. 2004. 『신화학 강의』. 열린책들.
오세정. 2015. 「한국 건국신화의 정치적 약호와 상징작용 연구」. 한국어문국제학술
    포럼. ≪Journal of Korea Culture≫, 28권.
챈들러, 대니얼(Daniel Chandler). 2006. 『미디어 기호학』. 강인규 옮김. 소명출판.
프린스, 제럴드(Gerald Prince). 1992. 『서사론 사전』. 이기우·김용재 옮김. 민지사.

Bal, Mieke. 1985. *Narratology: Introduction to the Theory of Narrative*. translated
    by Christine van Boheemen. Toronto University Press.
Barthes, Roland. 1977. *Image-Music-Text*. Fontana.
_____. 1983. *Mythologies*. translated by Annette Lavers. Hill & Wang.
Durkheim, Émile. 1995. *The Elementary Forms of Religious Life*. translated by
    Karen Fileld. Free Press.
Greimas, A. J. 1971. "The Interpretation of Myth: Theory and Practice." Pierre
    Marranda and Elli Köngös Marranda(eds.). *Structural Analysis of Oral
    Tradition*. Pennsylvania University Press.
Hénault, Anne. 1983. *Narratologie, sémiotique générale*. Presses universitaires
    de France.
Lévi-Strauss, Claud. 1963. *Structural Anthropology*. Penguin Books.
Lincoln, Bruce. 1999. *Theorizing Myth: Narrative, Ideology, and Scholarship*,
    The University of Chicago Press.
Malinowski, Bronislaw. 1954. *Magic, Science and Religion*. Anchor.

1. 한국 무속신화의 대표 격이라 할 수 있는 '바리공주' 신화의 내용은 다음과 같다. 이 신화를 레비스트로스의 신화 분석방법에 따라 '갈등하는 가족 관계 VS 친밀한 가족 관계', '가족 구성원의 죽음 VS 가족 구성원의 삶'의 대립 관계로 계열체를 분석해 보자.

| 바리공주 |

대왕이 왕비와 혼인했다. 점치는 자에게 물으니 혼사를 서두르지 말라는 금기를 내리는데 이 금기를 어기면서 둘은 혼인한다. 이로 말미암아 대왕부부는 거푸 딸을 낳았으며 일곱 번째 역시 딸을 낳는다. 그런데 일곱 번째 딸은 딸이라는 이유로 부모에게 버림을 받는다. 공주는 바리공주라는 이름을 얻고 비리공덕할아비와 할미에게 구조되어 키워진다. 한편 바리공주의 부모는 죽을병에 걸리는데, 자신들에게 필요한 약을 무장승이 있는 곳에서 얻을 수 있다는 것을 알게 된다. 대왕은 여섯 공주에게 서천서역국에 가서 약수를 구해 오라고 하자, 여섯 공주는 갖은 핑계를 대면서 가지 않겠다고 한다. 하는 수 없이 일곱째 공주에게 부탁하기 위해 버려진 공주를 찾는다. 마침내 바리공주와 대왕부부가 재회한다. 바리공주는 남장을 하고 부모를 살릴 수 있는 약수를 구하기 위해 저승 여행을 떠난다. 그곳까지 가는 동안 바리공주는 여러 가지 주문과 주령을 들고 지옥에서 신음하고 있는 이들을 구원한다. 마침내 저승에 이르러서 약수를 지키는 무장승을 만난다. 무장승이 요구한 여러 가지 일을 해주면서 공덕을 쌓은 끝에 아이들을 낳고, 마침내 약수를 얻는다. 바리공주는 약수를 가지고 남편과 자식을 데리고 집으로 온다. 마침 상을 당했는데 바리공주는 약수로 죽은 부모를 되살린다. 부모를 살린 덕분에 부왕에게 신직을 받는데, 아이들은 칠성으로 자리하고, 무장승은 시왕군웅이 되며, 바리공주는 만신의 몸주 노릇을 함으로써 만신의 섬김을 받는다(무조신이 되다).

---

2. '바리공주' 신화에서 나타나는 다음과 같은 세계의 변화상에 대해 행위 주체, 상태 주체, 대상을 연접과 이접의 관계로 표시하고 그 의미를 설명해 보자.

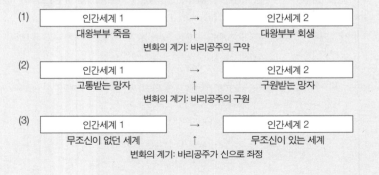

(1)
| 인간세계 1 | → | 인간세계 2 |

대왕부부 죽음   ↑   대왕부부 회생

변화의 계기: 바리공주의 구약

(2)
| 인간세계 1 | → | 인간세계 2 |

고통받는 망자   ↑   구원받는 망자

변화의 계기: 바리공주의 구원

(3)
| 인간세계 1 | → | 인간세계 2 |

무조신이 없던 세계   ↑   무조신이 있는 세계

변화의 계기: 바리공주가 신으로 좌정

연습문제 해설 1

계열체 I	계열체 II	계열체 III	계열체 IV
	대왕이 금기를 어기고 혼인하다		대왕부부가 딸 일곱을 낳다
대왕이 바리공주를 유기하다		대왕이 바리공주를 유기하다	
	양부모가 바리공주를 구원하다		바리공주가 구조되다
		대왕부부가 병에 걸리다	
여섯 딸이 약수 구하기를 거부하다			
	바리공주가 부모를 만나다		
		바리공주가 저승(지옥)으로 가다	
	무장승이 바리공주에게 자식 낳기를 요구하다		바리공주가 아들 일곱을 낳다
	무장승이 바리공주와 동행하다		
			대왕부부가 소생하다 바리공주 가족이 신이 되다
갈등하는 가족 관계	친밀한 가족 관계	가족 구성원의 죽음	가족 구성원의 삶

››› **연습문제 해설 2**

(1) 바리공주 → (대왕부부 ∧ 생명)

이 서사는 바리공주가 부모를 살리기 위해 갖은 고생을 하며 과업을 완수하는 이야기이다. 행위 주체가 바리공주가 되고 바리공주가 그 부모에게 생명을 부여한다.

(2) 바리공주 → (망자 ∧ 구원)

이 서사에서 바리공주는 약수를 구하기 위해 저승을 통과하면서 망자를 구원하는 행위를 수행한다. 이를 통해 바리공주는 신이 되어 망자를 천도하는 역할을 한다.

(3) 부왕(대왕) → (바리공주 ∧ 신직)

이 서사를 주인공 바리공주가 신이 되는 이야기로 본다면, 세상의 왕이자 신직을 줄 수 있는 능력을 가진 절대자 부왕(대왕)이 결국 바리공주에게 수행할 과제를 주고 신직을 획득하는 것으로 볼 수 있다.

제7장

황순원 단편소설 「그늘」의 담화기호학적 분석*

홍정표

1. 머리말

지난 세기에 페르디낭 드 소쉬르(Ferdinand de Saussure)의 구조주의는
서구의 지성계를 이끌어가는 구심점이었다. 구조주의를 바탕으로 여러
학문이 태동했는데, 특히 알지르다스 그레마스(Algirdas J. Greimas)는 텍
스트를 과학적으로 분석하기 위한 이론을 구축해 서사기호학을 창시했
다. 그는 파리기호학파(École de Paris)를 일으키고 선도했으며, 독창적인
이론과 방법론으로 한 시대를 풍미했다. 더불어 1970년대 말부터 정념기
호학에 관심을 기울여 1991년에 수제자 자크 퐁타닐(Jacques Fontanille)
과 공저로 『정념의 기호학(Sémiotique des passions)』을 발간했다.

---

* 이 글은 ≪기호학 연구≫ 제61집(2019: 251~275)에 게재된 「황순원의 단편소설 「그늘」에
대한 담화 기호학적 분석」을 수정·보완한 것이다.

서사기호학과 정념기호학은 구조기호학으로 모두 정적인 체계, 보편적이고 추상적인 구조를 연구대상으로 했다. 예컨대 서사기호학은 역순의 논리적 전제 관계로 텍스트를 분석하는데, 우선 최종 상황을 보고 거기에 해당하는 최초 상황을 살핀다는 점에서 이미 완료된 닫혀 있는 자료체를 분석 대상으로 삼았다. 이렇게 서사와 정념 분석에서 파악된 것은 완료된 변형이고 고정된 의미작용으로서, 현재 살아있는 발화의 통제 아래 활동 중인 의미작용은 아니라고 할 수 있다.

그레마스 사후, 1999년에 퐁타닐은 담화를 정태적이고 고정된 것으로 보는 것에 한계를 느끼고, 역동적이고 활동적인 것으로 고찰해 담화기호학을 발표함으로써 기호학의 지평을 확대했다. 완료된 서사 행로의 방향을 활동 중이거나 진행 중인 서사의 방향에서 고찰하면 새로운 문제가 야기되며 끊임없이 새로운 체계나 의미를 파생시킨다고 할 수 있다.

더불어 인간의 삶이 지닌 의미는 보편적인 구조 속에서가 아니라 개별적인 담화의 현상 속에서 이해해야 하며, 끊임없이 변화하는 생성의 차원에서 논의해야 한다. 즉, 외부세계와 단절된 닫혀 있는 기호를 외부세계를 향해 열어놓음으로써, 구체적인 상황 속에서 실제적인 발화행위를 통해 외부세계와 관계를 맺어야 한다고 말할 수 있다.

구조기호학은 우발적이고 가변적 사건인 발화를 연구대상에서 배제한 반면에, 담화기호학은 그동안 배제되었던 발화를 다시 연구대상으로 삼고 발화행위와 발화작용에 중요성을 부여했다. 발화행위는 랑그(langue)를 담화로 전환하는 것을 전제하는데, "발화행위 이전에 랑그는 랑그의 가능성에 불과하다. 발화행위 이후에 랑그는 화자로부터 나오는 담화 현동태로 실현되는데, 청자에 도달하는 음향 형태이며 또 하나의 다른 발화행위를 일으킨다"(Benveniste, 1974: 81~82). 요컨대 활동

중인 담화의 관점에서 의미작용의 연구는 모두 발화와 밀접한 관계를 유지한다고 볼 수 있다.

황순원(1915~2000)은 "소설이라는 장르가 용납할 수 있는 모든 방법을 시험해 왔고 소설적 형상화가 가능한 모든 주제를 다루어온 작가라 칭해질 정도로 그가 남긴 문학적 업적은 방대하고 다양하다"(정수현, 2006: 9). 그가 일제 치하에서 집필한 「그늘」[1]은 1941년 우리 민족의 어두운 현실 상황을 그린 작품으로 시대의 변화를 수용할 수밖에 없는 인간의 고독한 모습이 잘 묘사되어 있다. 이 작품은 한국의 전통이나 재래적 인습에 대한 긍정과 부정 사이에서 갈등하는 자의식의 내면세계를 섬세하게 그린 심리 소설이라 할 수 있다.

이 글에서는 하나의 새로운 시도로서 심리 소설 「그늘」[2]에 대해 담화

---

1   황순원, 「그늘」, 『황순원 전집 1』(문학과지성사, 2005). 이 작품은 양반가의 후손인 한 청년이 삼대에 걸친 자신의 가족사를 회상하는 소설이다. 할아버지와 아버지는 청년의 회상을 통해서 매우 집약적으로 서술되며, 청년의 의식 속에서만 존재하는 인물들이다. 서두에서 화자는 다섯 번에 걸쳐 '그늘'에 대해 언급하고 있는데, '그늘'이 전등불이나 숯불 같은 것으로 없어지지 않을 것, 도저히 어떻게 할 수 없는 것임을 암시하고 있다. 청년의 아버지는 개혁을 추구한 인물로 손수 자신의 상투를 잘랐다는 이유로 할아버지의 미움을 샀다. 반면에 할아버지는 시대의 변화에 완고하게 저항하려 했지만, 아들의 죽음으로 인해 손자의 머리채를 손수 잘라줄 정도로 심경에 변화를 가져온 인물이다. 술로써 슬픔을 잊으려 했던 할아버지는 선술집의 술을 통해 손자인 청년에게 환기되고 있다. 선술집에서 명성을 떨치던 양반가의 후손인 청년과 청년의 그림자 또는 분신이라 할 수 있는 남도의 몰락한 집안의 남도사내가 처음으로 술을 주고받는다. 청년은 양반의 퇴색한 습성을 남도사내에게서 알아보고 이를 거부하지만, 그것은 곧 자신의 모습이라는 것을 깨닫는다. 이렇게 청년은 남도사내와의 동일성, 즉 양반이라는 사회적 신분으로 지난날 지녔던 자신과의 동일한 모습을 자각해 갔다. 어느 날 청년은 청사단령과 주영구슬꿰미를 찾아 남도사내에게 보여주었다. 남도사내는 청년의 손에서 구슬꿰미를 받다가 떨어뜨렸으나 구슬들이 깨지지 않고 온전함에 그만 소리 내어 웃다가 감격의 눈물을 흘리는 것으로 텍스트는 끝을 맺는다.

2   「그늘」이 쓰인 1941년 우리나라는 일본이 가담한 제2차 세계대전으로 민족의 앞날을 예측할 수 없는 절박한 상황이었다. 이 작품을 이해하는 데는 그 당시 일제 통치 아래 우리나라의 암울한 상황을 파악하는 것이 전제되어야 한다.

기호학의 현상학적 차원과 수사학적 차원을 중심으로 고찰함으로써 이론의 적용 가능성과 유효성을 타진해 보고자 한다.

2. 현상학적 차원

1) 담화 현동태

우리가 신체를 살아있는 경험이 이루어지는 근원적인 장소로 볼 때, 신체가 무엇인가를 지각한다는 것은 감각적으로 느낀다는 것, 즉 어떤 의미가 발생한다는 것이며, 이것은 담화기호학적으로 일종의 활동, 곧 언어활동으로 간주된다. 이렇게 최초의 언어활동은 (감각을) 느끼는 신체와 관련된다고 할 수 있는데, 이것이 발화 행위소(actant d'énonciation)가 취하는 최초의 형태이다.

에밀 뱅베니스트(Émile Benveniste)는 담화를 일종의 활동(acte)으로 지칭하기 위해 현동태(instance)[3]라는 용어를 사용했는데, 현동태는 담화를 지배하는 조작, 조작자, 매개 변수 전체를 지칭한다. 달리 표현하면, 현동태는 담화를 실현하는 데 필요한 활동을 수행하는 감각적인 신체라 할 수 있으며, 위치(position), 장(champ), 행위소(actant) 등 소수의 특성을 내포한다.

---

3   언어학에서는 이것을 현실태로 번역하고 있다. 하지만 기호학에서는 주체의 네 가지 존재태 가운데 mode actualisé를 현실태로 번역하기 때문에, 이와 구별하기 위해 instance를 현동태라 한다.

2) 위치 결정

담화 현동태의 첫 번째 활동은 위치 결정(prise de position)이다. 위치 결정은 모든 작용의 기점으로 사용되는데, 조작자인 행위소는 표현 면인 외수용적 세계와 내용 면인 내수용적 세계 사이를 분배해서 위치를 결정함으로써 현존(présence)의 장을 세운다. 이렇게 담화 현동태는 자신의 위치를 발화하면서 현존을 부여받는다.

여기서 현존에 대해 잠시 살펴보면, 현존이란 담화 현동태의 최소 특성으로서, 어떤 것을 파악하기 전에 우선 그것을 있는 그대로 지각하는 것이다. 다시 말해 어떤 것을 재료나 요소 등으로 분간하기 전에 시각적이거나 촉각적인 속성 등 감각적인 자질이 우선 지각되는데, 이러한 감각적 자질을 현존이라 하며, 이는 지각의 첫 번째 기호학적 분절이다. 현존의 세계는 현존의 장(지각이 작용하는 시간·공간의 영역), 발화의 위치 결정, 담화의 방향성의 세계이다.

위치 결정의 조작자는 (감각을) 느끼는 신체인데, 신체가 주체(나)로 식별될 수 있기 전에 조작자인 행위소는 자신을 둘러싸고 있는 현존에 반응한다. 다시 말해 행위소는 발화의 장(champ d'énonciation)과 그 직시소(deixis)⁴를 새로이 설정해 감각적인 지시의 중심으로 자리잡는다. "이러한 것은 수없이 반복되며 이는 그때마다 새로운 활동이다. 왜냐하면 이러한 활동으로 화자는 시간의 새로운 순간과, 상황 및 담화의 상이

---

4   언어 외적인 지시대상을 직접 가리키는 것이다. 담화 상황에 따라 구체적으로 지시대상이 달라지는 언어 요소로서 상황소라고도 한다. 대표적인 직시소로는 인칭대명사(나, 너, 우리(들), 너희들, 당신(들)], 지시대명사(이것, 저것, 그것), 부사(여기, 저기, 지금, 어제, 오늘) 등이 있다.

한 조직 속에 매번 새로이 삽입되기 때문이다"(Benveniste, 1974: 67).

직시소는 하나의 감각적인 위치 결정이고 하나의 지시 영역을 설정하므로, 지각적인 감각의 큰 차원인 강도와 범위에 대한 위치 결정으로 이루어진다. 강도와 범위는 지각이 작용하는 두 가지 방식인데, 강도의 경우 위치 결정은 하나의 지향(visée)이며, 범위의 경우 위치 결정은 하나의 포착(saisie)이라 할 수 있다.

3) 지시, 분리작용과 연동작용

담화 현동태의 두 번째 활동은 지시(référence), 분리작용(débrayage)과 연동작용(embrayage)이다. 첫 단계에서 위치 결정이 수행되면 지시가 작동해 분리작용을 하는데, 이는 원래 위치에서 다른 위치로의 이행을 수행한다. 다시 말해 내부에 축적되어 있는 수많은 사건 가운데 첫 단계의 표현 면에 해당하는 내용 면에 지시가 작동해 분리작용을 한다.

이렇게 분리작용은 원래 위치에서 다른 위치로의 이행을 수행하는 반면, 연동작용은 분리작용의 역작용으로 원래 위치로의 복귀, 곧 발화 행위로의 복귀를 지시하는 작용이다. 이것에는 행위소적 연동작용(나와 그), 시간적 연동작용(지금과 그때), 공간적 연동작용(여기와 다른 데)이 있다. 이 작용은 각각 따로 고찰될 수도 있고, 융합작용으로 동시에 연결되어 작동될 수도 있다.

달리 표현하면, 분리작용은 이접의 방향성(orientation disjonctive)을 띠며, 원래 위치에서 다른 위치로 이행함에 따라 새로운 공간과 시간이 탐색되고 다른 행위소들이 등장한다. 이 작용에 연결된 (행위자적, 공간적, 시간적, 인지적, 정서적) 동위성의 다양한 변화는 기본 조작의 표출로 나타난다. 이렇게 이 작용은 담화 현동태를 다원화하면서 잠재적으로 수많은 공간, 시간, 행위자를 포함하므로, 강도는 약한 반면에 범위는 확대된다고 할 수 있다.

반면에 연동작용은 연접의 방향성(orientation conjonctive)을 띠며, 이 활동으로 담화 현동태는 원래의 위치로 돌아가고자 한다. 하지만 원래 위치로의 복귀는 현존의 단순한 느낌, 신체의 형언하기 어려운 것으로의 복귀이므로 담화 현동태는 온전한 원래의 위치 그대로 복귀할 수는 없다. 하지만 원래 위치의 가상체를 구축할 수는 있다. 이렇게 원래 위치로의 복귀가 불완전하다고 해도, 담화는 시간(지금), 장소(여기), 발화 인칭(나·너)의 표현을 제시할 수 있다. 이 작용은 지시의 중심으로 복귀하고 담화 현동태를 새로이 집중시켜 강도를 높이는 대신에 범위를 포기한다고 볼 수 있다(Fontanille, 1999: 97~100).

3. 수사학적 차원

전통적인 수사학 연구는 문채(文彩, figure)와 전의(轉意, trope)[5]의 분류에 치중했는데, 이 같은 유형적 접근은 담화에서 수사학적인 전략을 추출하지 못한다는 점에서 역동성이 결여되어 있다. 퐁타닐은 담화기호학

---

5   전의(비유)는 문채의 하위개념으로, 다양한 문채 가운데 은유, 환유, 제유, 반어법 등 의미상
     의 문채를 지칭한다. 이것은 본래의 의미를 바꾸는 것을 말하는데, 어떤 어휘에 처음에 언급
     된 의미가 아닌 다른 의미를 부여하게 해준다. 예컨대 환유는 어떤 기표가 다른 기의와 맺어
     지기 위해 본래의 기의를 버리는 의미적 변화이며, 화자가 의미장을 넓히거나 또는 좁히는
     것이라고 할 수 있다.

에서 이러한 전통적인 연구로부터 활동하는 발화(énonciation en acte)인 담화로 방향을 전환했으며, 담화 활동에서 기존의 언어 체계를 무시하고 재창조함으로써 언어 체계를 풍부하게 하고자 했다.

수사학의 문채와 전의는 발화행위와 발화 현동태(instances énonçantes)의 지배를 받으며, 감각과 지각의 통제 아래 놓인다. 발화는 전체 담화가 조직되는 곳으로서, 문채와 전의의 생성과 유의미적 집합체의 형성을 책임지는 현동태라 할 수 있다. 그래서 수사학적 차원은 각 텍스트에 속하는 발화의 문제라고 본다.

1) 주체와 비-주체

장클로드 코케(Jean-Claude Coquet)는 대상에 대한 행위소로서 주체(sujet)와 비-주체(non-sujet)를 구별하고 있다. 그는 평가와 상위술어작용(méta-prédications)을 할 수 있고 판단력과 추상력을 지닌 주체와 자신의 신체 주위에 조직되는 영역을 단지 탐색할 뿐인 비-주체를 나누고 있는데, 수사학의 문채 유형은 이 두 현동태로 구분할 수 있다.

비-주체와 달리, 주체는 술어적 서술과 단언을 할 수 있으며, 자주적 행동을 하고 자신의 행로를 숙고하고 결정하고 창조할 수 있다. 반면에 비-주체는 술어적 서술을 할 수 있을 뿐이고, 소수의 의무적 프로그램과 미리 짜인 행로를 따르기만 할 뿐이라는 점에서 자주적인 행동을 하지 못한다. 그는 우선 하나의 신체이고 담화의 장에서 위치를 정하기만 할 뿐이라 볼 수 있다.

주체, 비-주체와 관련해 지향과 포착을 살펴보면, 포착은 지각적·외연적·인지적이므로 주체가 포착의 기점인 반면, 지향은 감각적·내연적·

정서적이므로 비-주체가 지향의 기점이라 할 수 있다(Fontanille, 1999: 169~170).

2) 위치 행위소[6]

이것은 장소의 구조에서 추상적이고 통사적인 실체인 행위소를 규정할 수 있다는 것을 전제로 하는데, 주체와 대상이 되기 전에 행위의 기점과 목표를 말한다. 말하자면 이 행위소는 위치 장(주체가 세계 속에서 차지하고 있는 위치)의 행위소를 가리키며, 의미작용의 출현에 선행되는 최초의 규칙과 방향[7]을 제공한다. 그리고 이 행위소가 위치 장에 자신의 자리를 이미 차지하고 있다 하더라도 아직은 현존의 강도와 범위, 지평의 가깝거나 먼 거리를 느끼기만 할 뿐이다.

위치 행위소(actant positionnel)의 역할은 술어에 의해 규정되는 것이 아니라 담화의 방향에 의해 규정된다. 따라서 이 역할은 발화의 역할과 일치하지 않는다. 예컨대 텍스트에서 발화에 의해 정해진 '나'와 '너'가 위치 행위소의 관점에서는 '나'는 목표가 되고 '너'는 기점이나 통제가 될 수 있다. 통제 행위소는 조정 장치, 여과 장치, 장애물로 실현될 수 있는데, 이는 기점과 목표 행위소의 관계를 관리하며, 기점이나 목표의 방

---

6   담화기호학에서는 힘의 논리와 위치의 논리에 따라 전자의 행위소를 변형 행위소(주체와 대상), 후자의 행위소를 위치 행위소(기점과 목표)라고 지칭한다.

7   뱅베니스트는 방향에 관해서 다음과 같이 기술하고 있다. "대상은 나 혹은 너와 가까이나 멀리에 있는 것처럼 방향이 주어지고, (나의 앞이나 뒤에, 위나 아래에) 보인다거나 보이지 않는다거나, 알려졌다거나 알려지지 않았다거나 하는 식으로 방향이 주어진다"(Benveniste, 1974: 69).

향을 부분적으로 변화시키거나 우회시키는 역할을 한다.

수사학의 문채는 하나의 구조를 이룬다는 점에서 기점 현동태(instance source)와 목표 현동태(instance cible)가 관계를 맺는 작용에 의해 생성되며, 두 현동태 사이의 관계는 지향성(intentionnalité)으로 방향지어진다. 다양한 문채 가운데 환유(métonymie)는 추상적이고 무형적인 것을 구체적이고 유형적인 것으로 표현하는 것이다. 예컨대 우리가 선택한 텍스트「그늘」에서는 추상적이고 무형적인 '한국의 전통'을 구체적이고 유형적인 '갓끈, 주영구슬, 청사단령'으로 나타내고 있다.

이렇게 환유는 이동의 문채로서 담화의 중심을 하나의 의미론적 역할에서 다른 것으로 이동하는 것이다. 예컨대 "스파게티가 계산서를 가져오래"라는 발화문에서는 담화의 중심을 기점 행위소(스파게티)에서 목표 행위소(스파게티를 주문한 손님)로 이동하는 것을 전제로 한다. 따라서 이때 발화문의 행위소 역할은 불변이지만, 위치 행위소는 변화한다고 볼 수 있다. 이 경우 통제 행위소는 장애물인데, 이는 '스파게티'와 '스파게티를 주문한 손님' 간의 차이에 해당한다. 이렇게 수사학적 차원은 담화의 방향에 의해 통제된다고 할 수 있다(Fontanille, 1998: 95~97).

4. 적용

1942년 3월 ≪춘추≫ 지에 발표된「그늘」은 새로운 문물에 대응하는 전통에 대한 향수를 그린 작품으로, 상징적이고 독특한 아름다움을 지니고 있다. 이 작품은 친일문학이 아님에도 이 시기의 문학사에서 별로 주목받지 못했고 깊이 있게 다루어지지도 못했다.

소설의 제목 '그늘'은 '일제 치하 우리 민족의 어두운 삶 또는 현실 상황'을 환유적으로 표현한 것이다. 주인공 청년은 한국의 전통적인 것에 대한 끝없는 향수와 그리움을 내면에 간직하고 있으면서도 과거의 습성에 매달려 있는 자신의 초라한 모습을 부정하면서 갈등한다.

청년은 전통적인 것을 그리워하는 심정과 이를 떨쳐버려야 할 습성으로 인식하는 모순된 심리 상황 속에서 긍정과 부정을 되풀이하며 살아가는데, 이러한 모습은 소설 속에서 반복적으로 나타난다. 이 작품은 이렇게 갈등하는 자의식의 내면세계를 표출한 심리 소설이라 할 수 있다.

소설의 주 무대는 항상 도처에 그늘이 드리워져 있는 선술집을 배경으로 한다. 텍스트는 분리작용과 연동작용이 계속 연달아 나타나는 것으로 구성되어 있다.

1) 전통과 개혁의 대립

언제나 여인이 앉아 있는 목로상 안쪽 하며, 갖가지 안주감이 들어 있는 진열장 하며, 구석구석 그늘이 깃들어 있었다. 한가운데 늘이운 십육 촉짜리 전등불 하나로는 어쩌지 못할 그늘이었다. 숯불을 피워놓은 큰 화로가 불거우리해 있으나, 이 숯불 역시 그늘을 태운다기보다는 그늘을 피워놓거나 하듯이 화롯가 둘레에는 도리어 짙은 그늘이 서리어 있었다(황순원, 2014: 185).

첫 문장에서 화자는 단지 지각하는 주체로, 선술집에서 지각된 형상들을 조직하고자 하는 비-주체에 불과하다. 그다음 문장에 가서야 그는 "전등불 하나로는 어쩌지 못할"이라는 판단력을 지닌 주체가 되며, 그늘이 전등불이나 숯불로는 없어지지 않을 정도로 짙게 깔려 있음을 서술하고 있다.

인용문에서 여러 번 반복되는 '그늘'은 햇빛이나 불빛이 가려진 곳으로, 불안이나 불행 때문에 생기는 근심스러운 느낌을 나타낸다. 이것은 1941년경 '일제 통치 아래 그늘 속에 묻혀 있을 수밖에 없는 우리 민족의 삶'에 대한 환유이다. 앞서 설명한 대로 환유는 담화의 중심을 하나의 의미론적 역할에서 다른 것으로 이동하는 것이다. 여기서는 담화의 중심을 행위소 주체인 '그늘'에서 행위소 대상인 '그늘 속에 묻혀 있는 우리 민족의 삶'으로 이동하는 것을 전제로 한다. 그래서 발화문의 동작 주체는 문채의 기점이 되는 반면, 발화문의 대상은 문채의 목표가 된다. 이 경우 기점과 목표 사이의 장애물은 '그늘'과 '그늘이 드리워진 우리 민족의 삶' 간의 행위소적 차이라고 할 수 있다.

서술자는 선술집의 그늘이 전등불이나 숯불 같은 것으로 없어질 수 없는 짙은 것임을, 즉 선술집의 그늘이 인위적으로 어떻게 해볼 도리가 없는 것임을 암시하고 있다. 여기서 전등불이나 숯불은 우리나라 독립을 위해 고군분투하는 애국지사들에 대한 환유이다. 그래서 문채의 기점은 전등불이나 숯불이고, 문채의 목표는 애국지사들이다. 장애물은 전자와 후자 간의 행위소적 차이라고 볼 수 있다.

이렇게 텍스트는 작가가 일제 통치하에서 우리 민족의 삶을 어떻게 인식하고 있는지를 환유적으로 보여주고 있다.

목로상 바깥 그늘 속에서 청년은 보시기의 술을 마시기 전에 풍기는 냄새를 맡고 있었다. 언제 맡아도 향기로운 술향기, 곧 술냄새는 술냄새가 아니고 돌아가신 할아버지의 냄새다. 돌아가시기 얼마 전부터 아무래도 독작이 외로우셨던지 번번이 자기에게 잔을 붓게 하시던 할아버지. 사실 그때까지 눈물을 모르시던 할아버지. 아버지가 손수 자기 상투를 잘라냈다고 저런 자식은 내 자식이 아니라고 몽둥이를 들고 쫓던 할아버지요,

(중략)

청년은 사실 언제나 늦저녁처럼 그늘진 이 목로집에서 술을 마시는 것보다는 술잔에서 풍기는 술향기를 맡으며 돌아가신 할아버지의 냄새를 생각해 내는 것이었다. 그러다가 여인이 화로로 나와 숯등걸을 헤치고 새 숯을 올려놓은 뒤 입술을 오므려 입김을 부느라 붉게 숯불이 비친 여인의 얼굴을 보고서야 청년은 정신이 들어 잔을 드는 때가 많았다(황순원, 2014: 185~186).

인용문에서 주체인 청년은 지각에 대한 최초의 기호학적 분절로 "술을 마시기 전에 풍기는 냄새를 맡"음으로써 현존의 장을 세운다. 현존이란 담화 현동태의 최소 특성인데 주체가 가장 먼저 느끼는 감각적인 어떤 것을 말한다.

"향기로운 술향기, 곧 술냄새"를 맡는 것과 동시에 담화 현동태의 첫 번째 기본 활동으로 표현 면인 외수용적 세계와 내용 면인 내수용적 세계를 분배하는 위치 결정을 한다. 즉, 표현 면인 "술향기, 곧 술냄새"는 외수용적 세계이고, 내용 면인 "돌아가신 할아버지의 냄새"는 내수용적 세계인데, 이 두 세계를 연결하는 것은 지각하는 신체인 자기 수용적 지각이다. 또한 위치 결정은 지향과 포착으로도 굴절하는데, "술향기, 곧 술냄새"는 포착된 것이고, 감각능력에 의해 주체 내부에서 지향된 것은 "돌아가신 할아버지의 냄새"이다.

이렇게 주체는 담화 현동태의 두 번째 기본 활동인 후각을 통한 분리

작용으로 돌아가신 할아버지를 회상한다. 주체의 잠재의식 속에 묻혀 있던 과거 기억이 의식의 표면으로 솟아오르는데, 할아버지가 "번번이 자기에게 잔을 붓게 하시던" 일이 떠오르면서, 곧이어 이 흐름은 "아버지가 손수 자기 상투를 잘라냈다고 …… 몽둥이를 들고 쫓던 할아버지"에 대한 생각으로 이어진다. 이로써 할아버지는 전통이나 재래적 인습 또는 관습을 중시한 반면, 아버지는 손수 자기 상투를 잘라낼 정도로 옛 것을 버리고 새로운 것을 추구했음을 알 수 있다. 즉, 할아버지와 아버지의 사상이 서로 대립됨을 엿볼 수 있는데, 할아버지는 전통을 표상하는 반면, 아버지는 개혁 또는 진보를 표상한다고 볼 수 있다.

그러다가 "숯불이 비친 여인의 얼굴을 보고서야 청년은 정신이 들어 잔을 드는 때가 많았다"에서 비로소 분리작용에서 벗어나 원래 위치로 복귀하는 연동작용이 이루어진다. 원래 위치로의 복귀는 온전한 원래의 위치 그대로 돌아갈 수는 없지만, 지시의 중심으로 복귀하고 담화 현동태를 새로이 집중시켜 강도를 높이고 범위를 포기한다고 할 수 있다.

선술집의 그늘 속에서 돌아가신 할아버지를 회상하던 주체는 그 집 단골손님이 되고, 거기에서 우연히 남도사내를 보게 되는데, 그에게 특히 관심이 쏠리게 된다. 할아버지, 주체, 남도사내는 모두 사라져가는 한국의 전통을 그리워하며 지키려고 애쓰는 고독한 인물들이다.

남도사내의 기름한 얼굴에 그다지 고생으로 해 생긴 주름살 같지 않은 잔주름이 몇 개 가로 건너간 이마와, 노르께한 수염발이 잡힌 코밑과, 어딘가 전날에 소홀하지 않은 지체 속에서 생활해 왔다는 위엄을 발산하는 듯한 턱, 그것은 곁에서 보기에 고독하고 쓰라리기까지 한 위엄이었다. 그러고 보면 이 남도사내는 남도의 어떤 몰락한 양반의 후예의 하나인 것

만 같았다. (중략)

하루는 청년이 그늘 속에서도 분명히 얼마 전부터 씻어내지 않은 남도
사내의 귓속에 낀 먼지를 바라보며 이 귀 옆을 지났을 갓끈 생각과 함께
자기 집의 옛날 곤전에서 하사가 있었다는 주영구슬이 떠오름을 어쩔 수
없었다. (중략) 갓끈이 옆을 지났을 남도사내의 귓속과 얼굴도 퇴색한 것
이다. 그리고 조용히 걸어다니는 걸음걸이도. 청년은 이상하게 이 남도사
내에게 관심이 가는 것이었다(황순원, 2014: 186~187).

주체는 남도사내의 "위엄을 발산하는 듯한 턱"을 보면서 시각을 통한
분리작용으로 기억 속에서 "몰락한 양반의 후예"를 떠올린다. "위엄을
발산하는 듯한 턱"은 외부세계를 지칭하는 표현 면이고, "몰락한 양반의
후예"는 내부세계를 지칭하는 내용 면이며, 두 면 사이에 중개 역할을
하는 것은 지각하는 신체이다. 그리고 전자는 포착된 것이며, 후자는 지
향된 것이다.

그러던 어느 날 주체는 "남도사내의 귓속에 낀 먼지"를 바라보며 시각
을 통한 기억의 재생력으로 '갓끈과 주영구슬'을 떠올린다. "남도사내의
귓속에 낀 먼지"는 '포착'(외수용적 지각)이 되고, 주체의 기억 속에서 '갓
끈과 주영구슬'은 '지향'(내수용적 지각)이 된다. 그리고 두 가지를 연결
시켜 주는 것은 신체의 자기수용적 지각이라 할 수 있다.

갓끈과 주영구슬은 우리 민족의 전통을 대표한다는 점에서 우리나라
전통에 대한 환유이다. 앞서 언급한 대로 환유는 담화의 중심을 하나의
의미론적 역할에서 다른 것으로 이동하는 것이다. 이를 통사적인 위치
행위소의 용어로 표현하면 담화의 중심을 기점 행위소(갓끈, 주영구슬)
에서 목표 행위소(한국의 전통)로 이동하는 것이라 할 수 있다. 그리고

기점과 목표 사이의 통제 행위소인 장애물은 '갓끈, 주영구슬'과 '한국의 전통' 간의 차이에 해당한다.

주체의 내면에는 사라져가는 전통적인 것에 대한 그리움과 향수가 있다. 그가 남도사내에게 관심이 쏠리는 이유는 퇴색되어 가는 우리나라 전통에 대한 향수를 남도사내를 보면서 느끼기 때문이다. 즉, 점점 사라져가는 우리나라 전통적인 것에 대한 안타까움과 그리움이 남도사내의 귓속과 얼굴, 걸음걸이를 보면서 되살아나기 때문이다.

> 상투를 갓 자른 듯한 치거슬려 뵈는 머리털과 망건 자리였던 듯 다른 데보다 좀 희어 뵈는 머리의 아랫둘레, 이 남도사내보다 더 분명했던 아버지의 상투 자른 머릿둘레, 손수 자기 상투를 잘랐다고 저런 자식은 내 자식이 아니라고 몽둥이를 들고 따라다니는 할아버지에게 쫓기던 아버지, 쫓기다 서울로 도망간 지 (중략) 불과 달포도 못되어 송장이 되어 돌아온 아버지. 그러한 일이 있은 지 또 얼마 안 되어 이번에는 손자인 자기의 머리채를 손수 잘라주신 할아버지. 머리채가 댕기를 물고 떨어질 때 속이 섬뜩하던 일과, 저녁맛을 잃고 앉았느라니까 불쑥, 네 애비가 장하다, 하는 말을 한 번 하시고 곱박아 담배만 피우시던 할아버지(황순원, 2014: 187).

주체는 남도사내의 "상투를 갓 자른 …… 머리의 아랫둘레"를 지각하며, 외수용적 세계와 내수용적 세계를 분배하는 위치 결정을 한다. 그리고 지시가 작동해 시각을 통한 분리작용을 한다. 이때 주체의 내재된 기억을 떠올리게 하는 남도사내의 "상투를 갓 자른 …… 머리의 아랫둘레"는 외수용적 지각이고, 의식의 심저에 남아 있는 "아버지의 상투 자른 머릿둘레"는 내수용적 지각인데, 이 두 면은 자기 수용적 지각에 의해 연결된다. 표현 면인 남도사내의 '머리 아랫둘레'는 포착된 것이고, 내용 면인 '아버지의 머릿둘레'는 지향된 것이다.

달리 표현하면, 주체는 남도사내의 머리 아랫둘레를 보자마자 그동안 잊고 있었던 "아버지의 상투 자른 머릿둘레"에 대한 기억이 현재로 의미화해 의식의 표층에 되살아난다. 최초에 체험되는 원초적 의식인 "아버지의 상투 자른 머릿둘레"는 시간이나 공간을 달리하는 다른 의식으로 옮겨간다. 이 이미지는 주체의 잠재의식 속에서 '상투 자른 아버지를 쫓던 할아버지'의 이미지로 옮겨가고, 그다음에 손자인 자기의 머리채를 손수 잘라주신 할아버지와 네 애비가 장하다고 말씀하던 할아버지의 이미지로 옮겨가는 종합적인 이행 속에서 전체적 구성이 이루어진다.

상투를 직접 자른 아들의 죽음 앞에서 노하기만 하던 할아버지가 얼마 후 손자인 자신의 머리채를 손수 잘라주고 네 애비가 장하다고 말씀한 것은 시대의 변화를 받아들일 수밖에 없는 인간의 모습을 묘사한 것이라 할 수 있다. 할아버지는 우리나라 전통을 지키려고 애쓰던 인물이며, 이런 할아버지의 외로운 모습을 그리워하는 주체는 사라져가는 한국의 전통을 그리워하는 자이다.

청년은 구슬꿰미를 남도사내 앞에 들어 보이며, 이게 뭔지 아우? 노형이야 이게 뭔지 아시겠지요? 그제서야 남도사내가, 이게 주영구슬 아닙니꺼, 하고 부르짖듯 했다. (중략) 남도사내는 어떤 흥분으로 해 더한층 빨개진 얼굴을 해가지고 청년의 손에서 구슬꿰미를 조심스러이 받아들었다.

그러나 다음 순간 남도사내의 손이 가늘게 떨렸는가 하자 그만 구슬꿰미를 떨어뜨리고 말았다. (중략) 같이 허리를 구부리고 남도사내가 줍는 구슬알을 받아드는 청년은 구슬알들이 깨지지 않고 그냥 온전함에 그만 소리를 내어 웃기 시작했다. (중략) 사실 청년의 눈에는 눈물이 괴어 있었다. 그러다가 청년은 무심코 구슬을 주워주는 남도사내를 보고, 노형은 웃지두 않았는데 웬 눈물이요? 했다. 남도사내의 눈에도 어느새 물기가 어려 있었다. 청년은 그늘 속에 희미하게 빛나는 온전한 구슬알들을 남도사내에게서 받아들고는 그냥 눈물 섞인 웃음을 웃곤웃곤 하였다(황순원, 2014: 196).

위의 인용문에서 몰락한 양반의 후예인 것 같은 남도사내가 한국의 전통에 대한 환유인 주영구슬을 받으며 손이 가늘게 떨리는 것은 반가움과 그리움으로 감동한 심정의 신체적 고백이라 할 수 있다. 구슬알들이 바닥에 떨어졌지만 깨지지 않고 온전한 것을 보고 주체와 남도사내는 소리를 내어 웃으며 감격의 눈물을 흘린다. 그들이 눈물 섞인 웃음을 웃는 것도 구슬알에 대한 반가움과 그리움, 그리고 사라져가는 우리나라 전통에 대한 안타깝고 서글픈 심정의 신체적 발현이라 볼 수 있다.

여기서 구슬알들은 우리나라 전통에 대한 환유일 뿐 아니라 민족정신에 대한 환유이기도 하다. 담화의 중심이 기점 행위소 구슬알들에서 목표 행위소 한국의 전통과 민족정신으로 이동한다. 이렇게 구슬알들은 문채의 기점이 되고, 한국의 전통과 민족정신은 문채의 목표가 되는데, 이때 통제 행위소 장애물은 전자와 후자 간의 차이에 해당하며 담화의 방향에 의해 통제된다고 할 수 있다.

마지막 문장에서 "그늘 속에 희미하게 빛나는 온전한 구슬알들"은 그당시 일제 통치 아래 암담한 상황 속에서도 사라지지 않고 빛나는 우리의 온전한 민족정신을 표상한 것이다. 더불어 우리의 민족정신이 현재는 일제 치하의 암울하고 그늘진 현실 상황에 처해 있지만, 언젠가는 반드시 빛날 것이라는 작가의 민족의식이 표출된 것이라 할 수 있으며, 이같은 미래에 대한 희망으로 텍스트는 끝을 맺는다.

2) 주체의 분신

날이 갈수록 청년은 이상하게도 남도사내가 뵈지 않는 데 어떤 서운함을 느끼게 되었다. 그것은 자기의 그림자 같은 것을 잃고서 이를 문득 깨달으며 느끼는 그러한 서운함이었다. 그늘 속에 소리 없이 들어와 섰다가 소리 없이 나가던 남도사내. 청년은 그 남도사내가 자기 옆에 와 서는 것 같아 돌아다보면 동냥하러 들어온 거지기도 하고 혹은 그늘 속에 어룽진 자기의 그림자이기도 하곤 했다(황순원, 2014: 189).

텍스트에서 주체는 남도사내와 자신 또는 자신의 그림자를 동일시하고 있다. 그는 남도사내를 통해 자기 자신을 지각하며, 남도사내의 모습에서 자신을 발견한다. "인간은 인간에 대한 거울이다. 거울이란 ······ 나를 타인 속으로 타인을 내 속으로 변화시키는 보편적인 마술의 도구다"(김형효, 1996: 201~202). 이런 관점에서 남도사내는 주체 자신을 되새기게 하는 분신으로 나타나는데, 그래서 주체가 남도사내를 기다리는 것은 자기 찾기의 과정이라고 볼 수 있다.

주체는 남도사내를 통해 잃어버린 자신의 내면을 발견하게 되고, 스스로 그것을 찾아가면서 그를 인정하기 시작한다. 그(주체)는 남도사내와의 만남을 통해 진정한 자신을 찾고자 한다.

남도사내가 남기고 간 접시의 멸치 한 마리를 내려다보다가 남도사내
의 귓속과 걸음걸이처럼 퇴색한 이런 습성 역시 자기의 어느 한 구석에도
물림받아 있다는 것을 느끼자, 어느새 가슴의 울렁거림도 멎은 청년은 얼
마동안 남도사내가 뵈지 않을 때마다 느끼던 서운함이 갑자기 어떤 불쾌
감으로 바뀌는 것이었다. 그것은 자신의 오랜 습성의 초라한 모습을 깨달
았을 때에 느껴지는 그런 불쾌감이었다. 그러자 청년은 다급하게, 술! 하
고 부르짖었다(황순원, 2014: 190).

남도사내가 한동안 보이지 않을 때마다 주체는 자신의 그림자 같은
것을 잃고서 느끼는 그런 서운함을 느끼는 것이다. 주체에게 있어서 남
도사내는 자신의 내재된 모습이 직접 투영된 인물이라고 볼 수 있다.

"남도사내의 …… 이런 습성 역시 자기의 어느 한 구석에도 물림받아
있다는 것"을 느낄 때, 주체는 남도사내를 자신의 일부처럼 생각한다.
하지만 문득 그가 오지 않아 느끼던 섭섭한 감정이 어떤 불쾌감으로 바
뀌는 급격한 마음의 변화를 감지하게 된다.

주체의 내면은 사라져가는 전통에 대해 애착하는 오랜 습성을 지닌
초라한 자아와 재래적 관습에서 탈피하려는 또 다른 자아 사이에서 갈
등하게 된다. 이렇게 둘로 분열된 자아는 남도사내에 대해 서운함(전통
을 그리워하는 자아)과 불쾌감(재래적 관습에서 벗어나려는 자아)이라는 양
면적인 감정을 느끼는 것이다. 주체는 한국의 전통적인 것에 대한 향수
를 느끼면서도 과거의 오랜 습성을 버리려는 또 하나의 다른 자기 자신
을 발견할 때 갈등하게 된다.

청년은 일어서다가 마침 맞은편 벽에 붙은 담뱃대 그림이 사실 담뱃대

나처럼 눈을 찌르는 듯한 착각을 일으켜 되주저앉았다. 그러나 다음 순간 벌떡 일어선 청년의 손은 어느새 벽의 담뱃대 그림을 찢어내고 있었다. 그러는 청년의 얼굴은 지금 자기가 찢어낸 목탄지처럼 창백해져 있었다. 청년은 발밑에 흩어진 그림 조각을 아무렇게나 주워 움켜쥐고 밖으로 나섰다. 그길로 대동강으로 나갔다. 거기서 청년은 생각난 듯이 쥐고 온 그림 조각을 마구 강물에 던졌다.

그런 뒤로는 아무래도 할아버지의 담뱃대 그림이 있던 곳이 허전했다. 다른 그림을 하나 붙여야겠다. 빈자리에 선술집 여인의 화롯불을 부는 그림을 그려지는 대로 붙이면 어떨까. 청년의 가슴은 적이 가쁘게 두근거렸다. 그러자 뜻밖에 남도사내의 모양이 이 빈 벽면에 떠오름을 느꼈다. 청년은 그대로 몸을 던지듯이 뒤로 누워버리며, 아니다 아니다, 하고 자기로서도 무엇이 아니다인지 모를 아니다를 수없이 뇌는 것이었다. 그러는 청년의 눈에는 어느새 눈물이 괴어 넘쳐 뺨을 흘러내렸다(황순원, 2014: 191).

위의 인용문에서 주체의 현실적 자아는 내면적 자아와 충돌하고 있다. 주체의 현실적 자아는 할아버지의 담뱃대 그림을 찢어내고 발밑에 흩어진 그림 조각을 주워 움켜쥐고 대동강으로 나가 그림 조각을 마구 강물에 던져버렸다. 이것은 주체가 담뱃대 그림을 포기하는 행위라 할 수 있다. 담뱃대 그림은 우리나라 전통에 대한 환유이다. 환유는 담화의 중심을 기점 현동태 담뱃대에서 목표 현동태 한국의 전통으로 이동한다.

이런 맥락에서 주체가 담뱃대 그림을 포기하는 행위는 바로 한국의 전통을 포기하는 행위일 뿐이다. 주체의 얼굴이 창백해진 것은 담뱃대 그림을 찢어냄으로써 자신의 할아버지에 대해 부정하는 심정을, 더 나아가 자신이 깊은 애정을 갖고 있는 한국의 전통을 포기한 데 대한 자아 혐오와 비참한 심정을 신체적으로 고백한 것으로 볼 수 있다.

주체는 "할아버지의 담뱃대 그림" 대신에 "선술집 여인의 화롯불을 부는 그림"을 붙이리라 생각하지만, "뜻밖에 남도사내의 모습"이 빈 벽면에 배어들자 "아니다" 하고 되풀이해서 말한다. 주체의 현실적 자아는 빈 벽면에 "선술집 여인의 화롯불을 부는 그림"을 붙이려고 하는 반면, 내면적 자아는 남도사내를 벽면에 떠올렸다. 그는 남도사내를 부정할 수 없는 사실을 인정할 수밖에 없는 자괴감에 빠져 "아니다"를 수없이 반복하면서 눈물을 흘렸다. 다시 말해 주체는 자신의 분신인 남도사내를 "아니다"라며 부정하면서도 개혁의 밀물에 밀려나는 우리나라 전통에 대한 안타까움과 서글픔으로 눈물이 괴어 넘쳐 뺨에 흘러내렸다.

5. 맺음말

지금까지 담화기호학의 현상학적 차원과 수사학적 차원을 설명하고, 이 이론이 「그늘」과 같은 심리 소설에도 적용 가능한지 타진해 보았다.

현상학적 차원에서는 담화 현동태와 그것의 첫 번째, 두 번째 활동을 알아보았다. 담화 현동태의 첫 번째 활동은 위치 결정이며, 모든 작용의 기점으로 사용된다. 두 번째 활동은 지시, 분리작용과 연동작용이다. 첫 단계에서 위치 결정이 수행되면 지시가 작동해 분리작용을 하고, 이 작용 다음에는 발화행위로의 복귀를 지시하는 연동작용이 이루어진다.

수사학적 차원에서는 주체와 비-주체, 위치 행위소를 살펴보았다. 위치 행위소의 역할은 담화의 방향에 의해 규정된다. 수사학의 다양한 문채 가운데 환유는 추상적이고 무형적인 것을 구체적이고 유형적인 것으로 표현하는 것이며, 담화의 중심을 하나의 의미론적 역할에서 다른 것으로 이동하는 것이다. 더불어 텍스트에 나타난 환유는 작가의 작품 의도를 어느 정도 파악할 수 있게 해주었다.

그리고 이러한 이론을 황순원의 「그늘」에 적용했다. 이 작품은 일종의 심리 소설로, 그 내용을 '전통과 개혁의 대립', '주체의 분신'으로 나누어 분석했다. 이 두 가지는 모두 주체의 심적 상태를 추론해 볼 수 있는 것이라는 점에서 상호 유기적으로 연결된다.

서사기호학은 텍스트에 서사가 다양하게 펼쳐져 있는 작품에, 정념기호학은 정념이 많이 표출되어 있는 작품에 적용해서 분석하는 것이 적합하다. 하지만 이 글의 분석 대상인 「그늘」처럼 서술자의 서술, 주인공의 의식의 흐름, 심경에 대한 묘사, 내면의 갈등만으로 이루어진 심리 소설의 분석에서는 담화기호학 이론이 유용하게 활용될 수 있다.

이 글에서는 하나의 새로운 시도로 담화기호학 이론을 심리 소설에 적용함으로써 그 가능성과 유효성을 입증했다. 앞으로 다른 심리 소설에도 이 이론을 적용해 그 가능성을 타진해 봄으로써 보다 체계적이고 정교한 담화기호학 이론을 정립할 수 있으리라 기대해 본다.

참고문헌

김형효. 1996. 『메를로 퐁티와 애매성의 철학』. 철학과 현실사.

장현숙. 2005. 『황순원 문학연구』. 푸른사상.

정수현. 2006. 『황순원 소설 연구』. 한국학술정보.

홍정표. 2010. 「정념 기호학과 담화 기호학의 상호보완적 고찰」. 한국기호학회. ≪기호학 연구≫, 제28집, 283~319쪽.

_____. 2013. 「담화 기호학 연구: 김승옥의 『무진기행』을 중심으로」. 한국기호학회. ≪기호학 연구≫, 제37집, 303~336쪽.

_____. 2016. 「김승옥의 『서울의 달빛 0장』에 대한 담화 기호학적 분석」. 한국기호학회. ≪기호학 연구≫, 제48집, 225~248쪽.

_____. 2017. 「담화 기호학의 긴장구조: 선우휘의 「불꽃」을 중심으로」. 한국기호학회. ≪기호학 연구≫, 제52집, 191~216쪽.

_____. 2018. 「황순원의 단편소설 「황소들」에 대한 담화 기호학적 분석」. 한국기호학회. ≪기호학 연구≫, 제56집, 137~158쪽.

_____. 2019. 「이효석의 「메밀꽃 필 무렵」에 대한 담화 기호학적 분석」. 한국기호학회. ≪기호학 연구≫, 제60집, 165~188쪽.

_____. 2020. 「동위성 이론을 통해 본 김수영의 시작품(「풀」, 「여름 아침」) 분석」. 한국기호학회. ≪기호학 연구≫, 제63집, 243~272쪽.

_____. 2020. 「황순원 단편소설 「학」의 담화 기호학적 분석」. 한국기호학회. ≪기호학 연구≫, 제65집, 123~143쪽.

황순원. 2014. 「그늘」. 『황순원 전집 1』. 문학과지성사.

Benveniste, Emile. 1974. *Problèmes de linguistique générale II*. Gallimard.

Fontanille, Jacques. 1998. *Sémiotique et littérature*. PUF.

_____. 1999. *Sémiotique du discours*. PULIM.

_____. 2008. *Pratiques sémiotiques*. PUF.

Fontanille, Jacques et Alessandro Zinna. 2005. *Les objets au quotidien*. PULIM.

Hébert, Louis. 2009. *Dispositifs pour l'analyse des textes et des images*. PULIM.

1. 프랑스 상징주의 작가 제라르 드 네르발(Gérard de Nerval)의 중편소설 『불의 딸들(Les Filles du Feu)』에서 발췌한 다음 대목을 담화기호학의 현상학적 차원으로 분석하라.

> 나는 들고 있던 신문을 막연히 훑어보다가 다음 두 줄을 읽었다 : 〈시골의 꽃다발 축제 — 내일 성리스의 사수들이 루아지의 사수들에게 꽃다발을 전달할 것임〉. 매우 간단한 이 글이 내 안에서 까마득한 기억을 연달아 일깨워주었다. 그것은 오래전부터 잊고 있었던 어느 시골에 대한 추억이었다.
> *Oeuvres de Gérard de Nerval I*(Gallimard, 1966), p.244.

2. 프랑스 초현실주의 선구자 기욤 아폴리네르(Guillaume Apollinaire)의 시 「전나무들(Les sapins)」에서 발췌한 다음 시구를 담화기호학의 수사학적 차원으로 분석하라.

> 전나무들은 멋진 악사들
> 옛 크리스마스 캐럴을
> 가을 저녁 바람에 연주하네
> 아니면 근엄한 마법사들
> 천둥칠 때 하늘에 주술을 거네
> *Alcools*(Gallimard, 1984), p.107.

3. 담화기호학에서는 '의지'의 가치가 강도와 범위의 결합에서 비롯된다고 보는데, '의지가 강한 사람'과 '의지가 약한 사람'을 긴장도식에 표시해 보라.

4. 애착의 긴장도식에 대해 설명해 보라.

>>> **연습문제 해설 1**

발췌문을 현상학적 차원으로 살펴보면, 주체는 신문의 두 줄 기사를 보자 까마득히 먼 옛날의 기억이 의식의 표층에 떠오른다. 즉, 그는 지각(知覺)의 첫 번째 활동으로 외부 세계를 지칭하는 표현 면과 내부세계를 지칭하는 내용 면 사이의 분배를 결정하는 위치 결정을 한다. 연이어 두 번째 활동으로 내부에 저장되어 있는 수많은 사건 중에서 표현 면에 해당하는 내용 면에 지시가 작동해 분리작용을 하는데, 이 경우 시각을 통한 분리작용으로 기억 속에서 옛 일을 떠올린다. 주체의 내재된 기억을 떠올리게 하는 〈시골의 꽃다발 축제 …… 전달할 것임〉은 외수용적 지각이고, 의식의 심저에 남아 있는 '까마득한 옛 기억'은 내수용적 지각이며, 두 면 사이에 중개 역할을 하는 것은 신체인 자기수용적 지각이다. 그리고 표현 면인 〈시골의 꽃다발 축제 …… 전달할 것임〉은 포착된 것이고, 내용 면인 감각능력에 의해 주체의 내부에서 지향된 것은 '까마득한 옛 기억, 곧 어느 시골에 대한 추억'이라고 분석할 수 있다.

››› 연습문제 해설 2

문제의 시구를 수사학적 차원의 표준수사도식 3단계로 분석할 수 있다. 이 도식은 수사학적 차원의 통사적 구성요소이며, 대치, 지배, 해소의 세 단계로 구성된다. 각 단계마다 기점과 목표의 위치 행위소가 설정되며, 이는 공유된 특성에 바탕을 둔 대응관계를 형성한다.

시구에서 '전나무들'은 '악사들'에 비유되고 있다. 표준수사도식의 첫 단계 '대치'는 기점과 목표가 되는 두 의미 영역의 차이에서 비롯된다. '전나무들'은 〈식물〉에 속하고 '악사들'은 〈인간〉에 속하므로 이러한 차이에서 대치가 일어난다. 둘째 단계 '지배'는 발화행위가 채택한 지각적 입장의 결과인데, 〈식물〉 영역의 동위성보다 오히려 〈인간〉 영역의 동위성에 감각적이고 직관적인 내용이 보장된다. 마지막 단계 '해소'는 유추의 형태로 이루어지는데, 담화는 해석자에게 유추적 변형을 이용해 〈식물〉 영역에서 〈인간〉 영역으로 이동할 것을 제시한다.

각각 목표와 기점이 되는 '전나무들'과 '악사들'은 위치 행위소가 되어 상호작용할 수 있으며, 서로 속성을 교환할 수 있다. 결국 '전나무들'인 〈식물〉 영역은 '악사들'인 〈인간〉 영역이 가져다준 감각적이고 직관적인 내용(크리스마스 캐럴을 연주하는 것)을 수용한다고 할 수 있다.

그리고 4행에서 '전나무들'을 '마법사들'에 비유하고 있는데, 이것도 위와 같은 방식으로 분석할 수 있다.

››› 연습문제 해설 3

긴장도식은 긴장구조를 도식화한 것으로, 담화기호학에서 중요하고 필수적인 분석도구이다. 이 도식은 개념적인 구조이고 시각적인 표상인데, 지각 활동에서 두 발랑스

(valences)인 강도와 범위의 결합으로 이루어진다.

문제에서 '의지가 약한 사람'은 자신의 의지를 어디에 집중시킬지 모르고 많은 대상에 대해 매번 약한 결심을 함으로써 의지를 분산시킨다. 따라서 강도는 낮고 범위는 넓다. 반면에 '의지가 강한 사람'은 한 대상에 의지의 강도를 집중시켜, 강도는 높고 범위는 낮다고 할 수 있다. 이것을 긴장도식에 표시하면 강도는 세로 좌표에, 범위는 가로 좌표에 위치시켜 아래와 같이 표현할 수 있다.

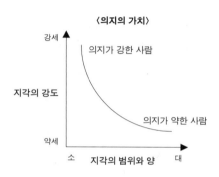

>>> **연습문제 해설 4**

프랑스 기호학자 루이 에베르(Louis Hébert)는 애착의 감정을 긴장도식에 표현했다. 애착의 감정인 사랑이나 우정을 ① 평범한 사랑, ② 일편단심의 사랑, ③ 우정, ④ 절대적인 사랑(신에 대한 사랑)으로 구분해서 도식에 나타내보면, 강도의 축은 감정의 강도와 관계되고 범위의 축은 주체의 감정의 대상인 사람 수와 관계된다.

우선 범위로 구분해 볼 때, 일편단심의 사랑은 다른 세 가지보다 가장 소수의 사람에게 적용되고, 그다음에는 평범한 사랑, 우정, 절대적인 사랑의 순서가 될 것이다. 그래서 다음 쪽 도식에 표시된 대로 가로 좌표는 ② → ① → ③ → ④의 순서로 범위가 넓다. 그리고 강도로 구분해 볼 때, 우정은 사랑보다 덜 강한 감정이므로 이것이 세로 좌표의 가장 아래에 위치한다. 그다음으로는 평범한 사랑, 일편단심의 사랑, 절대적인 사랑의 순서, 즉 세로 좌표는 ③ → ① → ② → ④의 순서로 강도가 높다. 이 분석을 시각적으로 표현하면 다음 쪽의 도식과 같다(Hébert, 2009: 67).

일례로 이 도식을 이효석의 「메밀꽃 필 무렵」에 적용하면, 성 서방네 처녀에 대한 허생원의 사랑은 일편단심의 사랑으로, 긴장도식에 나타낼 때 강도는 높고 범위는 좁은 ②번이 될 것이다.

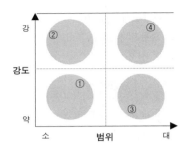

제8장

박물관기호학[*]

태지호

1. 박물관기호학이란

　박물관기호학이란 박물관을 기호학으로 다루고자 하는 시도이다. 이를 위해 박물관이 기호학의 대상인 기호로 이해될 수 있는지에 대한 문제부터 따져봐야 한다. 국제박물관협의회(International Council of Museums: ICOM)의 초대회장인 조르주 앙리 리비에르(Georges Henri Rivière)에 따르면, 박물관은 '지식의 증대, 문화재와 자연재의 보호, 교육 그리고 문화의 발전을 목적으로 자연계와 인류의 대표적인 유산을 수집, 보존, 전달 및 전시를 행하는 사회적 기관'이다. 이러한 정의에 근거하면, 박물관은 분명한 목적이 있으며, 그 목적을 달성하기 위한 활동이 명확하다. 다시

---

* 　이 글은 ≪기호학 연구≫ 49집(2016: 149~176)에 게재된 「문화적 재전유의 공간 모색을 위한 〈국립한글박물관〉의 커뮤니케이션에 관한 연구」를 재구성한 것이다.

말해, 박물관은 박물(博物)들을 활용해 특별한 사회문화적 의미작용을 수행하는 의미 구성체이다. 이는 박물관기호학을 위한 전제이며, '박물관은 의미화된 기호'임을 뜻한다. 여기서 중요한 문제는 의미화이다. 의미화란 해당 기호가 다른 기호와 구별되도록 하는 과정이자, 그 기호가 특정한 방식으로 이해될 수 있도록 코드화되는 것이다. 박물관은 문화재와 자연재를 단순히 지시하는 것이 아니라, 특별한 유산으로서 그것들에 대해 의미를 부여하는 기호로 이해될 수 있다.

동시에 그러한 의미화의 과정을 통해 박물관은 커뮤니케이션의 수단이 된다. 다시 말해, 박물관은 사회적 기관으로서의 역할을 담당하는데, 이는 박물관의 의미화 과정의 의도가 명확할 뿐만 아니라, 의미화 과정이 구체적인 상황에서 활용된다는 것을 유추할 수 있게 한다. 이는 박물관이 특정한 맥락이나 문화적 관습을 통해 의미가 생산되는 텍스트로 이해될 수 있음을 뜻한다. 즉, 박물관은 개별적으로 존재하는 기호가 아니라, 그 의미가 특별한 방식으로 소비되는 과정에 존재하기 때문이다. 이렇게 보면, 박물관은 텍스트로서, 여타 기호들과 구별되는 박물관만의 의미화 과정이 존재하며, 이를 통해 우리 사회 속에서 커뮤니케이션의 수단으로 기능하는 기호로 활용된다고 이해될 수 있다.

의미화된 기호로서의 박물관은 문화재와 자연재 같은 박물들을 특정한 대상으로 인식되고 해석될 수 있도록 하는데, 이는 박물들이 수집되고, 보존되며, 전달 및 전시된다는 점에서 그러하다. 이 과정에서 박물들은 박물관 내에서도 개별적인 기호로 의미화된다. 각각의 박물들은 박물관이 규정하는 방식들에 의해 의미화되고, 이를 통해 다른 박물들과의 관계 속에서 고유한 의미를 획득하게 된다. 그러한 박물들의 의미가 관람객 또는 대중들에게 전달될 때, 박물관과 박물들은 커뮤니케이션 수단으로서의 역할을 담당한다.

　이렇게 보면, 박물관은 박물들을 중심으로 하여 의미를 담고 있는 기호이기도 하지만, 그 자체가 의미의 교환을 수행하는 기호이기도 하다. 따라서 박물관기호학이란 박물관이 의미를 구성하는 방식이나 체계는 무엇인가, 그리고 이것이 박물관의 다양한 목적과 관련해 나타나는 커뮤니케이션의 과정은 어떠한가, 아울러 박물관은 다른 기호들과 어떻게 구별되는 텍스트인가를 이해하고자 하는 시도로 볼 수 있다.

2. 박물관의 변화상과 오늘날의 박물관

　박물관은 그 의미를 구성하는 방식에서 오랜 관습과 규칙을 가지고 있으며, 이를 통해 박물관이 박물관답게 구성되어 온 것으로 오늘날 우리에게 인식되고 있다. 우선 박물관을 뜻하는 'museum'이라는 용어는 그리스어 'museion(뮤제이옹)'에서 유래되었다. 그리스에서 뮤제이옹은 학예를 관장하는 뮤즈(muse)신에게 헌납된 일종의 사원이나 신전이었다. 그리고 기원전 3세기에 이집트의 알렉산드리아에는 뮤제이옹을 차용한 '박물관'이 생겼다. 이들은 모두 성소이자, 예술품과 문서의 보관소였으며, 학문과 사상을 연구하는 장소이기도 했다(폴로, 2014: 47~48). 이후 중세 교회 박물관을 거쳐 르네상스 시대에 오면, 세속적인 의미의 박물관이나 미술관이 나타나는데, 이 과정에서 박물관은 당시 예술과 예술가를 지원하고 작품들을 소장하는 장소로 활용되었다. 시민혁명을 거치고 근대에 오면, 박물관은 공공 박물관으로 탈바꿈하게 된다. 이 과정에서 중요한 점은, 박물관의 설립 및 운영 주체가 국가나 공공단체가 되면서 기존의 왕정이나 귀족이 소유했던 소장품이 국민들에게 개방되었다는 것과, 근대 과학과 계몽주의의 영향으로 소장품이 지식의 대상이 되었다는 것이다. 이와 더불어 '미' 또한 지식화의 작업이 되어, 점차 박물관과 미술관이 분리되는 모습으로 나타났다(전진성, 2005). 근대 시민의 탄생과 근대 국민국가의 형성에 따라 설립된 국립박물관 또는 국민을 위한 국가 박물관의 목표는 지식을 보급·확산하는 것이었다. 이러한 과정 속에서 박물관은 체계적인 지식 체계를 바탕으로 국가와 민족의 역사와 발전상을 유물이라는 증거를 통해 전시함으로써 국민과 대중들에게 신성한 공간으로 인식되는 위상을 확립했다.

한편, 1922년 설립된 뉴욕현대미술관(Museum of Modern Art: MoMA)은 박물관 건축 공간을 관람객 중심의 관점에서 바라보게 했을 뿐만 아니라, 관람객의 만족을 위해 전시 방법과 박물관이 제공하는 여러 서비스 및 프로그램들에 대한 인식도 변화시켰다. 이는 기존의 경건하고 의례적인 박물관에 대한 개념을 변화시키는 계기가 되었는데, 이제 박물관은 유물을 보존하는 데 그치는 것이 아니라, 방문객을 만족시켜야 하는 새로운 요구 상황에 직면하게 된 것이다. 이러한 모습이 최근에는 여러 미디어를 활용한 다양한 전시 기술의 도입으로 이어졌고, 여가 문화의 확산 같은 사회적 변화상과 맞물려, 박물관은 교육을 위한 공간이라는 단일한 모습에서 벗어나, 문화적 욕구 충족과 동시에 여가 선용을 위한 공간으로 변모하는 상황에 놓였다. 즉, 박물관은 새로운 시대적 요구에 직면하고 있으며, 그에 따른 변화를 모색하고 있다.

현재 박물관은 과도기적 상황에 있다고 볼 수 있다. 경제적 성장에 따른 다양한 재화의 생산 및 소비의 확산, 그리고 뉴미디어 및 새로운 여가 문화로 인한 문화 소비의 다변화 등의 사회 상황은 박물관의 기존 위상을 위협하고 있다. 박물관은 문화 산업이나 문화 복지 같은 새로운 담론 속에서 절대 자유로울 수 없으며, 그에 따른 변화상을 요청받고 있다. 이와 관련된 여러 논의들은 박물관이 문화경제학과 연관해 좀 더 유연하게 대중들과 조우하고 그에 따른 제도적 역할을 수행해야 함을 강조한다. 이러한 논의들에서 제시되는 박물관에 대한 관점은 '일상과 유리되지 않은 박물관'이라는 점에 있다. 이는 기존의 박물관이 국가나 공적 영역에서의 제도적 역할에 치중하던 것과 달리 최근에는 문화콘텐츠로서 대중의 여가와 다양한 관심을 반영하는 재화로 변화하고 있음을 의미한다.

3. 텍스트로서의 박물관과 요소별 특징

박물관을 기호라고 한다면, 이는 박물관을 '박물관답게' 하거나 다른 어떤 것/기호와 구별되는 박물관만의 의미가 있기 때문이다. 하지만 박물관은 단지 특정한 현실의 대상을 단일하게 지시하는 기호로 한정되지 않는다. 무엇보다 박물관은 텍스트이다. 텍스트란 다양한 방식으로 개념화될 수 있지만, 기호화·의미화 과정을 통해 의미가 발생하는 재현 일반이다. 이는 일관성, 결속력, 서사적 요소, 층위들의 다양성 같은 특성을 통해 구체화될 수 있다(김운찬, 2005: 80)는 점에 비추어, 의미를 생성하는 기호들이 배열된 것으로 이해될 수 있다. 따라서 텍스트는 읽혀지고 해석될 수 있는 문화적 구성체이며, 이것의 의미가 무엇인지를 확인하기 위해서는 그 코드를 해체하는 과정이 수반되어야 한다. 이렇게 보면, 박물관기호학은 박물관이라는 텍스트가 어떠한 방식으로 코드화되어 있는지를 해체함으로써 그것의 의미가 무엇인지를 이해하는 과정임을 알 수 있다. 이를 논의하기 위해서는 우선 박물관이 읽혀지고 해석될 수 있게 하는 요소가 무엇인지를 확인해 볼 필요가 있다.

무엇보다 박물관은 건축물과 공간을 통해 그 외연이 제시된다. 건축물과 공간은 일종의 매체이자 그릇이며, 박물관의 다양한 요소들은 이 건축물과 공간 속에서 특별한 의미작용을 수행한다. 박물관은 특별한 장소에 위치한다. 이 장소는 인위적으로 선택되었다는 점에서 중요하다. 장소는 박물관의 테마와 관련해 그 자체가 애초에 문화적이고 역사적인 의미를 가질 수도 있으며, 해당 지역의 개발이나 관광 활성화 등의 목적을 염두에 두고 관람객들의 접근성 등을 고려한 행정적이고 산업적인 관점에서 선택되기도 한다.

해당 장소가 선택되면, 박물관의 외형을 규정하는 것은 박물관 건축물이며, 그 자체가 특별한 기호로서 거대한 상징물로 인식된다. 건축물 또한 박물관이 위치하고 있는 장소와 마찬가지로 오래전부터 역사성을 가지고 있는 경우도 있지만, 새롭게 건축한 경우에도 박물관의 테마에 따라 일관된 의미가 구성되며, 동시에 이용객들의 편의성을 고려해 설계된다. 어떠한 경우이든, 박물관 건축물은 당대의 시대적 요구를 응집하거나 이끌기도 하며, 그 자체가 예술적이고 미적인 가치를 전달할 수 있는 대상으로 인식되도록 조성되는 것을 지향한다. 건축물 단독으로 박물관을 구성하기도 하지만, 많은 경우에는 건축물 주변에 다양한 야외 시설과 조형물이 조성되기도 한다. 야외 시설은 편의 시설 등으로 구성되는데, 이는 박물관 관리의 효용성이나 규모 등을 고려해 건축물 내부에 위치하기도 한다. 조형물은 예술작품 또는 상징물이거나, 건축물 내에 전시하기 어려운 대규모의 박물인 경우가 일반적이다.

전시는 박물관을 박물관답게 하거나 또는 기호로서의 박물관을 의미화하는 대표적인 요소이다. 박물관을 방문하는 것은 대체로 전시를 관람하기 위해서이며, 박물관은 전시를 통해 관람객들로부터 존재 가치를 부여받는다. 전시는 박물들을 보여주는 것이다. 박물관에서 박물들은 수집·보존·전시되는데, 수집과 보존이 아카이브에 집중되는 과정이라면, 전시는 대중들에게 그것을 공개하고 특별한 의미를 전달하는 과정이다. 박물들은 수집 및 보존의 과정에서는 수장고에 위치하지만, 전시를 통해 비로소 세상에 그 의미를 드러낸다. 이는 전시의 과정에서 박물들이 특별한 '오브제'로 맥락화되는 것을 의미한다. 다만 전시에서 모든 박물이 있는 그대로의 모습으로 노출되지는 않는다. 다시 말해, 박물들은 실물이나 원본으로 전시되기도 하지만, 경우에 따라서는 복제품과 같은 방식으로 제시되기도 한다. 중요한 것은 박물이 전시를 통해 오브제로서의 의미를 획득하게 된다는 점이다. 즉, 박물들은 전시되는 순간 일종의 전시 체계에 속하게 됨으로써 본래의 의미가 강조되거나 변형되거나 해체되는 등의 과정에 들어서게 된다. 이를 위해 활용되는 것이 박물들의 분류와 그에 따른 전시 시나리오의 구성, 그리고 해석 매체 등을 활용한 전시 기법이다.

분류는 전시가 단순히 객관적인 설명이나 논리적 집합으로 박물들을 이슈화하지 않으며, 특정한 기준이나 관점을 가지고 그 의미와 가치를 판단하는 과정이라는 것을 의미한다(Lidchi, 2000: 160). 이러한 논의에 비추어 보면, 무엇보다 분류는 각각의 박물들에 대한 관계 설정의 문제이며, 이는 박물들 간에 종속 관계, 인접 관계, 인과 관계 같은 위계를 부여한다. 그리고 그것은 '자연스러운' 관계가 아니라, '문화적이고, 인위적이며, 자의적인' 설정이다. 그러한 관계 속에서 박물들은 다른 박물들과의 관계, 즉 차이에 의해 특별한 위치를 부여받게 되며, 오브제라는 기호로서 자격과 의미가 파생된다. 결국 분류는 일종의 체계 또는 시스템으로서 전시의 의미를 구조화시키는 작업이라고 볼 수 있다.

분류가 체계라면 전시 시나리오는 그 추상적 분류를 인식할 수 있게 하고 이해할 수 있게 하는 과정이다. 전시 시나리오에 따라 박물들은 배열되고 배치되는데, 이는 전시의 동선으로 가시화되어 박물관 내에서 관람객들의 행동과 인식에 영향을 미친다. 즉, 전시 시나리오는 전시 공간의 구획을 가능하게 하며, 그에 따라 해당 공간의 주제들을 설정하도록 한다. 그리고 이러한 각각의 작은 공간 또는 주제들은 전체 전시 공간 또는 대주제로 통합된다. 결국 전시 시나리오는 전시가 어떠한 의미를 담고 있는가에 대한 문제이며, 분류라는 체계가 서술되고 구체화되는 방식으로 이해될 수 있다.

전시 기법은 박물들을 분류 체계와 전시 시나리오에 근거해 시각화하는 작업을 의미한다. 즉, 추상적 차원의 체계에 의해 분류된 박물들은 전시 시나리오에 의해 배열의 위치를 가지게 되고, 이는 전시 기법을 통해 현실에 드러난다. 박물관은 무엇보다 시각에 호소하는 기호이며, 시각 경험을 통해 그 의미를 알 수 있게 한다. 박물관이 이른바 관람객들에게 '보는 실천(practice of looking)'을 가능하게 하는 것은 분류 체계와 전시 시나리오를 전제로 한 다양한 시각 전시물을 통해 특정한 의미를 제공하기 때문이다.

전시 기법은 매체 또는 기술을 수반한다는 점에 비추어, 그 형태에 따라 구분될 수 있다. 아날로그적 기법으로는 실물, 복제품, 모형, 사진 전시를 들 수 있고, 최근 들어 많이 활용되고 있는 디지털 기법으로는 영상 매체, 터치스크린, 키오스크, VR, AR 같은 각종 뉴미디어를 활용한 전시를 들 수 있다. 전자는 주로 관람, 즉 시각 경험에 초점을 두고 있는데 반해, 후자는 시각뿐만 아니라 청각이나 후각, 촉각 체험을 가능하게 한다는 점에서 관람객들의 경험을 확장시킨다. 이와 더불어 전시 기법은 관습적으로 박물들을 '설명하는' 방법들도 포함하는데, 이 방법으로는 라벨(labels)과 캡션(captions), 패널(panels), 카탈로그(catalogues) 등이 거론될 수 있다(록·샐러스, 2004: 133; Rose, 2001: 178). 라벨과 캡션은 박물들에 대한 명칭, 작가 또는 기증자, 연도, 크기 및 재질 등과 같은 개괄적인 설명을 알려준다. 패널은 여러 필요에 의해 다양하게 제시되는데, 전시의 내러티브를 설명하거나 라벨과 캡션으로 담아내기 어려운 박물들에 대한 여러 가지를 설명하기 위해 활용된다. 카탈로그는 흔히 전시 도록으로 이해되며, 전시된 박물들에 대한 그림·사진과 해설이 목록화되어 있다. 카탈로그는 박물관 경험이 관람으로 끝나는 것이 아니라, 그것을 계속해서 기억하고 소유할 수 있게 한다.

박물관은 전시 외에도 각종 교육 및 체험 프로그램을 제시한다. 이는 박물관에 대한 참여를 유도하기 위한 방법이며, 한편 전시 관람이라는 제한된 조건에서 채울 수 없는 다양한 지식과 문화적 경험의 기회를 제공하기 위해 마련된 것이다. 이와 더불어 기념품 판매점이나 각종 편의시설 또한 박물관을 여타의 문화 공간과 차별화시키거나 경쟁하기 위해 제시된 박물관의 요소들 중 일부이다.

이러한 요소들은 결국 '누군가'에 의해 박물관이라는 기호를 위해 의미를 부여받게 되고, 또한 '누군가'에 의해 그 의미가 해석된다. 이를 통해 박물관이 텍스트로 이해되는 것이며, 이는 박물관기호학이 단지 박물관이라는 대상에 대해서만 다뤄질 수 없다는 것을 의미한다. 결국 박물관의 의미화 과정은 특정한 주체들, 다시 말해 송신자·생산자와 수신자·소비자를 통해 진행된다. 우선 박물관에서 송신자는 학예사, 큐레이터, 전시 기획자, 에듀케이터, 마케터 등으로 대표된다. 이들은 앞서 언급한 박물관의 여러 요소를 '생산'하며, 박물관을 박물관답게 만드는 주체이다. 이들은 박물관의 비전과 목표를 설정하고, 유물의 종류와 범위를 정하며, 무엇보다 박물관의 주된 업무인 연구, 교육, 전시를 담당한다. 이에 반해, 수신자는 박물관을 직접적으로 방문하는 관람객을 포함해, 전 국민 또는 대중 전체를 의미한다. 최근 박물관의 변화상에 비추어 수신자들이 세분화되고 있는데, 이는 모든 수신자들이 박물관에서 동일한 경험을 원하는 것은 아니기 때문이다. 즉, 수신자들은 자신들의 문화적 흥미 및 요구에 따라 박물관의 관람과 이용 등에 대한 '소비'의 방식을 다양하게 드러낸다.

4. 박물관의 요소별 기능과 커뮤니케이션 모델

박물관은 앞서 살펴본 요소들에 의해서 특별한 의미화 과정을 수반하는 텍스트로 이해될 수 있다. 이는 박물관이 사회적으로 관습화된 의미화 체계를 가지고 있으며, 이를 통해 '의미 있는' 텍스트로 인식된다는 것을 의미한다. 이 절에서는 이러한 관점을 박물관의 커뮤니케이션 모델로 설명하는데, 여기서 박물관의 여러 요소들은 커뮤니케이션 과정 속에서 특별한 기능을 수행한다고 전제된다. 한편, 커뮤니케이션에 관한 여러 모델에서 반드시 강조되는 점은 메시지의 전달과 의미의 생산 및 교환이다. 이 과정에서는 메시지의 전달자인 송신자와 이에 대응하는 수신자가 존재한다. 또한 메시지가 전달되는 기술적이고 물리적인

그림 8-1 **야콥슨의 커뮤니케이션 모델과 박물관의 요소**

맥락
박물관 건립 및 운영의 사회적 환경과 조건

메시지
전시 내용/서사

송신자		수신자
큐레이터, 학예사 등		관람객

코드
전시물/ 전시 방법 및 기술

접촉
박물관이라는 공간

수단인 매체 또는 채널이 필요하다.

이러한 양상을 기호학적 관점에서 언어의 다양한 기능과 관련해 논의한 학자가 로만 야콥슨(Roman Jakobson)이다. 야콥슨의 커뮤니케이션 모델은 모든 언어 교환 과정에 대한 구성요소를 파악함으로써 언어의 의미나 메시지의 내적 구조가 어떻게 나타나는지를 제시한다. 야콥슨의 모델은 송신자, 수신자, 메시지, 그리고 접촉이라는 매체 외에, 코드와 맥락이라는 요소 또한 다루고 있다. 〈그림 8-1〉은 그러한 커뮤니케이션 모델에 따른 박물관의 요소를 보여준다.

이와 동시에 야콥슨은 이 요소들이 각각 커뮤니케이션 과정에 관여하는 여섯 가지 기능을 제시한다. 그는 이를 통해 커뮤니케이션이 단지 기계적 또는 과정론적 차원에서 진행되는 관점을 넘어서 문화적이고 특히 기호학적인 차원에서 다루어질 수 있음을 밝히고자 했다(야콥슨, 1994).

또한 야콥슨의 커뮤니케이션 모델은 단지 심미주의적인 접근에서 송신자의 역할을 설명할 수 있을 뿐만 아니라 사회맥락적인 차원의 분석, 수용자의 수용 방식, 메시지의 의미, 그리고 기호학에서 강조하는 약호와 메타언어적 기능까지 설명할 수 있는 방법론적 함의를 제시한다(스탬, 2003: 34).

야콥슨의 관점에 비추어, 박물관 송신자이자 박물관의 운영 주체인 학예사 및 큐레이터, 그리고 기획자 등이 관여하는 커뮤니케이션 기능은 '정서적 기능'이며, 유물 및 자료의 수집, 보존, 계승, 그리고 아카이브의 구축 등이 여기에 해당된다. 여기에 대응하는 수신자는 관람객이다. 이들은 박물관의 '명령적 기능'과 연관되는데, 박물관은 관람객들에게 문화인이나 교양인이 될 것을 강조하며, 이들로부터 문화의 소비뿐만 아니라 적극적인 문화의 생산까지도 유도한다. 이 과정에서, 박물관 운영 주체와 관람객이 접촉하는 것은 박물관이라는 공간이 존재할 때 가능하다. 따라서 박물관 공간 그 자체는 '교감적 기능'을 수행하며, 박물관이 사회적 상호작용과 인적 교류의 장이 된다는 것을 의미한다. 이는 다분히 박물관의 건립 및 운영 목적이라는 맥락 속에서 진행된다. 그러므로 박물관의 맥락은 '지시적 기능'을 수행하며, 이는 박물관이 교육적이고 문화적 효과를 전제로 하고 있음을 뜻한다. 이것이 최근 들어와서는 경제적 효과로까지 확대되고 있으며, 박물관에 관한 비평적 논의에서는 이에 관한 박물관의 정치적이고 이데올로기적인 또는 제도적이고 행정적인 사회적 맥락을 강조한다. 한편 박물관의 메시지는 전시 내용이자 전시 시나리오에 의해 구축된다고 앞서 논의했는데, 이는 박물관의 '시적 기능'과 관련된다. 박물관은 인류 지식의 역사적·미적·예술적 의미와 가치를 밝히고 전달하는 기능을 가진다. 야콥슨이 언어의 시적 기능에서 강조한 바와 같이, 박물관의 시적 기능 또한 박물관이 여타의 문화 생산물과는 다른 고유의 존재 의미가 있다는 점과 연관된다. 더나아가, 박물관의 메시지는 영화, 테마파크, 게임 같은 여타의 기호와는 구별되는 박물관 자체가 가지는 특성에 의해 유지된다. 즉, 박물관의 메시지 자체가 그 존재를 규정하며, 설립을 위한 목적이 된다. 이와 더불어 전시는 효과적인 메시지 전달을 위해 해석 매체나 각종 미디어, 기술, 그리고 디자인 등에 의해 특별한 방식으로 약호화된다. 이것이 박물관의 '메타언어적 기능'이며, 박물관의 변화상에서 살펴보았듯이 전통적 박물관에서부터 최근에 이르기까지 박물관 공간 자체를 예술적인 장소로 인식하게 할 뿐만 아니라 여러 첨단 기술의 경연장으로 바라보게한다. 동일한 전시 내용 또는 메시지라 할지라도 어떠한 전시 기법을 활용하는가에 따라 메시지의 위계가 달라지며, 관람객의 참여도나 만족도등과 관련된 경험의 방식이 달라질 수 있다. 이러한 논의는 〈그림 8-2〉와 같이 도식화된다.

결국 박물관 커뮤니케이션의 모델은 전시를 중심으로 하여, 박물관이 어떠한 정보나 지식을 제공하는지, 이들 정보나 지식이 어떠한 방식으로 구체화되어 있는지, 그리고 그 의미작용은 어떠한지를 이해하도록한다. 구체적인 기호학적 접근으로는 박물관이 특정한 서사라는 점을전제로 하여, 박물관이 제시하는 이야기(story)를 통합체적·계열체적 관점에서 살펴보고, 동시에 그 표현 방식(storytelling)은 어떠한지에 대해담화적 관점에서 다룰 수 있다. 따라서 박물관의 커뮤니케이션 모델은박물관의 각각 요소들에 의해 구성되며, 이는 결국 텍스트로서의 박물관을 이해할 수 있게 함과 동시에, 더 나아가 박물관 문화 전반에 관한일반론과 연관된다.

그림 8-2 **야콥슨의 커뮤니케이션 모델과 박물관의 기능**

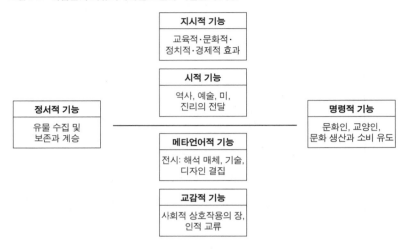

5. 서사 텍스트와 박물관

서사 텍스트 관점에서 박물관에 접근할 때 제기할 수 있는 질문은 '박물관은 무엇을 어떻게 전시하고 있는가?'에서부터 출발하며, 다음과 같은 논의를 수반한다. 즉, 박물관의 소장품 및 유물의 종류와 특성, 상설 및 기획 전시의 주제와 전시 시나리오, 그리고 핵심 가치, 박물관의 스토리텔링 방식, 전시 방법 같은 문제들로 기술된다. 이러한 논의들은 크게 '박물관의 이야기(story)와 담화(discourse)는 무엇인가'로 요약된다. 전자는 '박물관이 무엇에(what) 관한 내용을 보여주고 있는가'라는 질문으로부터 전시 소재 및 내용에 대한 분석을 다루며, 후자는 '박물관은 어떻게(how) 보여주는가'라는 질문으로부터 스토리텔링 방식, 공간 배치와 구성, 전시 기술과 방법, 미디어의 활용과 소구 방식 등에 대한 분석으로 집중된다.

우선 박물관의 이야기에 대한 분석은 박물관이 제시하는 이야기가 어떻게 연쇄적으로 전개되는가에 대한 통합체적 분석과 각각의 기호들이 어떠한 의미 자질을 통해 내적 의미를 획득하는가에 대한 계열체적 분석으로 다시 나뉜다.

통합체적 분석은 박물관의 전시 시나리오를 중심으로 한 연속체적 상황이 유물 및 오브제 등을 통해 어떻게 배열되어 나타나고 있는가에 대한 논의이다. 이는 전체 스토리를 에피소드, 시퀀스 같은 방식으로 나누고 동시에 이들이 모여서 전체 스토리로 결합되는, 일종의 인과적 과정에 대한 분석이다. 바꾸어 말해, 이는 박물관이 제시하고 있는 중심 서사와 부수 서사, 그리고 그들 사이의 위계와 배열이 선형적으로 어떻게 나타나는가를 다루는 것이다.

계열체적 분석은 박물관의 이야기가 어떠한 대립 범주 및 가치들을 통해 그 의미를 드러내고 구체화하는가를 다룬다. 이는 박물관이 전시 시나리오를 통해 강조하고, 함축하고 있는 심층적 의미가 무엇인지를 파악하고자 하는 시도이다. 이를 위해 계열체적 분석에서는 박물관의 전시에서 각 오브제들이 어떠한 요소들과 대립하는지, 그에 따른 의미를 어떻게 획득하는지에 대해 다뤄야 한다. 즉, 해당 전시 시나리오의 심층적 의미가 무엇인지를 확인하기 위해 전시 오브제들이 어떠한 관계나 분류 체계를 형성하고 있는지를 다루는 것이 계열체적 분석이다.

박물관의 담화에 대한 분석은 이야기가 어떻게 표현되는가로 집중된다. 동일한 이야기일지라도 그 표현 방식에 따라 이야기 경험은 달라진다. 중요한 문제는, 관람객은 박물관의 담화를 통해 박물관 및 전시 시나리오, 이야기, 가치 등을 이해하게 되지만, 박물관 생산자가 박물관 및 전시를 기획하고 구성하는 과정은 그 역순이라는 점이다. 따라서 박물관의 담화는 관람객들이 박물관을 방문하는 순간 제시되며, 이를 직접 경험하는 일련의 조건들과 관련된다. 박물관의 담화적 구성에서 가장 우선 거론되어야 하는 것은 시각기호의 기술적 코드와 관련된다. 박물관은 영상 문화(visual culture)적 실천이며, 이에 대한 경험은 주로 시각에 크게 의존하기 때문이다. 가령 조명, 색채, 질감, 시선 유도의 방식, 미디어의 활용 방식, 텍스트 언어(문자)와 시각 언어(영상, 그래픽, 다이어그램 등)의 구분 등이 이에 포함된다. 또한 원본이나 실물인지 또는 모조품인지와 같은 사실적 표현의 정도도 담화와 관련된다. 박물관의 이야기는 시간적 흐름과 위계를 반드시 수반하는데, 이러한 시간적 구성의 문제도 담화와 관련된다. 즉, 동일한 이야기일지라도 강조하는 방식(지속, 빈도 등)이 있으며, 그 역으로 배제되는 방식(생략, 압축 등)이 있기 때문이다.

6. 국립한글박물관을 통한 박물관기호학의 실제

1) 한글에 관한 이야기(story)의 공간

2014년에 개관한 국립한글박물관은 한글을 중심 테마로 삼아, 자료 수집, 전시, 교육을 진행하고 있는 국립박물관이다. 앞선 논의에 비추어 볼 때, 국립한글박물관은 전시실을 중심으로 하여 공간을 구획하고 다양한 시설을 배치한 통합체로 볼 수 있다. 국립한글박물관에는 전시실 외에도 다른 시설들이 배치되어 있는데, 개략적인 구성 방식은 ⟨표 8-1⟩과

표 8-1 **국립한글박물관의 공간 구성 및 개요**

공간구분	명칭	개요
전시 시설	한글이 걸어온 길: 상설전시실	1부: 새로 스물여덟 자를 만드니
		2부: 쉽게 익혀서 편히 쓰니
		3부: 세상에 널리 퍼져 나아가니
	특별전시실	기획 전시
교육 및 관리 시설	강의실	한글 관련 주제 교육 장소
	사무동	박물관 운영 및 관리 인력 공간
	한글누리	한글정보실
	한글배움터	외국인 체험실
	한글놀이터	어린이 체험실
편의 시설	아름누리	기념품점과 카페
	하늘정원	전망대 및 휴식 공간

같이 일목된다. 국립한글박물관은 여타 박물관의 일반적인 시설들과 크게 다르지 않다. 다만 외국인과 어린이를 대상으로 한 특별 공간을 마련하고 있다는 점이 주목되며, 이들이 국립한글박물관에서 '중요한 관람객'으로 설정된 것으로 이해된다. 실제 국립한글박물관의 관람객들 중 어린이의 비율은 상대적으로 높으며, 어린이 관람객들은 가족 단위뿐만 아니라 유치원 등에서 단체로 관람하는 경우도 많다.

전시실은 한글에 관한 이야기를 전달하는 핵심적인 요소이다. 전시실은 연대기적 순서와 주제별 구성이 혼합되어 있으며, 1부의 입구에서부터 3부의 출구로 나아가는 관람객 동선을 제시한다. 통합체적 관점에서 전시실을 따로 살펴보면, 전시실은 〈표 8-2〉와 같은 전시 시나리오를 가지고 있다. 전시 시나리오는 시간의 흐름에 따른 논리적인 연결을 갖추고 있으며, 일관된 주제를 전제로 사건들을 기술함으로써 전체 서사로 통합되고 구조화된다. 따라서 박물관기호학의 관점에서 전시실은

표 8-2 **국립한글박물관 주 전시실의 에피소드 구성**

	전시 섹션	핵심 가치
사건의 전조	새로 스물여덟 자를 만드니	창제, 반포, 독창적, 과학적
사건의 전개	쉽게 익혀서 편히 쓰니	쉬움, 실용적, 일상적, 근대화
사건의 위기 및 절정	세상에 널리 퍼져 나아가니	주시경, 조선어학회
사건의 종결		정보화, 세계화

특정한 서사를 가지고 있는 텍스트이다.

〈표 8-2〉에서 제시한 바와 같이, 전시실은 에피소드 단위로 구성되어 있다. 각 에피소드는 사건의 전조로 한글의 창제 및 특징, 사건의 전개로 한글의 일상적이고 다양한 관점에서의 활용, 사건의 위기 및 절정으로 일제로부터의 탄압과 극복, 사건의 종결로 한글의 현재 모습 및 전망을 중심으로 한다. 여기서 주목할 점은 전시실의 서사에서 사건의 위기 및 절정이 국내의 여러 국공립 박물관과 비교해 그리 '극적이지 않다'는 점이다. 국내의 국공립 박물관들의 대다수는 그 내용에서 '국난극복'이 매우 강조되는 데 반해, 국립한글박물관은 이를 상대적으로 소략해서 다루고 있으며, 메시지와 표현 방식도 자극적이지 않다. 오히려 국립한글박물관은 다소 '세련된' 방식으로 한글의 우수성을 제시하고 있는데, 이와 관련해 전시실의 계열체적 특성을 살펴보면 〈표 8-3〉과 같다.

〈표 8-3〉에서와 같이, 전시실의 전시 내용은 한글 및 한글의 내적 요소들과 이항대립의 관계를 통해 구성된다. 이러한 전시 내용의 내재적 관계는 국립한글박물관을 이해하는 준거이자, 박물관이 강조하고자 하는 한글에 관한 가치이다. 이렇게 보면, 국립한글박물관은 한글이라는 문자가 다른 문자와 비교해 우수한 문자라는 가치를 표방하는 박물관으

표 8-3 **국립한글박물관 전시실 구성의 체계 및 잠재적 의미**

	한글	다른 문자
새로 스물여덟 자를 만드니	애민	무관심
	과학	비과학
	독창적	모방적
쉽게 익혀서 편히 쓰니	쉽다	어렵다
	활용	불용
	근대	전근대
세상에 널리 퍼져 나아가니	계승	단절
	세계화	국내적
	미	추

로 이해될 수 있다. 전시실의 출구 직전에 구성된 "현존하는 문자 가운데 가장 완전한 글자", "세종의 한글 창제는 인류사의 빛나는 업적", "한국인들은 세계에서 가장 좋은 문자를 발명하였다" 등의 패널 내용은 이러한 가치를 구체적으로 확인시켜 준다.

전시실의 서사적 종결이라 할 수 있는 출구의 전시물은 통합체적 차원에서 전시실이 표방하고자 하는 지향점과 강조하고자 하는 가치를 함축하고 있기 때문에 박물관에서 특별한 의미를 가진다. 물론 이 글은 한글의 가치에 대해 다루는 것이 아니며, 이와 동시에 한글의 문자적 또는 문화적 가치를 폄하하거나 곡해하고자 하는 것도 아니다. 여기서의 강조점은, 국립한글박물관이 표방하는 한글의 우수성은 기존의 박물관들에서 나타나는 무비판적 또는 맹목적인 민족주의 찬양 방식과는 사뭇 다르다는 것이다. 기존의 박물관들이 애국주의나 민족의 우수성을 '우리들의 언어'로 강조하고 있는 데 반해, 국립한글박물관은 적어도 '타자의 말'인 해외 학자들의 언술을 통해 그것을 '입증'해 내고 있기 때문이다.

이러한 한글의 우수성은 대한민국의 문화적 위상이라는 의미로 연결된다. 이와 관련해 전시실의 전시 서사에서 행위자가 각 섹션별로 바뀌고 있다는 점도 주목된다. '새로 스물여덟 자를 만드니' 섹션에서는 한글 창제자인 '세종대왕'으로, '쉽게 익혀서 편히 쓰니' 섹션에서는 '백성 또는 국민'으로, '세상에 널리 퍼져 나아가니' 섹션에서는 '대한민국'으로 제시된다. 특히 마지막 섹션인 '세상에 널리 퍼져 나아가니'는 대한민국이 전면에 행위자로 드러나면서 한글의 우수성과 전망을 제시하고 있다. 그리고 그 주된 내용은 '국외 한글학교의 개설 교과 현황', '국외 초등중학교에서의 한국어 과목 채택 현황', '연도별 한국어 능력시험 실시 현황', '연도별 세종학당 및 수강생 수' 등으로 나타난다. 하지만 이는 엄밀히 말해, 한글의 현황과 전망이라기보다는 한국어에 관한 내용이다. 물론 한글과 한국어는 불가분의 관계에 있는 개념이긴 하지만, 여기서는 한글과 한국어를 구분하지 않는다. 특히 내용상으로는 이전의 두 개 섹션이 한글이라는 문자의 고유한 특징이나 일상적 활용을 보여준 데 반해, 마지막 섹션은 대한민국의 언어로서의 한국어의 가치와 전망을 강조하고 있다는 점에서 한글보다는 대한민국의 위상이 더 두드러진다.

요컨대, 국립한글박물관은 한글에 관한 이야기를 보여주는 공간이다. 특히 전시실에서 한글은 다른 문자와 비교해 우수한 문자라는 의미를 보여주고 있으며, 이는 앞서 제시한 통합체적이고 계열체적인 관계 속에서 구체화된다. 이러한 한글의 가치는 결국 담화적 차원에서 형식과 표현을 필요로 한다. 이후의 논의에서는 국립한글박물관의 시각적 표현 방법이 어떻게 구체화되고 있는지를 다룰 것이다.

2) 한글에 관한 이야기하기(storytelling)의 공간

앞 절의 논의는 전시실을 중심으로 국립한글박물관이 제시하고자 하는 내용, 즉 이야기는 무엇인가에 대한 것이다. 이러한 이야기는 담화(discourse)적 측면에서 특별한 방법을 통해 구체적으로 제시될 때, 관람객들의 경험이 가능해진다. 국립한글박물관의 이야기하기(storytelling) 방식에 관한 논의는 공간의 배치에서부터 시작할 필요가 있다. 관람객들의 동선과 관람 경험은 공간 배치에 의해 결정되는데, 이는 곧 박물관이 공간의 구조이기 때문이다.

건축물은 박물관이 다른 문화적 재현들과 구별되는 가장 중요한 특징 중 하나이며, 인류의 지식과 역사에 관한 분류의 규준에 관한 담론들이 연관되는 장이다(Bennett, 1995). 이러한 관점에서, 국립한글박물관 건물은 "한글 모음의 제자 원리인 천지인을 형상화하여 하늘의 켜, 사람의 켜, 땅의 켜를 켜켜이 쌓아 올린 공간에 소통의 매개체인 한글을 담고, 한국 전통 가옥의 처마와 단청의 멋을 현대적으로 재구성"했다(국립한글박물관 홈페이지). 국립한글박물관은 건축물을 통해 한글의 가치와 그 원리를 제시함으로써 박물관의 취지와 의미를 드러내고 있다. 국립한글박물관 건물은 지하 1층과 지상 3층으로 이루어져 있으며, 이 외에 별도 공간이 갖춰져 있다. 지하는 주차장으로, 지상은 전시실 및 연구, 교육, 관리 공간으로 구성된다. '전통적으로' 박물관은 대공간(major hall)을 중심으로 전시 및 박물관 경험이 진행되도록 한다. 대공간은 박물관의 현관이자 전체의 동선이 시작되는 장소로, 이를 통해 시각 경험을 통합하는 기능을 한다(김용승 외, 2002: 84). 하지만 국립한글박물관에는 대공간이라 할 만한 장소가 없다. 대신, 목적에 따라 분명하게 공간을 나누고 있다. 우선 1층에는 교육 시설로 한글정보실인 한글누리와 강의실, 그리고 관리 시설로 사무실이 위치하고 있다. 전시 시설은 2층에 위치한다. 관람객은 지하 주차장을 통해서 오든지 건물 출입구를 통해서 오든지 박물관을 본격적으로 경험하기 위해서는 2층으로 이동해야 한다. 2층 또한 대공간은 없으며, 상설 전시실과 기념품점 및 카페로 구성되어 있다. 3층에는 기획·특별 전시실과 어린이를 위한 한글놀이터, 그리고 외국인들을 위한 한글배움터가 위치하고 있으며, 4층은 하늘정원이라는 휴식 공간으로 구성되어 있다.

본격적인 국립한글박물관의 '이야기하기'는 전시실에서 제시된다. 전시실 입구에 있는 '훈민정음 해례본의 어제서문(御製序文)' 조형물은 일종의 대공간 대리 역할을 한다. 해당 서문 자체가 대한민국 사람들에게 워낙 유명할 뿐만 아니라, 조형물 자체가 거대한 원통 형태로 매우 크게 전시되어 있어 관람객들의 이목을 집중시킨다. 이 때문에, 이 전시물은 대공간 역할을 대신하며, 많은 관람객들은 이곳을 기념사진 촬영 장소로 이용한다.

이후의 전시물은 주로 한글과 관련된 일상용품, 서책, 출판물 등이 소주제별로 전시 케이스에 전시되어 있거나 패널 전시를 통해 제시된다. 패널 전시에서 주목할 것은 마지막 섹션인 '세상에 널리 퍼져 나아가니'이다. 이곳 패널의 주요 내용은 앞서 언급한 바와 같이 한글의 정보화 및 세계화에 대한 것이다. 이에 대한 현황을 쉽게 파악할 수 있도록 이전의 전시물들보다 그러한 내용을 강조해서 제시하고 있다. 이전 전시물들의 조명이 다소 어둡고 차분한 색조로 구성된 반면, 여기서는 색채의 대비와 그 활용, 그리고 다이어그램을 통한 시각적 효과를 극대함으로써 다소 추상적이고 지루한 내용을 한눈에 볼 수 있도록 구성했다.

무엇보다 국립한글박물관에서 주목되는 이야기하기의 방식은 상호작용적(interactive) 전시 기법이다. 특히 국립한글박물관은 모든 전시에서 그러한 기법을 활용한 것이 아니라 아이들과 외국인이라는 특정한 타깃을 염두에 두고 선택적으로 적용하고 있다는 점이 주목된다. 큐레이터나 도슨트 등에 의한 일방적인 전시 내용 전달이나 전시 케이스 전시물의 관람 같은 수동적 관람객과 달리 상호작용적 전시 기법은 관람객들을 능동적인 참여자로 유도한다. 이러한 전시 기법은 '한글놀이터'와 '한글배움터'에서 두드러진다. 우선 한글놀이터는 말 그대로 놀이터이다. 여기에는 상설 전시실과 같은 동선의 제약도 없을 뿐만 아니라, 전시 내용 또한 어린이들의 수준에 맞춰져 있다. 동일한 상호작용적 전시라 할지라도 상설 전시실에서와 달리 한글놀이터에서 어린이들의 참여가 높아지는 이유는 타깃에 따른 콘셉트가 명확하기 때문이다. 다시 말해, 한글놀이터는 어린이들에게만 특화된 체험 시설이기 때문이다. 따라서 기존 박물관의 관점에서 보면, 한글놀이터에서는 관람할 것이 거의 없다. 오히려 관람의 대상은 한글놀이터에서 즐기고 있는 어린이들이 된다. 한글놀이터는 상설 전시실에서의 다소 딱딱한 분위기와 달리 한글을 가지고 자유롭게 놀 수 있는 체험 시설이 주를 이루고 있다. 체험 시설의 디자인 또한 어린이들의 안전을 고려한 재질을 사용했으며, 색상도 원색과 파스텔 톤의 조화를 통해 어린이들의 취향을 고려했다. 가령, 한글놀이터의 섹션 중 '한글 숲에 놀러와'는 '숲'이라는 모티브를 활용한 시각적·공간적·내용적 구성을 통해 어린이들이 스스로 노래도 부르고 게임도 할 수 있도록 유도한다. 이러한 한글놀이터는 상설 전시실에서와 같은 원본 있는 재현이 아니라, 원본 없는 시뮬라크르(simulacre)이다. 박물관에 대한 '보수적인' 입장에서 보면, 한글놀이터는 '보존할 만한 가치가 있는 오브제나 유물'이 존재하지 않는 가상적 공간이다. 그럼에도 불구하고 국립한글박물관에서 어린이들의 '한글에의 참여'는 한글놀이터에서 극대화되는데, 이는 마치 테마파크나 게임에서 자신들이 주인공이 되어 즐기는 것과 동일한 경험을 제공하기 때문이다. 물론 테마파크와 같은 대형 어트랙션이 갖춰져 있는 것은 아니지만, 한글놀이터가 어린이들에게 매력적인 것은 분명하며, 실제 어린이들이 국립한글박물관에서 가장 오래 머무르는 공간이 한글놀이터이다. 이와 유사한 맥락에서, 한글배움터 또한 게임과 같은 체험 시설을 통해 한글을 경험할 수 있는 장치들로 구성되어 있다. 애초에 한글배움터는 외국인들을 타깃으로 한 것이지만, 여기서도 어린이들의 참여도는 매우 높다.

정리하면, 국립한글박물관의 이야기하기 방식은 타깃에 의해 크게 두 가지로 구분된다. 첫 번째는 한글을 '알고 있는' 일반 대중을 위한 관람형 전시이다. 이는 내용뿐만 아니라 그 전달 방식 또한 대체적으로 기존의 전시 관습을 수용하고 있다. 두 번째는 한글을 배우는 어린이 및 외국인을 위한 체험형 전시이다. 여기서는 관람객들이 한글에 친숙해지도록 유도하고 관람객들의 참여를 극대화하기 위한 미디어 및 놀이 시설이 주를 이룬다.

참고문헌

김용승 외. 2002. 「박물관 건축에서의 대공간의 기능적 변화와 공간 구성적 특성」. 대
　　한건축학회. ≪대한건축학회논문집≫, 18권 12호.
김운찬. 2005. 『현대기호학과 문화분석』. 열린책들.
록(Michael Rock)·샐러스(Susan Sellers). 2004. 「일상적인 것의 박물관」. 얀 반 토
　　른(J. V. Toorn) 엮음. 『디자인을 넘어선 디자인』. 곽재은 외 옮김. 서울: 시
　　공사. 133~147쪽.
스탬, 로버트(Robert Stam). 2003. 『어휘로 풀어 읽는 영상기호학』. 이수길 외 옮김.
　　시각과언어.
야콥슨, 로만(Roman Jakobson). 1994. 『일반 언어학 이론』. 권재일 옮김. 민음사.
전진성. 2005. 『박물관의 탄생』. 살림.
태지호. 2016. 「문화적 재전유의 공간 모색을 위한 〈국립한글박물관〉의 커뮤니케이
　　션에 관한 연구」. 한국기호학회. ≪기호학 연구≫, 제49집, 149~176쪽.
폴로, 도미니크(Dominique Poulot). 2014. 『박물관의 탄생』. 김한결 옮김. 돌베개.

국립한글박물관 홈페이지. www.hangeul.go.kr

Bennett, Tony. 1995. *The Birth of the museum: history, theory, politics*. Routledge.
Lidchi, Henrietta. 2000. The Poetics and the politics of exhibiting other cultures.
　　Stuart Hall(ed.). *Representation: Cultural Representations and Signifying*
　　Practice. SAGE, pp.151~222.
Rose, Gillian. 2001. *Visual Methodologies*. London: SAGE.

1. 오늘날의 박물관이 과도기적 상황에 있다는 것은 무엇을 의미하는가?
2. 텍스트로서의 박물관은 어떠한 요소를 포함하고 있는가?
3. 본문에서 제시된 서사 텍스트로서의 박물관을 분석하는 방식을 개략적으로 설명하라.

››› 연습문제 해설 1

전통적으로 박물관은 유물을 일방적으로 보여주는 데 집중했지만, 오늘날의 박물관은 관람객 중심으로 바뀌면서 관람객에게 다양한 문화적 경험을 제공하는 문화콘텐츠로 변화하고 있다.

››› 연습문제 해설 2

건축물, 전시, 유물, 분류(체계), 전시 시나리오, 전시 기법, 도록, 교육 및 체험프로그램, 학예사, 큐레이터, 전시 기획자, 에듀케이터, 마케터, 관람객 등을 포함하고 있다.

››› 연습문제 해설 3

박물관을 이야기와 담화로 구분하고, 이야기는 '박물관은 무엇에 관한 이야기를 보여주는가'를, 담화는 '박물관은 어떻게 보여주는가'를 다룬다. 이야기에 대한 분석은 전시 소재와 내용에 대한 분석이며, 이는 통합체적 분석과 계열체적 분석으로 진행된다. 담화에 대한 분석은 이야기의 시각적 구성 방식(미디어, 기술 등)과 이야기의 시공간적 구성 방식 등을 다룬다.

제9장

사진기호학

이미지 읽기의 출발점, 사진

김기국

1. 사진, 과학에서 예술로

세상의 모든 대상과 현상을 하나의 텍스트로 받아들이면서 체계적인 의미분석의 틀을 제공하는 기호학 영역에서 사진은 매우 중요한 텍스트라 할 것이다. 왜냐하면 오늘날 우리를 둘러싸고 있는 기호의 세계 속에서 시각기호로서의 사진은 언어기호로 이루어진 텍스트와 함께 사람들 사이의 의사소통의 수단이자 의미 활동의 중추적인 수단이기 때문이다.

고정된 이미지로서의 사진은 도상, 조형, 영상기호 등으로 이루어진 대부분의 시각적 텍스트에 대한 분석과 해석의 근본적인 출발점으로 인식될 수 있다. 한 장의 고정되고 분리된 사진이야말로 연속사진이나 영상광고 또는 영화에 이르는 영상 텍스트를 구성하는 기본적인 단위이자 이들을 이해하는 데 필수불가결한 구성물이다. 그렇다면 사진은 어떻게 과학에서 예술로 진화했을까? 이를 위해 카메라의 탄생, 인화지의 발

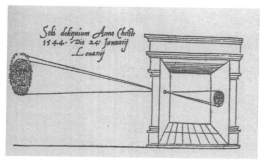

견, 사진의 등장 등의 역사를 간략하게 살펴보자.

빛이 피사체에 던지는 음영을 통해 사물의 모습을 재현할 수 있다는 상상과 믿음은 기원전 5세기경 중국의 묵자(墨子), 기원전 4세기경 고대 그리스의 아리스토텔레스(Aristotle), 그리고 10세기경 아라비아의 학자 알하젠(Alhazen) 등 수많은 철학자와 과학자들이 제시한 카메라의 원리에 담겨 있다.

이후 학자들은 바늘구멍을 통해 들어오는 광선이 영상을 만든다는 사실에 착안해 르네상스 시대인 15~16세기에 원시적인 형태의 카메라 옵스큐라(camera obscura)를 고안했고(〈그림 9-1〉, 〈그림 9-2〉 참조), 17~18세기에는 이를 사용하기 편리하게 개량해 오늘날 볼 수 있는 카메라의 형태로 개량했다.

카메라를 발견하기 위한 일련의 실험과는 다른 차원에서 카메라 옵스큐라에 의해서 투영된 물체의 상을 보존하려는 시도가 있었다. 즉, 인화지의 발명이다. 카메라 옵스큐라에 맺히는 사물의 상을 정착시킬 수

그림 9-3 **니엡스의 작품 「그라스의 집 창밖 풍경」(1827년)**

있는 다양한 방법이 실험되었는데, 19세기 초 영국의 토머스 웨지우드
(Thomas Wedgwood)는 질산은으로 감광성을 준 흰 종이나 흰 가죽 위에
나뭇잎이나 곤충의 날개를 얹어놓고 햇빛에 노출해 네거티브로 된 실루
엣을 만들었다.

　카메라의 탄생과 인화지의 발견 이후, 프랑스의 발명가 조제프 니세
포르 니엡스(Joseph Nicéphore Niepce)는 1827년 자신이 살던 집 창문 밖
의 모습을 담은 「그라스의 집 창밖 풍경(Point de vue de Gras)」을 남겼
다. 사진의 역사에서 가장 오래된 작품이다. 하지만 아쉽게도 니엡스의
사진은 인류 최초의 사진으로 공식적으로 인정받지 못했다.

　1839년 8월 19일, 프랑스의 과학원과 예술원 회원 모두가 참석한 가
운데 프랑스의 루이 자크 망데 다게르(Louis Jacques Mandé Daguerre)는
자신이 발명한 다게레오타입(daguerreotype)의 사진 「예술가의 아뜰리
에(L'atelier de l'artiste)」를 발표했다. 인류 최초의 사진이라는 공식적인

그림 9-4 **다게르의 작품 「예술가의 아뜰리에」(1839년)**

인증은 바로 이 작품에 붙여졌다.

이처럼 사진의 역사 속에서 사진기술 자체는 기술적 진보를 상징하는 과학으로 발전해 왔다. 그리고 사진 역사상 가장 큰 발자취를 남기며 근대 사진의 아버지로 평가되는 앨프리드 스티글리츠(Alfred Stieglitz)가 마침내 등장한다. 사진가들에게뿐만 아니라 모든 분야의 예술가들에게 예술로서의 사진의 가능성을 제시하고 확립시켰다는 평가를 받는 스티글리츠의 작품 「삼등 선실(The Steerage)」(1907)은 거의 한 세기 동안 기술의 역사에만 머물렀던 사진의 위상을 미적 가치를 지닌 예술작품으로 인정받게 했다.

이렇게 사진은 인간의 삶을 구성하는 현실 속에 감춰진 다양한 의미의 비밀을 추적하려는 기호학의 영역 속으로 포함되었다. 사진 작품 역시 세계를 구성하는 기호이자, 필연적으로 의미를 담고 있는 텍스트로

그림 9-5 **스티글리츠의 작품 「삼등 선실」(1907년)**

서 기호학의 분석 대상으로 등장할 수 있게 된 것이다.

2. 사진 이미지, 작품에서 텍스트로

비록 사진이 과학의 산물에서 예술의 장르로 등장했으나 예술 텍스트로서 기호학의 분석 대상이 되기까지는 사진에 관한 또 다른 해석 과정이 필요했다. 이 과정을 이해하기 위해 20세기의 사진의 변천사를 살펴보자. 이 시대의 사진은 문화 전반에 걸친 동시적인 변화에 발맞추어

그림 9-6 　프랑스 베르사유 궁전에 있는 아폴론의 분수를 촬영한 사진

그림 9-6 　프랑스 베르사유 궁전에 있는 아폴론의 분수를 촬영한 사진

크게 세 단계의 발전과정을 거쳐 현대 사진에 이른 것으로 파악된다.

　제1단계는 1900년대에서 1920년대까지로, 사진적 시각을 정립한 시기이자 사진을 통해 '본다'는 관점을 취한 시기이다. 이 시기에는 20세기의 현대 예술이 정통의 본궤도를 이탈해 새로운 관점에서 세계를 다각적으로 바라보고 또한 예술상의 가장 주된 관심이 '새로운 시각'의 추구로 향함에 따라 사진도 과학적 시각에 대한 근본적인 자각과 인식을 공유하면서 사진적 시각에 관심을 집중했다. 〈그림 9-6〉의 사진은 프랑스 베르사유 궁전에 있는 아폴론의 분수를 찍은 우편엽서이다. 이 사진을 통해 우리는 궁전을 배경으로 솟구치는 분수와 전차를 모는 아폴론의 모습을 보게 된다.

　제2단계는 전달 매체로서의 사진이 무엇인가를 '알린다'는 관점을 취한 1930년대에서 1940년대까지의 시기에 속한다. 세계의 일원화 현상

그림 9-7 ≪파리 마치≫ 326호 표지(1955년)

이 가속화됨에 따라 대량 정보전달의 유통구조가 급속하게 확장되고 지구상의 모든 국가가 하나의 유통 체계 속으로 편입되는 사회적 변화가 일어남에 따라, 사진은 하나의 시각적인 전달 매체로서의 속성을 드러냄과 동시에 그 기능을 다양하게 전개했다.

〈그림 9-7〉은 1955년 2월 7일에 발행된 프랑스의 주간지 ≪파리 마치(Paris Match)≫ 326호의 표지이다. 흑인 소년이 프랑스 군복을 입고 어딘가를 향해 프랑스군 경례를 취하는 이 사진에는 ≪파리 마치≫ 편집진의 의도가 담겨 있다. 즉, 프랑스로부터 독립하기 위해 1954년부터 1962년까지 알제리전쟁이 전개된 시기에 이 잡지를 보는 독자들에게

알제리 출신의 소년 병사조차 프랑스를 향한 애국심을 보여주고 있음을 프랑스 시민과 알제리인들에게 알려주려는 목적을 담고 있다.

제3단계는 사진의 영상적 자아의식이 정립된 시기로서, 1950년대에서 1960년대까지의 사진을 말한다. 기계문명에 대한 회의, 인간성의 상실과 소외로 인한 정신적인 충격, 물질문명에 대한 위기의식이 가져온 반작용으로, 내면적 성찰을 통해 정신적 가치를 모색하는 변화가 일어났다. 이에 부응해 사진이 자아의 내면세계를 성찰하는 표현 수단으로 체질화함으로써 사진을 통한 시각적 사고와 함께 영상 언어로서의 내면적 의식체계와 연관된 언어적 사고 활동을 보여준 시기이다. 이 단계에 속하는 사진에 대해서는 이 글의 뒷부분에서 설명하겠다.

이처럼 하나의 예술 텍스트로서의 사진은 몇 가지 단계를 거쳐 기호학과 연결되어 새로운 의미작용(signification)을 산출하는 대상으로 변화되었다. 특히 사진을 '사실을 반영하는 거울(miroir du réel)'로 보는 견해에서 한 걸음 더 나아가 비평가들이 사진이 '사실을 변형(transformation du réel)'시킬 수 있다는 관점을 취하게 됨에 따라 사진은 예술적 특성을 소유하게 되었다. 다시 말해 사진을 '사실을 전환하고, 분석하며, 해석하는 도구이자, 사실을 변형시키는 도구'로 인식해 사진에서 문화적인 약호(code)를 읽어내게 된 것이다. 이를 통해 영상 언어로서의 사진은 문자와 언어처럼 분석 텍스트로 등장하게 되었다.

3. 사진기호학, 텍스트에서 문화로

사진이 단순히 특정 사물을 보여주고 전달한다는 시각에서 벗어나 새로운 시대의식을 반영해 세계를 바라보는 관점을 제시한다는 쪽으로 변화해 온 것은, 이제까지의 근대적인 원근법의 단일한 관점이 허물어지고 현대적인 다양한 관점이 정립되면서, 이원론을 극복하고 다원론적인 대상을 포착할 수 있음을 의미한다. 그리고 다원론적인 대상을 표현하는 데에는 공간 의식과 시간 의식에 대한 상대론적 복합성이 전제됨을 알 수 있다. 이를 통해 사진은 문화적 기호와 영상 언어가 밀착됨으로써 포스트모던 사회가 요구하는 새로운 예술로 등장하는 동시에 삶과 밀접한 생활양식으로 등장했다. 사진이라는 텍스트에 관한 기호학적 접근과 해석은 바로 이러한 점에서 요구된다 하겠다.

사진과 같이 비언어기호로 이루어진 텍스트의 의미전달과 의미작용의 메커니즘을 구체화하는 기호학적 분석은 의미의 생산과 수용을 포괄하는 역동적 발현 과정을 제시함으로써, 문화·예술 텍스트를 새롭게 읽는 하나의 과정이다. 비언어적 텍스트, 즉 이미지 텍스트의 하나인 사진에서 기호학은 텍스트에 내재하는 예술성에 대한 해석 관점을 '전통적으로 추구되어 온 텍스트가 무엇을 의미하는가'라는 것에서 '텍스트의 의미가 어떻게 드러나는가'라는 것으로 새롭게 방향을 제시해 줄 수 있을 것이다. 이를 위해 '매그넘이 본 한국(Korea as seen by Magnum Photographers)'(이하 '매그넘 코리아') 전시회와 여기에 참여한 브뤼노 바르베(Bruno Barbey)의 사진을 좀 더 자세히 알아보자.

1) 매그넘 포토스와 '매그넘 코리아'

매그넘 포토스(Magnum Photos, 이하 매그넘)는 헝가리의 로버트 카파(Robert Capa), 프랑스의 앙리 카르티에 브레송(Henri Cartier-Bresson),

폴란드의 데이비드 시모어(David Seymour), 영국의 조지 로저(George Rodger), 미국의 빌 밴디버트(Bill Vandivert) 등이 주축이 되어 1947년 뉴욕에서 결성한 자유 보도사진 작가 단체이다. 이들 다섯 명과 더불어 베르너 비쇼프(Werner Bischof), 에른스트 하스(Ernst Haas) 등이 뒤늦게 참여해 모두 일곱 명의 발기인으로 매그넘이 탄생했다. 이후 매그넘은 예술사진, 저널리즘, 르포르타주 등 사진의 모든 영역에서 가장 강력한 영향력을 행사했으며, '매그넘 창립 이후 세계 사진의 역사는 매그넘과 운명을 같이해 왔다'라는 평가를 받게 되었다.

제2차 세계대전이 종전된 이후 사진조차 마음대로 찍을 수 없었던 동서 냉전의 시대적 환경과 언론기관을 통해서만 일반 대중들에게 공개되는 보도사진의 특수성 속에서 이들은 편집자 중심으로 운영되는 현실적인 제약에 반발하고 사진가들의 독창적인 시선에 강조점을 두었다. 그리고 '세상을 있는 그대로 기록한다'는 기치를 내걸고, 편집장으로부터의 독립, 자신이 촬영한 필름에 대한 저작권 획득, 이 권리에 대한 양도 (assignment) 선택의 자유, 그리고 사진에 자신의 개성 반영을 목표로 매그넘을 설립한다. 사진에 개성을 반영하기 위해 매그넘 소속 사진가들은 사진 속 대상이 바로 현실이라는 사실을 대중들에게 일깨워주었다. 그리고 지난 60여 년간 매그넘은 다큐멘터리 사진과 포토저널리즘 분야에서 세계를 대표하는 엘리트 집단으로 이름을 떨쳐왔다.

매그넘(Magnum)이라는 이름은 라틴 문학에서는 '위대함'이라는 의미를 갖고 있으며, 총의 내포적 의미로서는 '강인함'을, 그리고 샴페인 양식에서는 '축하'의 의미를 지닌다. 이 이름처럼 이들의 사진에는 굳건한 진실과 더불어 인간에 대한 깊은 성찰이 함께 존재한다. 그들의 사진에는 특정 사건을 객관적으로 담는 보도사진이라는 본질적인 목적과 함께 그 사건을 바라보는 작가의 시각이 공존한다. 따라서 매그넘 사진작가들이 대상으로 포착한 세계의 역사와 인간에 관한 성찰 속에는 기록적 특성 외에도 그들이 오랫동안 천착한 주제, 또는 그와 유사한 주제들을 향한 깊이와 통일이라는 사진 세계가 담겨 있다. 언론사에 소속된 전속 사진작가들과 달리 매그넘의 사진가들은 자유 보도사진 작가그룹으로 활동했으며, 상상력과 통찰력, 그리고 독특한 시각으로 보도사진을 예술사진으로 승화시켰다. 르네 뷔리(René Burri)의 「담배 피우는 체 게바라」(1963), 스티브 매커리(Steve McCurry)의 「아프가니스탄의 소녀」(1984), 스튜어트 프랭클린(Stuart Franklin)의 「천안문 사태의 탱크 진압에 맞선 학생」(1989) 등의 사진에서 볼 수 있듯이, 매그넘은 언제나 있는 그대로의 세상을 그들의 시선대로 담아냈다. 이것이 매그넘을 특별하고 강인하게 만드는 힘이라 할 것이다.

매그넘의 창립자들은 자신들의 사진이 언제나 상황과 진실을 환기할 수 있기를 갈망했다. 또한 그들은 매그넘에 소속된 작가들이 누군가의 간섭과 지시에 의해서가 아니라 각자의 의지에 따라 자유롭고 독립적인 작품 활동을 하길 원했다. 이를 통해 그들은 세계 역사의 위대한 순간이나 정의롭지 못한 사건들을 인류에게 보여줄 수 있기를 바란 것이다. 따라서 매그넘의 사진에는 특정 사건에 대한 객관적인 기록의 성격과 더불어 작가의 개성과 시각이 깊이 있게 내재되어 있다. "하나의 기사에 접근하는 데에는 표준 척도가 없다"라는 브레송의 말은 현실 속 피사체를 보는 것에 그치지 않고 대상을 어떻게 보아야 하는가에 대한 방법, 즉 개개인의 창의성과 예술성을 동시에 강조한 것이라 하겠다. 결과적으로 매그넘이 추구하는 미학은 보도사진의 기록성과 예술사진의 작품성을 융합하는 것일 것이다. 사진 에이전시인데도 브레송이나 엘리엇

어윗(Elliott Erwitt), 하스 등의 예술 사진가들이 동참할 수 있었던 연유도 여기에 있다. 매그넘의 작품이 독특하고 창의적이며 사람들을 자극하는 것은 이러한 이유 때문일 것이다. 이렇듯 매그넘의 이상은 기록을 예술 단계로 끌어올리는, 한층 더 높은 것이었다.

매그넘과 한국의 첫 인연은 1958년에 열린 전시회를 통해 맺어졌다. 이후 1993년에 한국을 다시 찾은 매그넘 전시회는 국내 사진계에 큰 반향을 불러일으켰으며, 2001년에는 매그넘 창립 50주년을 기념하는 전세계 순회전시회인 '변하는 세계(Our Turning World)' 전이 예술의전당에서 열린 바 있다. 그리고 2006년 10월, 한겨레신문사가 매그넘과 함께 한국을 대표하는 사진전을 기획함으로써 그 이전과는 규모와 성격을 달리하는 대규모 전시회가 개최되었다. 창간 20돌을 맞은 한겨레신문사는 세계적인 보도사진 작가그룹인 매그넘에 의뢰해 건국 60돌을 맞아 한국의 다양한 모습을 기록했던 것이다.

2006년 10월부터 2007년 8월까지 매그넘의 소속 사진가 20명은 차례대로 보름에서 한 달 정도 한국을 방문해 전국을 누비며 오늘의 대한민국을 자신들만의 시각으로 포착했고 이는 '매그넘 코리아'라는 사진전으로 구체화되었다. 이 전시회에서는 한국의 현재 모습을 담은 2400여 장의 사진 가운데 고른 434점의 작품이 관객들에게 선을 보였다. 2008년 7월 4일부터 8월 24일까지 50일 동안 예술의전당 한가람미술관에는 '매그넘 코리아'를 보기 위해 사진전 역대 최대 인원인 13만여 명의 관객이 방문해 한국 사진전의 신기원을 이루었다.

매그넘 작가 20명이 한국의 문화와 현재의 모습을 앵글에 담는 과정에서 흥미로웠던 점 가운데 하나는 이들에게 종교, 전통, 도시, 지방, 축제, 시장, 노동, 사랑 등 20개의 주제만 제시했을 뿐, 어떤 특정한 기획이나 의도하에 '매그넘 코리아' 프로젝트를 진행한 것은 아니라는 것이다. 따라서 이들이 포착한 한국의 이미지들에서는 작가 개개인의 개성이 담긴 21세기 우리의 현주소를 확인할 수 있다. 스튜어트 프랭클린(Stuart Franklin) 매그넘 회장은 "다양한 분야의 전문가로 구성된 매그넘은 한국 사회의 모든 스펙트럼을 조명해 풍부하고도 다양한 이미지를 창조할 것이다"라고 언급했는데, 이 말은 60년이 넘도록 사진그룹 매그넘이 어떤 자세로 전시회를 준비해 왔는지를 명확하게 보여준다.

전시는 '매그넘 코리아' 프로젝트에 참가한 작가 20명의 대표작 2점씩을 따로 보여줌으로써 작가들의 면면을 미리 가늠하게 한 '20인의 눈'으로부터 시작되었다. 이후에 관객들은 저마다 아름답고 다채로운 2400여 점의 사진 가운데 선택된 434점, 즉 작가 개인들의 면모를 보여주는 118점의 작가전 작품과 주제별로 한국을 담은 316점의 주제전 작품에 빠져들었다. 그리고 마지막으로 1947년 설립된 이후 현재까지의 매그넘의 역사를 연대기 순으로 보여주는 '매그넘 역사관'이 함께 관객들에게 제공되었다.

2) 브뤼노 바르베의 사진

'매그넘 코리아' 프로젝트를 기획하면서 한겨레신문사는 대한민국 건국 60주년을 맞아 21세기 한국을 대표할 이미지를 만들어내는 것에 초점을 맞추었다. 하지만 '매그넘 코리아'는 대한민국의 아름답고 역동적인 이미지만으로 구성되지는 않았다. 다양한 한국의 모습을 여덟 개의 영역으로 나누어 접근한 주제전 중 '한국의 사회상' 전을 소개하는 글은 격변의 산업화와 현대화 속에서 희생을 강요당했던 지역과 소외계층의 삶에 주목하고자 하는 의도를 담고 있었다.

'한국의 사회상'展은 한국의 압축적 경제 성장의 빛과 그늘을 조명하였
는데, 격동의 근현대사 속에서 희생을 강요당했던 지역과 소외계층의 삶
에 좀 더 무게 중심을 두었다. 본 展이 건국 60년을 넘어 새로운 60년을 준
비하는 시점에서 한국 사회가 투명성, 포용성 등을 진작시키고 시장과 분
배, 도시와 농촌, 개발과 환경, 대기업과 중소기업과 자영업자, 남성과 여
성 등의 대립 요소들이 역동적으로 균형을 이루는 계기가 되었으면 한다
('한국의 사회상' 전 소개글).

물론 전시된 434점의 작품 모두가 이러한 '한국의 사회상'이라는 주제
로 수렴된 것은 아니었다. 매그넘 작가들이 포착한 한국의 모습은 21세
기 고도로 발달한 한국 사회에서 마주칠 수 있는 다양한 주제에 대한 성
찰이었다. '매그넘 코리아'에는 모두 20명의 다양한 경력을 가진 사진작
가가 참여했다. 이들의 작품 중에서 우리는 프랑스의 사진작가 브뤼노
바르베(Bruno Barbey)의 사진에 주목하고자 한다. 모로코 출신 프랑스
인 바르베는 오늘날 현대 사진, 특히 전통 매체 사진의 매그넘 그룹에서
다소 독특한 위치를 차지한다. 그의 사진 세계는 로베르 두아노(Robert
Doisneau)로 대표되는 인본주의 계열로, 전통적으로 소통과 코드를 근
간으로 하는 매체 사진의 특성을 갖는다.

바르베의 사진에 우리가 관심을 두는 이유는 그가 분쟁 중인 세계 여
러 나라를 취재해 온 남다른 이력을 지니고 있기 때문이다. 바르베는 스
위스에서 사진과 그래픽 아트를 전공했다. 1964년부터 매그넘과 함께
작업했고 1968년 정규 회원이 된 그는 40여 년 동안 '세상의 모든 사람이

이해할 수 있는 유일한 언어는 사진이다(Photography is the only language that can be understood anywhere in the world)'라는 명제를 내걸고 작품 활동을 해왔다. 특히 바르베는 베트남, 방글라데시, 캄보디아, 북아일랜드, 중동, 이라크, 쿠웨이트, 나이지리아 등 세계 각국의 분쟁지역에서 수많은 사진 작업을 해왔다. '종군사진가'라는 칭호를 거부하면서도 아시아, 유럽, 아프리카, 아메리카 등지의 수많은 내전을 취재했던 것이다. 흥미로운 점은 바르베가 전쟁이 지닌 비극과 참혹함 속에서 피어나는 삶의 열정과 편린을 찾아내는 세계관을 보여주었다는 것이다.

사진집 '매그넘 코리아'에 수록된 바르베의 사진은 모두 26장이다. 사진집의 수록 순서와 별개로 그가 포착한 대상을 주제별로 정리하면 여섯 개의 영역으로 분류할 수 있다. 자연 속의 산업 건축물 5점(발전소, 아파트, 선박), 산업 건축물 4점(건축물 내부, 교통 센터, 건조 중인 선박), 전통 문화재 4점(경복궁, 광화문, 조계사), 터미널 4점(서울역, 공항 등), 시장 및 음식점 5점(자갈치시장, 포장마차 등), 일상적 삶 4점(해변과 연인, 해녀와 바다, 직장인 등) 등이 그것이다.

그렇다면 이들 작품 속에서 바르베가 포착한 우리 문화의 특성은 무엇일까? 다시 말해 일상화된 현실 속에서 우리에게는 보이지 않거나 평범해서 사람들이 소홀히 보았던 우리 문화의 특성을 그는 어떻게 포착했을까? 이제 기호학적 접근을 통해 한국인들에게는 익숙하지만 그의 시선에 도드라져 보인 한국의 상황과 환기된 진실은 무엇이고 그가 바라본 한국의 정서는 어떻게 그의 작품에 담겨 있는지, 그리고 그가 포착한 대상 속 한국의 문화는 어떤 모습을 지니고 있는지를 「서울, 조계사」를 통해 알아보자.

「서울, 조계사」는 음력 7월 15일 백중(伯仲)날, 죽은 사람의 영혼이

그림 9-8 **바르베의 작품 「서울, 조계사」(2006년)**

극락왕생하기를 바라는 천도재(薦度齋) 의식이 치러지는 서울의 '조계
사'를 배경으로 담고 있다.

「서울, 조계사」를 구성하는 기표(signifier)는 크게 세 가지로 구분된
다. 우선 텍스트 상단에서 중·하단까지 가득 메운 흰색의 등, 다음으로
이 등의 후면에 있는 사찰 건물과 하단의 공간, 그리고 사찰 건물의 댓
돌에 앉아 있는 아주머니 등이다. 첫 번째 기표인 흰색 등은 규칙적으로
배열되었으며, '극락장생'이라는 글자와 각각 다른 이름이 적혀 있는 명
찰이 달려 있다. 두 번째 기표인 사찰 건물은 전통적인 갈색 계열로 기
둥, 네 개의 문, 댓돌 등이 정확하게 대칭을 이루고 있다. 마지막 기표인
50대 후반으로 보이는 아주머니는 전체적으로 붉은색 계통의 개량 한복

(점무늬 치마)을 입고, 또 붉은 양말을 신고 있으며, 책(불경)을 얼굴에 가까이 대고 열심히 읽고 있다. 또한 이 여인은 대칭적인 구도의 사진에서 약간 오른쪽에 배치되어 있다(시선과 발의 방향도 오른쪽이다).

텍스트를 구성하는 중심적 기표들에서 공시(connotation) 차원의 기의(sginified)를 읽기 위해 세 개의 기표를 차례로 알아보자. 첫 번째 기표인 하얀 등의 극락장생이라는 글씨와 등 밑에 달린 각기 다른 이름의 명찰은 이 사진의 시간적 배경과 상황이 죽은 사람의 넋을 기리는 천도재가 진행되고 있다는 것을 알려준다. 또 등이 푸른 계열의 색을 보이고 있어 시간적 배경이 이른 아침이라는 것을 알려준다. 그리고 하나가 아닌 수많은 등이 규칙적으로 정렬되어 있는 것을 통해 천도재 행사가 열리는 이 사찰은 찾는 신도들이 많은 영향력 있는 곳, 즉 조계사라는 것과 하얀 등 숫자만큼의 사람들이 사후세계로 갔다는 것을 알 수 있다. 그리고 명찰의 이름이 각각 다른 것을 통해 죽은 자들이 각각 다른 삶을 살았다는 것을 추론할 수 있다. 결과적으로 하얀색 등, 극락장생이라는 글자, 이름표, 이 등들의 규칙적 배열 등의 기표들은 천도재라는 종교적 행사의 기의를 보여주는 요소들이다.

두 번째 기표인 사찰 건물, 즉 조계사에서는 이 건축물이 정확하게 대칭을 이루고 있다는 점에서 이 절이 매우 강력한 질서를 가지고 있다는 것을, 건축물의 소재가 오래되고 기품 있어 보인다는 점에서 유구한 전통을 가지고 있다는 것을 알려준다. 우리는 사찰건축물, 대칭 구조, 나무 재질, 건물 앞 댓돌 및 마당 등의 기표를 통해 종교적 공간이라는 공시 차원의 기의를 읽을 수 있다.

마지막으로 우리가 주목해야 할 기표는 엄숙하고 경건한 천도재가 봉행되는 사찰에서 그 종교적 행사와 어울리지 않게 붉은 색 계통의 물방울무늬(일명 땡땡이) 치마와 개량 한복 상의를 착용한 여신도의 존재가 주는 공시적 가치이다. 천도재 의식이 봉행되는 전통 사찰에서 빨간색 버선과 땡땡이 치마를 착용한 여인이 신발을 벗고 다리를 꼰 자세로 불경을 읽는 모습에서 우리는 엄숙함보다는 생경함, 더 나아가 자유분방함이라는 기의를 찾을 수 있다.

한편 「서울, 조계사」에는 텍스트의 표층에서 읽히는 외시(denotaion) 차원의 의미작용과는 별개로, 특별히 우리의 시선을 끄는 특징적인 요소가 존재함을 알 수 있다. 그리고 이런 관점에서 이 사진은 바르베가 포착한 사진을 구성하는 기호들의 숨어 있는 의미를 관람자들에게 제공한다. 텍스트를 이루는 기호 중에서 독자의 시선을 가장 먼저 자극하는 것은 백중 천도재라는 시간적 배경과 이 의식을 상징하는 텍스트 상단의 줄지어 매달린 등의 하얀색, 그리고 텍스트 하단의 불경을 읽고 있는 여인의 자세와 그녀가 입고 있는 옷의 색 등이다. 이들 세 가지 요소가 갖는 의미를 살펴봄으로써 외시 기호 차원을 넘어 공시적으로 존재하는 사진의 기의를 알아보자.

우선 시간적 배경인 백중은 불교에서는 우란분절(盂蘭盆節)이라고 한다. 산스크리트어로 '거꾸로 매달리는 고통'이라는 뜻의 우란분절은 백중 날 승려들을 접대하고 공양하고, 그 공덕을 통해 조상의 혼령이 고통스러운 사후세계로부터 구제되기를 바라는 불교 행사이다. 그리고 죽은 사람의 영혼을 위해 절에서 '재(齋)'를 올리는데, 그 의식이 바로 천도재인 것이다. 그런데 일반 절기로서의 백중, 다른 말로 백종이라고도 하는 이 날은 농사와도 관련이 있다. 음력 7월 15일 즈음해서 여러 가지 과일과 채소, 곡식들이 나오기 시작하기 때문에 갖가지 많은 종류를 뜻하는 백종(百種)이라는 표현을 쓰는 것이다.

결국 바르베의 이 사진에서 우리는 죽은 조상들을 기리는 의식과 동시에 백중 절기가 지닌 물질적 풍성함의 의미를 읽을 수 있다. 즉, 천도재를 통해 조상들의 죽음을 애도하는 동안에도 살아있는 사람을 위한 자연의 성숙, 번영 등은 계속 이뤄나가야 한다는 것이다. 결과적으로 이 사진의 시간적 배경과 그에 따른 종교의식은 우리에게 천도재로 상징되는 죽음과 백중(또는 백종)으로 비유되는 삶이라는 두 가지 특성을 동시에 보여준다.

다음으로 천도재를 상징하는 극락장생등의 색에 대해 알아보자. 일반적으로 하얀색은 순수함과 순결함을 상징하며, 현실 세계보다는 초월 세계를 상징한다. 서양에서는 일반적으로 신성한 색으로 인지하는 흰색은 동양에서는 죽음을 애도하는 의미로 사용된다. 또한 순결과 순수의 상징이라는 이유로 물질적이고 현실적인 면을 의미하기에는 부적절한 상징으로 읽히기도 한다. 이렇게 볼 때 천도재에 사용되는 하얀색 등에서 죽음이라는 공시 기의를 찾는 것은 어렵지 않다.

마지막으로 텍스트의 하단에 위치하는 여인을 살펴보자. 이 여인은 경건하고 엄숙한 의식이 진행 중임에도 타인의 시선을 의식하지 않은 채 신발을 벗고 두 발을 쭉 펴서 꼰 자세로 편안히 앉아 불경을 탐독하고 있다. 더욱이 그녀가 입고 있는 의복, 특히 물방울무늬(일명 땡땡이)의 치마는 빨간색이다. 태양을 표상하는 붉은색은 남성적인 에너지와 육체적인 건강함을 상징한다. 또한 우리 몸속에 24시간 흐르고 있는 피와 불을 연상시키는 강력한 행동의 색이기도 하다. 결과적으로 엄숙하고 숭고한 분위기, 그리고 죽은 이들을 애도하는, 그래서 생명력이 거세된 채 죽음을 상징하는 천도재의 극락장생등과 비교되는 이 여신도의 존재는 이 공간에서 삶의 존재 당위성을 보여주는 가치를 갖는다.

「서울, 조계사」라는 사진을 통해 바르베가 포착했던 한국의 문화적 특성은 이 텍스트를 구성하는 세 가지 요소, 즉 백중날 천도재라는 시간적 배경, 극락장생등과 하얀색, 여신도의 방만한 자세와 의복의 색 등에서 독자가 찾아 읽을 수 있는 공시적 가치에 있다. 다시 말해, 천도재 의식이 봉행되는 엄숙한 공간, 죽은 자를 위한 제례를 주관하는 사찰에서 자유롭고 헝클어진 복장과 자세로 자신만의 시간 속에 몰입한 신도의 존재가 조화를 이루고 있는 이 텍스트에서 우리는 삶과 죽음이 교묘하게 중첩되어 있음을 알 수 있다. 죽은 자를 애도하는 의식인 천도재에 사용되고 죽음을 상징하는 하얀색 등, 정렬된 등의 모습과 대칭적인 사찰 건축의 구조에서 읽을 수 있는 딱딱하고 정적인 이미지, 살아있는 존재인 여신도와 그녀의 붉은 계통의 의상, 천도재가 열리는 백중의 또 다른 해석인 백종, 즉 수많은 오곡백과에서 찾을 수 있는 생명력 등은 이 사진이 갖는 삶과 죽음의 공시적 가치를 확인해 준다.

지금까지 다양한 차원으로 분석한 「서울, 조계사」에 적용된 기호학 개념을 간략하게 정리하면 〈표 9-1〉과 같다.

3) 「서울, 조계사」에 담긴 한국의 문화적 속성

'매그넘 코리아'에 출품한 바르베의 사진 중에서 전통문화재를 향한 그의 시선은 경복궁 수문장 교대 의식이나 광화문 복원과 같이 유구한 역사성에 던져진다. 궁궐을 지키던 수문군들의 복식, 무기, 의장(儀仗) 등은 물론 교대 의식을 그대로 복원해서 재현하는 모습을 담은 사진은 조선 왕조의 역사와 맥을 같이하는 것이다. 또한 임진왜란, 일제 강점기, 한국전쟁 등으로 소실과 해체되어 철근 콘크리트 건물로 퇴락된 광

표 9-1 「서울, 조계사」에 적용된 기호학 개념

	외시 기표(도상)	외시 기의(지표)	의미작용
①	하얀색 등 극락장생 문자 이름표 이들 등의 규칙적 배열	천도재	죽음과 삶이 중첩되는 공간
	공시 기의(상징)	죽음을 애도하는 초월적 행사	
②	사찰건축물 대칭 구조 나무 재질 건물 앞 댓돌 및 마당	종교적 공간	
	공시 기의(상징)	삶과 죽음이 공존하는 공간	
③	여신도의 의복 (빨간색 버선과 치마, 물방울무늬) 다리를 꼰 자세 신발을 벗은 행태 불경 읽는 모습	자유로운 생활 방식	
	공시 기의(상징)	생명과 자유로움	

화문을 고종 2년(1865년) 중건 당시의 위치와 모양을 갖춘 목조구조물로 복원하는 현장을 담은 사진 역시 역사와 전통을 향한 포착이라 할 것이다. 이와 비교해 「서울, 조계사」에서는 종교적 경건함이나 죽음이 담고 있는 무거움과 대립되는 해학과 가벼움을 포착한 바르베의 기민함을 엿볼 수 있다. 텍스트 전체를 가득 메운 극락장생등 아래의 댓돌에 앉아 불경을 읽고 있는 여신도의 벗은 발과 빨간색 양말은 천도재 기간이라는 시간적 배경을 생각하면 그 엄숙함과 어긋난다.

그런데 표면에서 보는 이러한 해학과 일탈 속에서 우리는 바르베가 바라본 한국의 문화적 특성을 읽을 수 있다. 바르베의 사진 속 푼크툼(punctum, 바르트가 제시한 사진 미학 개념으로 사진의 세부적인 구성요소 등을 통해 감상자의 뇌리로 불현듯 찾아오는 정서적 울림, 강렬한 자극, 격렬한 변화, 하나의 섬광 등을 뜻한다)의 세계는 이들 대립 구도의 틈을 기민하게 파고든다. 극락장생등으로 상징되는 죽음의 세계가 현생을 넘어선 초월 세계라면, 이 초월 세계의 경건함을 해학으로 상쇄하는 여신도의 현실 세계, 즉 인간들이 활동하는 삶의 공간이 있다. 사실 여신도가 착용한 의상은 백색과 적색, 죽음과 삶의 대비 속에서 이 양 측면을 공유하는 중간적인 매개체로 기능한다. 또한 정확히 대칭된 건축물의 중심을 경계로 오른쪽으로 치우쳐 앉아 있는 여신도를 포착한 파인더는 그녀의 지나온 삶과 맞이할 죽음의 여정을 보여준다고 해도 과언이 아니다. 사진의 왼쪽 끝을 삶의 시작, 사진의 오른쪽 끝을 삶의 마지막(죽음)이라고 해석한다면, 작가는 일부러 여신도가 사진의 중심에서 오른쪽으로 3분의 1가량 치우쳐 있는 모습을 통해 이 여인이 이미 많은 시간을 살아왔고 남은 삶의 시간이 살아온 시간보다 적다는 것을 지적한다. 이처럼 수많은 하얀 등, 즉 죽은 이들의 모습 아래에 위치한 여인을 통해 죽음이란 탄생과 같이 자연스러운 삶의 일부임을 함께 이야기하고 있다.

따라서 이 사진은 죽은 자들과 살아있는 사람의 대비를 통해, 텍스트를 읽는 사람들에게 삶에 대한 욕망과 죽음이란 결국 삶의 일부라는 것을 알려주는 것은 아닐까? 사찰과 천도재, 극락장생등으로 환유되는 초월적 세계는 빨간 땡땡이 치마에 신발을 벗은 여신도의 조금은 방만한 자세가 은유하는 삶이라는 욕망으로, 그리고 죽음은 곧 삶의 일부라는 윤회 개념으로 현실 세계라는 세속의 인연에 묶여 있다. 바르베는 이러한 삶과 죽음의 대비, 그리고 이 둘을 연결해 주는 중간 매개체를 통해 한국의 전통문화재와 긴밀하게 연계된 한국적 문화에 대한 깊은 통찰과 메시지를 보여준다.

4. 이미지 읽기, 문화를 넘어 문화콘텐츠로

하나의 사진을 연속적이며 총체적인 텍스트로 바라보는 관점은 각자에 따라 다양할 것이다. 사진을 과학적 산물로 볼 수도 있고 예술작품으로 볼 수도 있으며, 감각적 대상으로 접근할 수도 있고 인문학적 대상으로 접근할 수도 있다. 또는 정치적 현상으로 바라볼 수도 있고 철학적 사색으로 바라볼 수도 있다. 「서울, 조계사」의 사례를 통해 우리는 사진에 대한 관심의 폭이 작품에 대한 단순한 감상과 이해에만 머물 수 없다는 것을 확인했다. 예술의 특정한 장르에 대한 세인의 관심이 상식의 차원이 아니라 마니아적인 지식과 깊이 있는 성찰을 요구하는 오늘날, 우리는 사진에 대한 기호학적 분석의 결과가 결코 소수의 학자들에게만 열려 있는 전유물이 아님을 알아야 한다. 이와 함께 기호학에 근거한 치밀한 분석 역시 우리가 대상으로 한 사진에만 유효한 것이 아님을 인식해야 한다.

2차원의 평면에 시각적 단위(선, 점, 명암, 등)로 이루어진 총체적인 시각기호인 사진을 접했을 때 기호학자들이 마주하는 최초의 문제는 이 현상에서 어떻게 '내적 구조'를 찾아낼 것인가 하는 문제였다. 1960년대에 바르트가 제시한 "연속적인 표현이 단순한 상징의 덩어리가 아니라 진정한 기호체계를 생산할 수 있는지, 이산적이지 않은 연속적인 '코드'를 받아들일 수 있는지"에 대한 의문과, 1990년대의 그룹 뮈(Groupe μ)가 언급한 "시각 현상은 연속적이고 비균질적인 성질을 가지는 것과 비교해, 기호학은 이산적이고 균질적이어서 양화될 수 있는 대상이 아니면 좀처럼 적용되지 못한다"라는 고백은 이 문제의 핵심을 정확하게 지적하고 있다.

더욱이 오늘날의 사진과 사진이 지시하는 대상은 자연의 대상을 있는 그대로 포착하는 관점에서 점차 인위적인 작업이 가미되는 경향이 강조되기에 그렇다. 실제로 사진은 우리의 시지각(visual perception)에 굴절되어 나타난다. 다시 말해 다양한 사진 기법에 따른 도상적 특성의 왜곡, 즉 현실 지시대상이 갖는 3차원의 특성 상실, 뷰파인더로 인한 대상의 공간적 제한, 천연색의 상실(흑백사진)이나 변질, 사진 표면의 입자(粒子)적 속성, 그리고 비시각적 자극의 상실 등으로 인해 사진과 실재의 일치라는 본질은 축소되기 때문이다. 이처럼 현실을 재현하는 사진에서 지시대상에 대한 도상성이 줄어들수록 사진은 연출, 속임수 등을 통해 현실을 기만하거나 '존재하지 않는 것'에 대한 영상도 만들어낼 수 있다. 우리가 주변에서 발견하는 많은 사진이 이러한 과정을 통해서 현실과 다른 모습으로 전해지는 것이 사실이다.

　현대 사회는 다중매체가 수많은 이미지의 과잉을 만들어내고 이들 이미지가 미디어와 접합되어 인터넷을 통해 전달되는 디지털 정보화의 시대이다. 의미를 전달하기 위해 미디어가 디지털화되는 이러한 시대에는 텍스트들이 다양화될 수밖에 없다. 따라서 지금까지 우리가 분석 대상으로 삼은 사진을 뛰어넘는 새로운, 아니 변형된 이미지, 예를 들어 영상광고, 뮤직비디오, 3D 영화는 물론, 미디어 파사드(Media facade), 홀로그램, 딥페이크(deepfake) 등도 사진기호학의 또 다른 분석 대상이라 하겠다. 따라서 사진이라는 한정된 틀을 뛰어넘어 새로운 이미지 기호를 향해 우리의 관심과 연구의 영역을 넓힐 필요성이 그 어느 때보다 절실하다.

참고문헌

김기국. 2010. 「사진을 통한 한국문화 읽기」. 한국언어문화학회. ≪한국언어문화≫ 42집, 31~58쪽.

런던, 바바라(Barbara London). 1999. 『사진학 강의』. 김승곤 옮김. 타임스페이스.

르마니(Jean-Claude Lemagny)·루이예(André Rouillé). 1977. 『세계 사진사』. 정진국 옮김. 까치.

매그넘. 2008. 『MAGNUM KOREA(매그넘이 본 한국)』. 한겨레출판.

육명심. 1987. 『세계사진가론』. 열화당.

매그넘 포토스. https://www.magnumphotos.com/

Barthes, Roland. 1964. "Rhétorique de l'image." *Communications,* no.4, p.40.

_____. 1980. *La chambre claire, Note sur la photographie.* Gallimard/Seuil.

Dubois, Philippe. 1983. *L'acte photographique.* Nathan.

Groupe μ. 1992. *Traité du signe visuel-pour une rhétorique de l'image.* Seuil, p.41.

1. 〈그림 1〉 한영수의 사진 「서울, 만리동」(1956)을 구성하는 기호들을 찾아 (외시) 기표와 (공시) 기의로 정리해 보라.
2. 「서울, 만리동」에서 읽을 수 있는 한국의 문화적 특성은 무엇인가?
3. 〈그림 2〉는 『매그넘 코리아』에 수록된 바르베의 「서울, 경복궁」(2007)이다. 사진을 구성하는 인상적인 기호들을 찾아보라.

그림 1. **「서울, 만리동」**(한영수, 1956년)

그림 2. **「서울, 경복궁」**(브뤼노 바르베, 2007년)

>>> **연습문제 해설 1과 2**

「서울, 만리동」에는 다양한 기호가 존재한다. 간략하게 찾아보면, ① 인물로는 목발의 중년 남성과 초등생인 두 소녀, 원경에 존재하는 남성이 있고, ② 배경에는 판잣집, 판 잣집 외벽에 널린 빨래, 무너진 돌계단, 그리고 헌책방 등이 있다. 제시한 기호들에 대한 기표와 기의, 문화적 특성을 정리하면 다음과 같다.

외시 기표	외시 기의	공시 기의	문화적 특성
- 목발 남성	- 몸이 불편함	- 한국전쟁 부상	- 남북 분단
- 원경 남성	- 하는 일이 없음	- 실직/무직 상태	- 1950년대 한국의 경제 상황
- 판잣집 - 외벽 빨래 - 무너진 돌계단 - 헌책방	- 튼튼하지 못함 - 햇빛에 말림 - 고치지 않음 - 중고 책 판매	- 가난한 삶	- 1950년대 한국 사회의 생활상
- 두 소녀 - 헌책방	- 책을 향한 관심	- 교육열	- 부모 세대의 교육열

››› 연습문제 해설 3

〈그림 2〉는 2009년 복원을 위해 철거되는 광화문의 가림막 상징조형물을 중심 배경으로 윗부분의 파란 하늘, 흰 구름과 신호등, 아랫부분의 이동 중인 차량과 도로 등으로 구성된다. 텍스트를 구성하는 기호 중에서 우리가 주목해야 할 것은 다음과 같다.

① 가림막 상징조형물은 설치 미술가 양주혜 씨의 작품 「과거 - 현재 - 미래의 광화문을 하나로」이다.

② 가림막은 동양화가 혜촌 김학수의 8폭 채색 병풍 「북궐도(北闕圖)」(1975)를 바탕으로 색색의 바코드를 컴퓨터 그래픽 작업으로 형상화했다.

③ 「북궐도」는 광화문과 경복궁의 과거 모습이고, 화면 중앙의 검정색 광화문은 식민지 시대 일제에 의해 옮겨진 광화문의 현재 모습이며, 그리고 채색 바코드의 흰색 부분은 원래 자리로 옮겨질 미래의 광화문 모습이다.

④ 바코드 안의 숫자, 1395, 1867, 1968, 2009는 각각 광화문 창건 연도, 임진왜란으로 소실된 광화문 중건 연도, 군사독재 시절 철근 콘크리트로 경복궁의 본래 축이 아닌 조선총독부 건물의 축에 맞춰진 재건축 연도, 경복궁 복원사업의 하나로 광화문 복원이 완료된 연도를 차례대로 나타낸다.

⑤ 왼쪽에서 오른쪽으로 과거 - 현재 - 미래로 향하는 가림막 상징조형물의 구조와 차량의 이동 방향은 상반된다.

지금까지 제시한 기호들의 의미가 무엇이며 각각의 기호가 어떻게 구조를 이루는지를 이 책을 통독한 이후 숙고해 보자.

第10장

디자인 아이디어와 기호학*
기호학적 접근을 통한 커뮤니케이션 디자인에서의 재미 생산

박영원

1. 서론

재미는 인간의 삶 자체를 풍요롭게 하고, 재미의 원리는 생활에 활력
을 제공한다. 그런데 근대 산업화 사회에서는 재미있는 삶을 추구한다
고 하면 최선을 다하지 않고 여가나 휴식만을 추구한다고 생각하는 다
소 부정적인 선입관도 없지 않았다. 하지만 미디어와 첨단산업의 시대
이자 창의성이 비즈니스의 성패를 가름하는 현대 사회의 맥락에서는
'재미'를 추구하는 것이나 방법론으로서 '재미'를 연구하는 것이 큰 의미
가 있다. 또한 디지털 미디어를 비롯한 사회문화적 환경이 급변하고 있
고, 높은 경제성장을 성취하고서도 행복지수가 매우 낮은 우리의 삶을

* 이 글은 ≪기호학 연구≫ 제41집(2014: 32~55)에 게재한 「퍼스 기호 유형을 활용한 디자인 아이디어」를 발췌·정리한 것이다.

제10장 디자인 아이디어와 기호학　267

배경으로 재미의 본질에 대해 깊이 성찰해 볼 필요가 있다.

재미는 영어로는 'fun'이지만 우리나라 말 '재미'는 이보다 더 복합적인 의미를 갖고 있다. '재미'라는 말에는 흥미, 이익, 익숙함 등의 의미도 내포되어 있다. 이러한 재미의 다양한 의미는 재미를 생산하는 분야에서 아이디어의 근간이 된다. 문화콘텐츠와 광고를 비롯한 시각 커뮤니케이션 디자인에서는 재미 창출에 관한 방법론적 연구가 많지 않다. 따라서 기호학적 접근을 통해 재미가 생산되는 논리를 연구하는 것은 디자인 프로세스 전반에 창의성의 동기를 부여할 것이다.

2. 재미에 관하여

1) 재미의 가치

재미의 가치가 우리의 삶에서 매우 중요한 요소로 여겨지기 시작한 배경으로는 경제적 변화, 사회문화적 변화, 미디어를 비롯한 기술과 산업구조의 변화 등을 들 수 있다. 가치관과 의식의 전환을 비롯한 시대적 변화에 따른 것이다.

현대 사회에서는 거의 모든 영역에서 창의성이 매우 중요한 비중을 차지하게 되었고, 이성보다는 감성이 지배하는 비중이 커지면서 전체 또는 일부에 작용하는 '재미' 요소는 성공의 중요한 요소가 되었다. 일과 재미가 융합되면서 재미는 목적개념이면서 동시에 수단개념이 되었다. 특히 IT를 비롯한 디지털 기술의 급속한 발전으로 다양한 커뮤니케이션이 가능해졌고, 모바일, 게임, 애니메이션 등 이른바 문화콘텐츠 산업의 활성화로 '재미'는 현대산업이나 일상에서 핵심적인 가치가 되었다. 이런 변화 속에 '재미'는 디자인 영역에 있어서 콘셉트 설정에서부터 아이디에이션, 그리고 실제 제작에 이르기까지 비중 있게 고려해야 할 요소가 되었다.

재미의 동기는 잉여에너지설, 휴식설, 유희충동설, 최적각성설, 기분전환설로 나누어 설명할 수 있다(김선진, 2013). 잉여에너지설은 일한 후에도 남는 에너지가 재미를 필요로 한다는 것이다. 휴식설은 소모한 에너지를 재충전하기 위해 재미를 추구한다는 것이고, 유희충동설은 인간의 장난기와 같이 인간은 본능적으로 재미를 추구한다는 것이다.

'재미란 유희충동에 의해서 놀이를 함으로써 얻을 수 있는 긍정적인 심리 에너지'라고 정의할 수 있는데(김학진 외, 2009), 예술가나 디자이너들의 작업의 원천적인 에너지도 결국 유희충동에 기인한다는 견해가 많다. 최적각성설은 인간이 적절한 수준의 자극과 각성을 원하기 때문에 각성의 불균형을 해소하고 균형을 유지하기 위해 재미를 수단으로 활용한다는 설명이다. 기분전환설은 일반적인 부정적 정서를 긍정적으로 전환하기 위해 재미를 추구한다는 견해이다. 이러한 재미추구의 배경이나 동기에 관한 견해는 디자인적 사고나 과정에 관한 논리와 매우 부합한다.

2) 재미 유발 요인

재미와 관련해서 다양한 유형의 자극이 어떤 과정을 통해 어떤 반응으로 나타나는지는 재미의 외적·내적 구성요소들의 관계와 발현 조건을 통해 알 수 있다. 재미의 외적 구성요소별 필요 요건은 〈표 10-1〉과

표 10-1　**재미의 외적 구성요소별 필요 요건**

외적 구성요소	필요 요건
재미 주체	현실·가상 구분 능력, 사전지식(맥락), 자기 통제력
재미 객체	새로움과 변화
매개물	연결성, 상호작용성, 가상성
환경	통제·억압이 없는 자유로운 분위기

자료: 김선진(2013: 142).

표 10-2　**관점별 재미 요소**

차원	재미 요소
개별적 차원	자기 결정감, 자기 유능감, 감각적 생생함, 고독감
관계적 차원	자기표현감, 대인교류감, 공감
공통적 차원	신체적 역동감, 모험감, 일탈감, 대자연감, 새로운 경험

자료: 김선진(2013: 138).

같다. 재미의 주체와 객체에 따라 재미의 필요 요건이 다르고, 매개물이
나 환경에 따라서도 필요 요건이 달라진다.

또한 재미를 효과적으로 창출하기 위해서는 개별적 차원, 관계적 차
원, 그리고 공통적 차원에서 재미 요소가 다르게 작용해야 한다는 것을
인지할 필요가 있다(〈표 10-2〉 참조).

재미를 느끼는 처리과정, 즉 재미를 느끼는 차원은 감각적 차원, 인지
적 차원, 정서적 차원으로 나눌 수 있다. 감각적 재미는 오감을 통해 느
끼는 감각적인 차원의 재미이고, 인지적 재미는 새로운 사실 등에 의해
사고를 자극하는 재미를 의미하며, 정서적 재미는 비현실적이고 비논리
적인 현상에 따라 감정 변화가 초래하는 재미를 의미한다(김선진, 2013).

목적에 따라 재미 유발 요인을 살펴볼 수도 있는데, 사람들은 일반적
으로 유능감을 지각할 때, 스릴을 느낄 때, 그리고 새롭고 신기한 것을
경험할 때 재미를 느끼는 경향이 있다. 또한 일상에서 생활의 경험을 통

해 추론해 보자면, 스트레스 해소, 유머 또는 우스움, 감동이나 감각적인 쾌락(아름다움, 성적 자극), 어울림 등이 재미를 유발시키는 중요한 요소이다(김선진, 2013).

3. 퍼스 기호학과 디자인 아이디어

찰스 샌더스 퍼스(Charles Sanders Peirce)는 "기호(표상체)는 어떤 측면 또는 능력을 누군가에게 나타내는 어떤 것이다(A sign is something which stands to somebody for some respect or capacity)"(Peirce, 1932: 228)라고 정의했다. 기호를 논의하는 데서 퍼스가 수용자를 개입시킨 것을 어렵지 않게 알 수 있는데, 수용자를 염두에 둔 인식론적 함의는 매우 디자인적이라고 할 수 있다. 퍼스 기호학은 실용주의적 이론으로, 디자인 생산 방법론으로서의 무한한 가능성을 발견할 수 있다.

1) 디자인 생산논리로서의 퍼스 기호학의 가능성

첫째, 소쉬르 기호학에서는 대상인 이미지를 기표와 기의로 나누어 그 이미지가 의미하는 바를 분석한다면, 퍼스 기호학에서 대상(대상체)은 현실에 존재하는 실체(object)를 말한다(송효섭, 2013). 그러므로 디자인 영역에서 디자인 대상을 직접 분석해 보는 것과 같다.

둘째, 퍼스는 수신자의 존재를 지정했는데, 이는 전달되는 기호를 더욱 현실적이도록 하고 있다.

셋째, 퍼스 기호학에서는 수신자(수용자) 관점을 중요시한다. 디자인은 순수예술과 다르게 절대적 관점의 창작이 아니고, 수용자(디자인 소비자)에게 작동하는 실체가 중요한 창작행위이다. 그러므로 객관적인 기준도 중요하지만 수용자가 정서적으로 교감하고 감동할 수 있는 조건도 매우 중요하다.

넷째, '기호의 생산'이라는 말은 매우 퍼스 기호학적인데, 기호 수신자가 마음으로 의미를 생성해 내는 과정으로서 이른바 '해석소(interpretant)'라고 한다. 즉, 기호작용의 중심에 이러한 해석 작용이 있는 것이다. 이러한 해석 작용의 이해는 디자인 프로세스의 핵심이라고 할 수 있다. 즉, 연역법, 귀납법의 추론방식과는 다른 가추적 추론(abductive reasoning)이 가능해진다. 이러한 퍼스의 가추법(abduction)은 디자인 방법론에 창의성을 부여하는 동기가 될 수 있다.

다섯째, 퍼스 기호학적 관점은 기호를 최종적 분석의 결론으로 보기보다는 역동적 해석의 대상으로 본다(송효섭, 2013). 즉, 기호 자체가 그 기호 이미지 그대로 존재하는 것이 아니라, 기호를 둘러싸고 있는 주변이나 세상, 즉 기호가 놓이는 맥락에 따라 변한다고 보는 것이다. 퍼스 기호학은 기호작용의 차이를 중요시하는 콘텍스트의 기호학이라고 할 수 있다.

여섯째, 무엇보다도 퍼스 기호학을 디자인 생산 논리로 활용할 수 있는 이유는 디자인 생산이 퍼스 기호학의 3항적 범주에 기인하기 때문이다. 콘셉트 설정, 아이디어의 전개, 실제 제작에 이르는 디자인 프로세스에서도 그 논리를 응용할 수 있다.

그리고 일곱째, 퍼스의 기호 유형 중 실제적인 재현 기호인 도상, 지표, 상징은 가시적인 기호 생산 논리가 된다.

소쉬르 기호학은 구조주의적 시각으로 텍스트를 읽어내고 문화현상의 분석과 담론을 가능하게 한다면, 퍼스 기호학의 매력은 3항적 범주를 두어 창의적인 기호생산의 과정을 이야기할 수 있는 구조를 제공한다는 점이다. 이는 디자인 영역에서 디자인 수용자를 중심으로 디자인 결과물을 현실적인 기호로 생산한다는 측면과 상통할 수 있다. 디자이너 관점에서 퍼스 기호학이 가진 매력은 최종적 해석의 결론보다 역동적으로 진전되는 기호작용의 가능성을 중요시하는 시각이다. 퍼스 기호학은 디자인이라는 대상체를 수용자 관점에서 효과적으로 생산하고 실용적으로 분석할 수 있는 논리를 경제적·사회적·문화적 맥락에서 제공한다.

2) 기호의 3원론적 관계

퍼스 기호학에서 가능한 기호 연구의 일관된 체계를 〈표 10-3〉처럼 세 가지로 구분해서 정리한 내용은 디자인 방법론으로 이른바 '기호학적 접근'을 이해하는 데 도움이 된다. 이 중 기호의 형식적 조건 네 가지는 〈표 10-4〉와 같이 표상적 조건, 재현적 조건, 해석적 조건, 그리고 기호의 3원적 관계의 조건이다(리스카, 2019).

기호의 3원적 관계의 조건은 역동적인 의미생산을 가능하게 한다. 특히 퍼스 기호학은 언어기호 외의 모든 기호 양식에 유용하게 적용할 수 있다. 퍼스의 기호학에서는 기호의 특징을 '지시관계(stands for relation)'(Sless, 1986)로 설명하는데, 기호를 구성하는 요소에는 ① 기호체(표상체, representamen), ② 기호체가 대신하는 대상(대상체, object), ③ 기호체와 대상체가 합쳐져 의미를 생성하는 해석체(해석소, interpretant)가 있다. 이 세 가지 항목이 서로 연계하면서 3원적 관계를 가진다.

표 10-3 **퍼스 기호학의 기호 연구에 관한 분류**

	특징
I	기호가 기호로 되기 위한 형식적 조건에 대한 연구
II	기호가 재현하는 대상과의 관계가 진리로 재현되기 위한 기호의 형식에 대한 연구
III	기호를 사용하고 소통하기 위한 공동체가 사용하는 기호의 형식에 관한 연구

표 10-4 **기호 연구에 관한 분류 중 형식적 조건에 관한 분류**

	특징
표상적 조건	기호가 기호의 근거를 통해 작동하는 것: 성질, 개별, 법칙기호
재현적 조건	기호가 기호의 대상을 통해 작동하는 것: 도상, 지표, 상징
해석적 조건	기호가 해석체의 활동을 통해 작동하는 것: 단어, 명제, 논증
기호의 3원적 관계의 조건	기호작용(Semiosis)을 가능하게 하는 조건

디자이너에게 효율적인 방법론을 제공하는 것은 기호체를 물리적 대상체와의 관계에 따라 ① 도상(icon), ② 지표(index), ③ 상징(symbol)으로 구분한 것이라고 할 수 있다. 이러한 재현적 조건을 근거로 해석적 조건을 담론할 수 있다. 도상, 지표, 상징의 구분은 실제로 디자인 생산과 분석에서 역동적인 변화를 설명할 수 있다는 점에서 매력적이다.

3) 디자인에서의 기호 유형 및 도상성, 지표성, 상징성의 경로 이동

기호 유형을 도상, 지표, 상징으로 구분하지만 이 구분 영역(category)은 상호 배타적(exclusive)이지 않다. 즉, 사용하는 맥락에 따라서 기호 유형이 바뀔 수 있다. 예를 들어, 제과점 밖에 걸려 있는 프레첼(pretzel) 표시를 보면, 일단 프레첼은 제과점의 생산품으로서, 도상이다. 동시에 이 프레첼 표시는 제과점으로서 주의를 끄는 기능을 가지기 때문에 지

그림 10-1 **도상성, 지표성, 상징성의 경로 이동**

표 10-5 **기호 유형에 따른 대상과의 연결 특징**

기호 유형	대상과의 연결	특징
도상(icon)	유사성(similarity)	도상은 대상과 유사성이 있음
지표(index)	물리성(physicality)	지표는 대상과 물리적으로 연결됨
상징(symbol)	자의성(arbitrariness)	상징은 대상과의 관계가 자의적임

표이기도 하다. 또한 이 프레첼 표시는 제과점의 아주 관습적인 재래식 (conventional) 표시로서 제과점의 상징으로 보일 수도 있다(〈그림 10-1〉 참조). 그러므로 이 경우처럼 모든 시각적 이미지는 맥락에 따라 '도상' 일 수도 있고, '지표'일 수도 있고, '상징'일 수도 있다(〈표 10-5〉 참조).

은행이나 보험회사의 트레이드마크로 우산을 채택했다면, 그 회사의 업무 성질이 '보호'라는 개념을 내포할 수 있다. 물리적인 디자인 결과는 우산 그 자체를 닮은 형상을 하고 있기 때문에 도상으로 구분한다. 하지 만 이 우산을 비와의 인과관계를 생각하게 해서 지표성의 경로로 이동 하면서 디자인 아이디어가 된다. 그리고 미디어에 지속적으로 노출시 킴으로써 회사의 철학이나 경영이념 등 상징성을 부여할 수 있다(박영 원, 2014).

4. 찰스 모리스 3분법과 디자인 프로세스

찰스 모리스(Charles W. Morris)의 기호학의 3분법은 디자인 결과물에 체계적으로 접근할 수 있는 논리를 제공한다. 이 3분법은 시각문화콘텐츠의 사회문화적 가치와 효용성, 효과적인 의미작용을 위한 아이디어를 분석할 수 있는, 그리고 제작을 통한 디자인적 완성도를 재미 요소와 함께 분석할 수 있는 기본적인 기준을 제시한다.

커뮤니케이션 디자인을 통해서 창출되는 재미를 분석하기 위해서는 〈표 10-7〉에서와 같이 목표 가치와 수단적 가치로 나누어 콘셉트의 설정, 아이디어의 전개, 실천적 제작활동으로 이어지는 과정이 중요하다. 이때 기호학적 3분법을 응용한 생산과 분석 매트릭스는 유용하다(박영원, 2014).

5. 시각적 재미 창출을 위한 은유와 환유

1) 시각적 이미지에서의 은유와 환유

이미지는 형체를 갖지 않는 것에 형상을 부여하기도 하고, 이미지가 부재하는 것을 현재하는 것처럼 보이게 하기도 한다. 이미지는 허구이기도 하고, 실재를 설명하기도 한다. 또한 이미지는 어떤 사물이나 사실을 재현하기도 한다. 이때에는 시각적 경로가 중요하다.

시각은 인간이 세상에 대한 정보를 얻는 오감 중에서 가장 중요한 감각이다. 인간은 시각을 통해 이미지 정보를 받아들이고, 그 정보를 재구

표 10-6 **디자인 생산과 분석을 위한 기호학의 3분법**

종류	특징
화용론	기호의 사용이나 기호의 효과를 다루는 부분
의미론	하나의 기호가 어떤 대상이나 상황에 적용될 수 있는 조건을 정하는 의미규칙을 규정
통사론	기호와 기호의 관계를 규정하는 통사규칙을 기술

표 10-7 **재미 생산을 위한 기호학적 프로세스**

가치	종류	단계	고려 요소
목표 가치	화용론적 차원	디자인 콘셉트 설정 단계로, 디자인의 사회문화적 가치 및 효용성 등을 고려함	커뮤니케이션 디자인의 재미에 관한 콘셉트가 제대로 설정되었고, 적절한 미디어를 선택해 수용자로 하여금 의도한 바의 행동을 유발하게 하는가
수단적 가치	의미론적 차원	디자인의 재미를 위한 아이디어 (은유와 환유) 전개 단계	재미 요소와 관련한 디자인 아이디어가 효과적인가
	통사론적 차원	디자인의 실제 제작(시각적 요소의 운용) 단계	시각적인 요소를 포함한 디자인적 요소를 효과적으로 활용해 '재미' 있는 결과물을 제작했는가

성해 이미지를 생산하고, 이렇게 생산된 이미지를 다시 미디어를 통해 소통한다. 시각적으로 받은 정보나 자극이 이미지로 남고, 그 이미지는 다시 그림과 같은 이미지로 복원된다.

특히 시각적 이미지는 이미지 자체가 매체이면서 동시에 메시지가 될 수 있다. 커뮤니케이션 디자인은 목적지향적으로 시각적 이미지를 생산하는 역할을 담당하고 있다(박영원, 2015).

커뮤니케이션 디자이너가 창작한 시각적 이미지는 다양한 미디어를 통해 시각적 재미를 준다. 일상에서 우연히 만날 수 있는 일반적인 재미와는 다른 의도로 제작하는 시각적 재미에는 창작 논리가 필요하다.

디자인을 창작하는 데서의 '기호학적 접근'에서는 로만 야콥슨(Roman Jakobson)이 정리한 '은유'와 '환유'에 관한 이론을 활용할 수 있다. 은유

그림 10-2

은유 사례: 에이즈 방지 캠페인 이미지

그림 10-3

환유 사례: 원더브라 광고 이미지

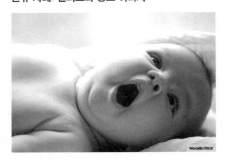

와 환유는 각각 선택과 결합이라는 메시지 형성의 두 가지 법칙으로 표현의 수평축과 수직축을 이루며 모든 표현의 가능성을 포함한다. 은유는 형태나 의미의 유사성과 개념의 공유에 근거한 연상의 법칙으로 커뮤니케이션한다. 한편 환유는 연결의 법칙, 즉 물리적인 인접이나 인과관계로 의미를 형성한다(박영원, 2013). 은유의 사례로는 에이즈 방지 캠페인의 이미지를 들 수 있다(〈그림 10-2〉 참조). 이 이미지에서 권총은 남성 성기의 물리적인 형태와 속성의 유사성을 근거해 선택한 기호이다. 남성의 성기를 권총으로 대치해 위험한 성징을 암시하고 있는 것이다.

환유의 사례로는 브래지어 브랜드 원더브라(Wonderbra)의 광고 이미지를 들 수 있다(〈그림 10-3〉 참조). 이 이미지에서는 어린아이가 깜짝 놀란 표정으로 위쪽을 쳐다보고 있어 왜 놀랐는지, 위쪽에 무엇이 있는지 궁금하게 한다. 그런데 원더브라의 로고를 오른쪽 하단에 배치해 유방 이미지를 떠올리게 함으로써 궁금증을 해소시킨다. 상황을 통합적으로

표 10-8　**모리스 기호학의 3분법에 의한 분석**

	반 고흐 뮤지엄 카페 광고	장난감 레고 광고
화용론적 차원	고흐의 특징을 살린 차별화를 콘셉트로 함	무한한 상상의 세계를 현실로 만드는 레고의 창의성을 콘셉트로 함
의미론적 차원	귀가 잘린 고흐의 자화상과 유사하게 커피 잔 손잡이를 잘라서 고흐를 연상하게 한 은유적 기법	잠망경의 일부를 통해 물리적으로 연결되는 잠수함의 세계를 상상하게 하는 환유적 기법
	손잡이가 잘린 도상성이 고흐를 지시하는 지표성의 통로로 이동하게 하는 은유적인 표현	잠망경의 도상성이 인접하거나 연결되는 다른 기호를 지시하는 지표성 경로가 형성되는 환유적인 표현
통사론적 차원	커피 잔 손잡이를 잘라서 사진기법으로 제작함	레고로 바다와 잠수함의 잠망경 형태를 제작함

연결해서 보면 아기와 엄마, 브래지어와 여성의 유방으로 인접된 상황과 연결되며 이야기가 완성된다. 즉, 이미지나 이야기가 결합의 관계로 의미작용하는 것이다.

2) 모리스 기호학의 3분법과 은유와 환유

은유는 연상작용을 유발한다. 은유는 어떤 기호를 그 기호와 의미나 형태가 유사한 도상으로 대치함으로써 원래의 기호에 새로운 의미를 생성한다. 대치한 익숙한 기호의 특성은 익숙하지 않는 원래의 기호를 보다 효과적으로 이해할 수 있게 한다. 환유는 어떤 것과 연결된 다른 것을 지시하기 위한 지표성을 발현하며, 이런 지시는 한 부분이 나머지 전체를 대표해서 표현하는 역할을 한다.

커뮤니케이션 디자인에서 은유와 환유의 개념은 디자인 아이디어를 개발하는 과정에서 시각적 재미의 논리적인 근거가 될 수 있다. 커뮤니케이션 디자인의 다양한 결과물에서는 은유나 환유적 표현의 시각적 재미를 빈번하게 발견할 수 있다.

6. 로만 야콥슨의 커뮤니케이션 기능 모델을 통한 시각적 재미 생산

다양한 미디어를 통해 시각적 재미를 생산하는 것은 매우 중요하다. 이는 개인에게 즐거움을 주고 광고를 비롯한 커뮤니케이션 디자인에 아이디어를 제공할 뿐만 아니라, 국가나 사회 경제 성장을 위한 문화콘텐츠 개발의 모티브로서도 작용하기 때문이다. 시각적 이미지에서 재미는 일반인에게 즐거움과 행복감을 준다. 디자이너에게 재미 요소는 창의적인 디자인 행위의 기본이 된다. 다양한 미디어를 통해 시각적 재미를 생산하는 과정에서는 야콥슨의 커뮤니케이션 기능 이론을 활용할 수 있다. 야콥슨의 커뮤니케이션 기능 이론은 송신자, 수신자, 맥락, 메시지, 접촉, 코드로 구분한 각각의 커뮤니케이션 요소별로 감정표현적(emotive) 기능, 행동촉구적(conative) 기능, 지시적(referential) 기능, 시적(poetic) 기능, 교감적(phatic) 기능, 상위 언어적(metalingual) 기능이 작동한다는 논리를 기본으로 하고 있기 때문이다. 야콥슨 이론은 각각의 커뮤니케이션 요소를 중심으로 각각의 기능을 보다 역동적이고 입체적으로 설명할 수 있게 한다(박영원, 2015).

1) 야콥슨이 제시한 커뮤니케이션 기능 모델

야콥슨이 제시한 언어학적 커뮤니케이션 모델은 의사소통 행위상의 구성요소(constitutive factors)를 제시하고 이들 각각의 구성요소가 언어의 기능과 연계되어 있음을 밝힌 것이다. 이 모델은 커뮤니케이션 디자인을 비롯한 다양한 디자인에도 적용할 수 있다. 야콥슨은 모든 언어적 커뮤니케이션은 여섯 가지 구성요소, 즉 송신자, 수신자, 메시지, 맥락, 접촉, 코드로 구성된다고 분석했다(박영원, 2013).

(1) 커뮤니케이션 기능 모델의 여섯 가지 구성요소
① 송신자(addresser)는 전달자(sender), 발표자(enunciator)와 같은 의미로, 메시지를 커뮤니케이션하는 주도권을 가진 자이다.
② 수신자(addressee)는 수신자(receiver), 피발표자(enunciatee)와 같은 의미로, 커뮤니케이션의 내용을 받는 자이자 커뮤니케이션의 대상이 되는 자이다.
③ 메시지(message)는 커뮤니케이션의 내용으로, 메시지 없이는 커뮤니케이션 행위가 존재하지 않는다. 메시지는 송신자에게서 수신자로 전달되는 기호로서 커뮤니케이션에서 가장 핵심적인 요소라고 할 수 있다.
④ 맥락(context)은 이런 요소들을 둘러싸고 있는 상황으로, 메시지가 전달될 때 어떤 의미가 이해되고 생성되기 위해서는 지칭하는 어떤 것 (이야기의 대상)이 포함된 맥락이 존재해야 한다. 이것은 메시지가 지칭하는 대상(referent)인데, 이 지칭 대상은 상황이나 맥락 안에서 의미를 가지며, 맥락에 따라서 다른 의미가 유발되기도 한다.
⑤ 접촉(contact)은 송신자와 수신자 사이의 물리적인 의사소통 수단

과 심리적인 연계를 말한다. 커뮤니케이션의 내용이 전달되는 통로(channel)와 매체(medium)의 문제이다. 이것은 양자 간의 커뮤니케이션을 시작하게 하거나 지속하게 한다.

⑥ 코드(code)는 커뮤니케이션의 요소인 메시지의 축조(encoding)와 해독(decoding)에 작용하는 사회적 관습이나 원리의 체제라고 할 수 있다.

(2) 커뮤니케이션 기능 모델의 구성요소별 기능

야콥슨은 여섯 가지의 구성요소에 따라 결정되는 여섯 가지 기능을 다음과 같이 제시한다(Jakobson, 1987; 박정순, 1995: 83에서 재인용).

① 감정표현적(emotive) 기능은 송신자와 메시지의 관계에서 발생하는 것으로, 송신자에 대한 메시지의 관계를 나타낸다. 이 기능은 송신자의 감정, 태도, 지위, 계급을 표현하는 것으로, 표현적·감정적이라고도 할 수 있는데, 이러한 모든 요소는 메시지를 개인적인 차원으로 만드는 결과를 가져온다.

② 행동촉구적(conative) 기능은 메시지와 수신자 간의 관계에서 발생한다. 이 기능의 목적은 수신자로 하여금 어떤 반응을 능동적으로 유발하게 하는 것이다. 광고와 같은 설득적 커뮤니케이션에서 무엇보다 중요한 기능을 한다.

③ 지시적(referential) 기능은 메시지의 맥락에 대한 관계에서 나온다. 이것은 실제 현실을 지칭하고 나타내는 기능으로, 객관적이고 사실적인 커뮤니케이션을 위한 가장 명백하고 상식적인 기능이라고 볼 수 있다. 이 기능은 일상 언어 등의 커뮤니케이션 메시지에서 가장 지배적인 기능이라고 할 수 있다.

④ 시적(poetic) 기능은 메시지에 초점을 맞추고 메시지와 그 메시지

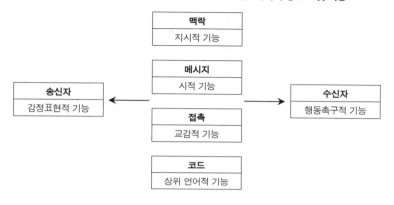

그림 10-4　**야콥슨이 제시한 커뮤니케이션 기능 모델의 여섯 가지 구성요소 및 기능**

의 표현 사이의 관계를 정하는 것으로, 메시지 자체에서 만들어지는 미학적 기능이다.

⑤ 교감적(phatic) 기능은 송신자와 수신자 사이에 존재하는 물리적·심리적 연계를 나타내는 기능이다.

⑥ 상위 언어적(metalingual) 기능은 언어 자체에 대해 말하는 기능으로, 사용 중인 코드에 초점을 맞추어 어휘의 뜻에 대한 정보를 전달하는 기능이다(박영원, 2008).

2) 커뮤니케이션 디자인에 나타난 커뮤니케이션 기능별 재미

(1) 재미의 유형과 야콥슨의 커뮤니케이션 기능

재미는 그 재미를 느끼는 처리과정을 중심으로 감각적 차원, 인지적 차원, 정서적 차원으로 구분할 수 있다. 오감을 통해 인식하는 재미는 감각적 재미이고, 새로운 사실 등으로 사고를 자극하는 재미는 인지적 재미이며, 비현실적이고 비논리적인 현상에 따른 감정 변화가 초래하는 재미는 정서적 재미이다(김선진, 2013).

이러한 재미의 차원을 야콥슨의 커뮤니케이션 기능과 연계해 재미의 유형을 살펴볼 수 있다. 여기서 감각적 차원의 재미는 발신자의 감정 표출 차원의 감정표현적 기능의 일부, 시적 기능, 교감적 기능과 같이 미적 세련감이나 정서적 감흥 등과 보다 밀접한 관계가 있다. 한편 인지적 차원의 재미는 의도한 바가 수신자에게 소통되어 직접적으로 행동을 촉구하게 하는 행동촉구적 기능, 맥락과 관련해 기호의 의미를 파악함으로써 느낄 수 있게 하는 지시적 기능과 연관된다. 또한 사회문화적 배경에 따라 의미 해석의 코드가 다양하게 존재하므로 그 코드에 따른 상위 언어적 기능도 인지적 차원의 재미를 창출한다. 만일 맥락과 코드를 달리해 또 다른 감흥을 일으킨다면 이것은 정서적 차원의 재미라 할 수 있다.

(2) 커뮤니케이션 기능별 시각적 재미 분석

이제 커뮤니케이션 디자인 사례에 야콥슨의 커뮤니케이션 기능 모델을 활용함으로써 기능별로 재미 요소를 살펴보고자 한다. 〈표 10-9〉는 말레이시아의 일러스트 작가 림 헝 스위(Lim Heng Swee)의 작품 「내가 어른이 되면(When I grow up)」(2011)에 대해 각 기능별로 재미 요소를 분석한 것이다. 이 사례를 토대로 커뮤니케이션의 구성요소를 각 기능별로 좀 더 자세히 살펴보면 다음과 같다.

첫째, 감정표현적 기능을 통해서는 발신자와 메시지의 관계에서 파악할 수 있다. 즉, 발신자가 메시지를 통해 어떠한 재미 유형을 나타내려고 의도하는가를 분석할 수 있다.

둘째, 행동촉구적 기능은 메시지와 수신자의 관계를 정의하는 것으

표 10-9   **디자인 사례를 통해 야콥슨의 커뮤니케이션 기능 모델 분석**

림 형 스위의 작품 「When I grow up」(2011)

기능	특징
감정표현적 기능	작가의 마음이 정서적으로 시각적 이미지에 표현됨
행동촉구적 기능	수용자에게 희망의 메시지가 촉발됨
지시적 기능	메시지의 맥락에서 종이비행기는 어린이, 항공기는 성장한 어른임을 지시함
시적 기능	작가 특유의 귀여운 이미지의 정감어린 표현으로 시적 기능을 강화함
교감적 기능	작품 형태의 물리적인 실체 그리고 인터넷을 통한 접촉으로 다양한 교감적 기능을 유도함
상위 언어적 기능	부모 마음과 같은 사회문화적 배경이 시각적 이미지의 의미작용을 원활하게 하는 기능을 발생하게 함

자료: 박영원(2015).

로, 커뮤니케이션 디자인에서 이 기능의 목적은 수용자나 소비자에게 어떤 반응을 유발시키는 것이다. 광고와 같은 설득적 커뮤니케이션에서 무엇보다 중요한 기능이다.

셋째, 지시적 기능은 메시지의 맥락에 대한 관계에서 발생하는데, 이 것은 객관적이고 사실적인 커뮤니케이션을 위한 가장 명백하고 상식적인 기능이라고 볼 수 있다. 이 기능은 커뮤니케이션 디자인 결과물의 노출 맥락과 연관한 분석을 통해 구체적인 재미를 의미작용할 수 있게 한다.

넷째, 시적 기능은 메시지 자체의 미학적 기능이다. 이러한 기능은 커뮤니케이션 디자인의 실제 제작과 관련되는 것으로, 색채, 형태, 질감, 크기 등 시각적인 요소와 스토리텔링을 통해 재미 요소를 이입한 이미지 및 텍스트와 관련된 디자인적 기능이다.

다섯째, 교감적 기능은 발신자와 수신자 사이의 접촉을 통해 발생하는 것으로, 커뮤니케이션 채널을 통한 소통의 기능을 뜻한다. 이러한 접촉은 물리적인 접촉에서부터 다양한 미디어를 통한 커뮤니케이션 디자인의 활성화에 이르기까지 다양하다. 이처럼 다양한 접촉 중에서 최적의 경로를 선택함으로써 재미있는 디자인의 완성을 모색할 수 있다.

여섯째, 상위 언어적 기능은 메시지를 이루고 있는 기호를 설명하는 기능으로, 커뮤니케이션 디자인 결과를 이해할 수 있게 하는 해석의 코드와 연관된다. 그 시대의 사회 관습이나 문화적 배경을 알면 광고나 문화콘텐츠디자인을 비롯한 커뮤니케이션 디자인의 가치나 재미를 더욱 잘 이해할 수 있다(박영원, 2012).

7. 결론

현대 사회에서 '재미'의 가치는 개인적인 삶의 문제에서, 새로운 첨단 미디어의 환경 면에서, 그리고 사회문화적 맥락에서 매우 중요하다. 퍼스 기호학을 비롯해 기호학적 접근을 통한 디자인 프로세스는 창의적 디자인을 가능하게 한다. 기호를 실체적 대상으로 보고 수신자의 존재를 명확히 하고 수신자의 관점을 중요시하는 것은 기호를 보다 현실적인 대상으로 보는 디자인 논리에 부합한다. 특히 디자인 아이디어의 근간이라고 할 수 있는 넓은 의미의 '재미'를 창출하기 위해서는 퍼스 기호학이 필수적이다. 특히 퍼스 기호 유형 중에 재현적 관점에서 구분한 도상, 지표, 상징의 특징에 대한 이해는 디자인 프로세스에서 아이디어 개발단계에서 제작단계로 넘어갈 때 구체적인 방법론을 제공할 수 있다. 디자인 프로세스에서 디자인 결과는 반드시 목적지향적이어야 하지만, 논리적인 과정만으로는 창의적 '재미'에 도달할 수 없다.

'재미'를 목적으로 하되 '재미'를 방법으로 볼 수 있게 하는 퍼스의 가추법적 발상은 효과적인 디자인 발상을 가능하게 한다. 퍼스 기호학의 3항적 범주와 연관된 모리스의 화용론적·의미론적·통사론적 관점은 디자인 프로세스에서 콘셉트 설정, 아이디어의 전개, 그리고 실제 제작에 이르는 과정에 응용할 수 있는데, 이것은 기호 유형의 수평적인 구분을 넘어 기호 유형의 구분을 수직적 또는 공간적으로 넓혀 기호를 활용한 통찰적 아이디어를 확장시킬 수 있게 한다.

기호 유형에 관해서는 엄밀한 논리가 존재하지만, 역동적인 해석이나 응용까지 가능하게 한 퍼스의 견해는 창의적 디자인의 근거가 될 수 있다.

야콥슨의 선택과 결합을 통한 '은유'와 '환유'의 언어학적 정리는 시각적 언어로 전환하기에도 어렵지 않아 '시각적 재미'를 비롯한 커뮤니케이션 디자인 아이디어 개발을 위한 방법론으로 활용할 수 있는 이론이다.

야콥슨의 커뮤니케이션 기능 이론은 커뮤니케이션학과 기호학의 융합적 모델로 볼 수 있다. 이 이론을 활용하면 현대 미디어 사회에서 메시지를 커뮤니케이션 성패 여부를 넘어 정서적인 측면과 문화적인 측면에서도 분석할 수 있다.

효과적인 디자인 아이디어는 다양한 '재미'를 창출하고, 역으로 '재미'는 디자인 아이디어의 근간이 된다. 커뮤니케이션 디자인에서의 기호학적 접근은 창의적인 '재미' 생산을 가능하게 할 뿐만 아니라 디자인 아이디어의 다양한 방법론까지 제공한다.

참고문헌

김선진. 2013. 『재미의 본질』. 경성대학교출판부, 60~63, 178쪽.

김학진 외. 2009. 『디지털 펀! 재미가 가치를 창조한다』. 삼성경제연구소, 23쪽.

리스카, 제임스(James Liszka). 2019. 『퍼스 기호학의 이해』. 이윤희 옮김. HUINE, 28~29쪽.

박영원. 2008. 「롤랑 바르트 이론과 로만 야콥슨의 커뮤니케이션 이론을 중심으로 한 광고의 의미작용 분석」. ≪한국콘텐츠학회 논문지≫, Vol.8, No.3, 102쪽.

_____. 2012. 「시각 문화콘텐츠 분석에 관한 연구: 시각적 재미의 분석 방법론을 중심으로」. ≪한국콘텐츠학회 논문지≫, Vol.12, No.6, 179쪽.

_____. 2013. 『디자인유머』. 안그라픽스, 155~156, 161~162쪽.

_____. 2014. 「퍼스 기호 유형을 활용한 디자인 아이디어」. 한국기호학회. ≪기호학 연구≫ 제41집, 42~43쪽.

_____. 2015. 「시각적 이미지의 재미에 관한 연구: 로만 야콥슨의 커뮤니케이션 기능 이론을 중심으로」. 한국기호학회. ≪기호학 연구≫ 제43집, 119~120, 122, 138~139쪽.

박정순. 1995. 『대중매체의 기호학』. 나남출판, 83쪽.

송효섭. 2013. 『인문학, 기호학을 말하다』. 이숲, 74~75, 77쪽.

Jakobson, Roman. 1987. "Linguistics and Poetics." in Krystyna Pomorska and Stephen Rudy(eds.). *Roman Jakobson: Language and Literature*. Cambridge: Harvard University Press, pp.62~94.

Peirce, C. S. 1932. *Collected Papers of Charles Sanders Peirce*, Vol.2. C. Hartshorne and P. Weiss(eds.). Cambridge, Mass.: Harvard University Press, p.228.

Sless, David. 1986. *In Search of Semiotics*. London: Croon Helm, p.3.

1. 디자인 분야에서 '재미'의 가치는 무엇인가?
2. 디자인 아이디어와 연관해 퍼스 기호학적 접근의 효용성은 무엇인가?
3. 디자인 프로세스와 연관해 효과적으로 활용할 수 있는 기호학 이론을 설명하라.
4. 커뮤니케이션 디자인에 나타난 기호 유형의 특징을 퍼스 기호 유형으로 설명하라.
5. 재미를 느끼는 처리과정을 중심으로 재미를 감각적 차원, 인지적 차원, 정서적 차원으로 구분할 수 있다. 재미의 유형을 로만 야콥슨의 커뮤니케이션 기능과 연계해 설명하라.

>>> **연습문제 해설 1**

현대의 디자인 영역에서는 창의성이 매우 중요해지고 이성보다는 감성이 지배하는 비중이 커지면서 전체 또는 일부에 작용하는 '재미' 요소는 마케팅적 성공의 관건이 되었다. 재미는 목적개념이면서 또한 수단개념이 될 수도 있다. 특히 IT를 비롯한 디지털 기술의 급속한 발전으로 다양한 커뮤니케이션이 가능해졌고, 모바일, 게임, 애니메이션 등 이른바 문화콘텐츠 산업의 활성화로 '재미'는 현대산업이나 일상에서 핵심적인 가치가 되었다. 이런 변화 속에 '재미'는 디자인 영역에 있어서 콘셉트 설정에서부터 아이디에이션, 그리고 실제 제작에 이르기까지 비중 있게 고려해야 할 요소가 되었다.

>>> **연습문제 해설 2**

디자인 아이디어는 경제적·사회문화적 맥락에서 소비자에게 실용적으로 작동하는 기호를 생산하게 한다. 퍼스 기호학은 3항적 범주를 두어 창의적인 기호생산의 과정을 분석하는 구조를 제공한다. 디자인 결과물에 대한 최종적 분석뿐만 아니라 디자인 아이디어를 개발하는 과정에서 역동적으로 진전되는 기호작용을 논리적으로 설명할 수 있게 한다.

>>> **연습문제 해설 3**

모리스의 기호학의 3분법은 효과적인 디자인 프로세스와 상통하는 논리로, 디자인 생산과 분석에 체계적으로 접근할 수 있는 논리를 제공한다. 이 3분법은 디자인 결과물의 사회문화적 가치 및 효용성과 관련한 콘셉트의 설정 또는 분석, 효과적인 의미작용을 위한 아이디어 생산과 분석, 그리고 제작을 통한 디자인적 완성도를 분석하는 기준으로 활용할 수 있다.

커뮤니케이션 디자인을 통해 창출되는 재미를 분석하기 위해서는 목표 가치와 수단적 가치로 나누어 콘셉트의 설정, 아이디어의 전개, 실천적 제작활동으로 이어지는 과정이 중요하기 때문에 기호학적 3분법을 응용한 생산과 분석 매트릭스가 유용하다.

››› 연습문제 해설 4

은행이나 보험회사의 트레이드마크로 우산을 채택했다면, 그 회사의 업무 특성상 '보호'라는 개념을 내포할 수 있다. 물리적인 디자인 결과는 우산 그 자체를 닮은 형상을 하고 있기 때문에 도상으로 구분한다. 동시에 이 결과물은 이 우산과 비의 인과관계인 지표성의 경로로 이동하게 하면서 디자인 아이디어가 된다. 그리고 이러한 우산의 의미를 유지하면서 형태는 더욱 단순하게 표현함으로써 미디어를 통한 회사의 철학이나 경영이념 등 상징성을 부여할 수 있다.

››› 연습문제 해설 5

감각적 차원의 재미는 발신자의 감정표현적 기능의 일부, 시적 기능, 교감적 기능과 같이 미적 세련감이나 정서적 감흥 등과 보다 밀접한 관계가 있다. 한편 인지적 차원의 재미는 의도한 바가 수신자에게 소통되어 직접적으로 행동을 촉구하게 하는 행동촉구적 기능, 맥락과 관련해 기호의 의미를 파악함으로써 느낄 수 있게 하는 지시적 기능과 연관된다. 또한 사회문화적 배경에 따라 의미 해석의 코드가 다양하게 존재하므로 그 코드에 따른 상위 언어적 기능도 인지적 차원의 재미를 창출한다. 만일 맥락과 코드를 달리해 또 다른 감흥을 일으킨다면 이것은 정서적 차원의 재미라 할 수 있다.

제11장

음악기호학[*]

바흐, 클레냥, 로드리고의 작품을 중심으로

박여성

1. 들어가기

기호학은 오감으로 이루어진 산출물, 특히 예술작품과 밀접한 관계를 가진다. 그중에서도 청각예술의 결정체인 음악은 음의 단위요소(형태·의미론), 음들의 수평적 결합(통사론) 및 텍스트의 직조(담화·화용론)라는 관점에서 볼 때 기호학적 구성을 가진 대상임이 분명하다. 음악은 음들과 화성, 선법(旋法, Melodienlehre)과 양식으로 구축된 복잡계로 작곡과 연주 및 감상과 비평을 통해 작품의 메시지를 소통시키는 제반 메커니즘을 투영한 기호세계(semiosis)이기 때문이다.

물론 음악의 본질에 대한 입장은 음악을 어떤 기호학적·음악학적·음

---

*   이 글은 베를린 공과대학교(2014), 설악 심포지엄(2017), 언어과학회(2017), 건양대학교(2019) 특강에서 발표했던 한국어 및 독일어 강의록을 바탕으로 수정·보완한 것이다.

자료: 니콜라우스 아르농쿠르, 『바로크음악은 '말'한다』(음악세계, 2007) 표지.

향학적 관점에서 보는가에 따라 다를 것이다. 예를 들어 에밀 뱅베니스트(Émile Benveniste)는 음악에서 어떤 기호도 확인할 수 없다고 보는 반면, 다른 학자들은 음악이야말로 기호학적 구성체의 탁월한 보기라고 주장한다. 일단 이 글에서는 오스트리아의 세계적인 고음악 앙상블인 '빈 콘젠투스 무지쿠스(Wiener Consentus Musicus)'의 지휘자이자 저명한 음악학자 니콜라우스 아르농쿠르(Nikolaus Harnoncourt)가 말한 것처럼, 음악을 '울림을 통해 말하는(Musik als Klangrede)' 예술로 보고자 한다. 음악은 자신이 묘사하려는 대상에 대한 시각적·청각적 은유와 상동성에 의존한다는 점에서 기호체계와, 그중에서도 특히 언어와 일정한 속성을 공유하며, 나아가 음악적 구조도 의미론(Semantics)과 통사론(Syntactics) 및 화용론(Pragmatics)의 층위에서 구축된 기호학의 구성 원리와 부합하기 때문이다.

2. 음악과 기호학

전통적인 음악미학에서 '음악에서의 의미(Bedeutung in der Musik)' 또는 '음악의 언어(Sprache der Musik)' 같은 의제를 거론할 때부터 이미 기호학적 쟁점이 함축적으로 제기되었으며, 이를 기반으로 언어학자와 음악학자 간의 학제적인 대화가 정착된 1970년대 이후부터는 음악기호학(Musiksemiotik)이 기호학의 한 분과로 본격적으로 태동했다. 특히 로만 야콥슨(Roman Jakobson)에서 시작해 조지 스프링어(George P. Springer), 장자크 나티에(Jean-Jacques Nattiez), 브루노 네틀(Bruno Nettl), 발터 코흐(Walter A. Koch)로 이어지는 음악기호학의 노선에서는 공히 언어시학(Poetik)과 음악의 유추성에 주목했다.

세계기호학회(International Association for Semiotic Studies: IASS) 명예회장이자 뛰어난 피아니스트인 핀란드 헬싱키대학교의 에로 타라스티(Eero Tarasti)는 음들의 수직적 계열체(vertical paradigma)를 다루는 화성학(和聲學, Harmonienlehre)과 수평적 결합체(horizontal syntagma)를 다루는 선법을 음악기호학의 씨줄과 날줄로 풀어내어 음악기호학의 토대를 제공했다. 이후 음악기호학의 여러 유파들이 나타났지만, 전반적으로 페르디낭 드 소쉬르(Ferdinand de Saussure), 야콥슨, 클로드 레비스트로스(Claude Lévi-Strauss) 등으로 대표되는 구조주의 기호학을 출발점으로 삼아 음악을 시공간에 직조된 구조체로 간주했다.

음악통사론 분야에서는 에이브럼 놈 촘스키(Avram Noam Chomsky)의 생성문법(Generative Transformations-grammatik: GTG) 원리에 기대어 모차르트 피아노 소나타 형식의 통사규칙을 분석한 미국의 마에스트로 레너드 번스타인(Leonard Bernstein)의 '생성음악(Generative Music)'의 구상이 흥미롭다. 최근에 음악기호학은 찰스 모리스(Charles W. Morris)와 찰스 샌더스 퍼스(Charles Sanders Peirce)의 동적기호학에서 더욱 깊은 이론적 기반을 모색하고 있다.

다양한 이론들의 미묘한 차이는 뒤로 하고 일단 음악기호학에 대한 잠정적인 정의를 내려보자. 음악기호학은 음악을 일차적으로는 청각적 기호체계로 간주하고 이차적으로는 본연의 청각기호를 시대마다 추구된 다양한 시각적 표상으로, 이를테면 다양한 기보법(Notation)으로 사상(寫象, mapping)하는 과정으로 본다. 궁극적으로 음들의 수직적·수평적 관계로 직조된 음악은 감상자의 층위에서 공감각(共感覺, Synästhesie)적인 체험이라는 복잡한 음악심리학적 과제도 제시한다.

1) 모리스와 퍼스의 기호학적 구상

모리스와 퍼스의 시각에 따르면, 기호학은 '무언가가 기호로 기능하는 하나의 사태', 즉 세미오시스(semiosis)에 비추어 정의된다. 세미오시스의 속성을 규정할 때, A는 '해석자'이고, B는 '어떤 (동적) 대상·속성·관계·사건 또는 사태(기호체)'이며, C는 'A가 B에 할당하는 의미'이다. 이를 통해 'A는 C를 대신해 B를 취한다', 'B는 A를 대신해 C를 지시한다', 'A는 B의 존재 덕분에 C를 설명한다'라는 3항 관계가 성립한다. 이 말을 정리하면 다음과 같이 나타낼 수 있다.

A는 B가 C를 표상(表象)한다고 해석한다

(A interprets B as representing C)

그림 11-2 **모리스의 구상**

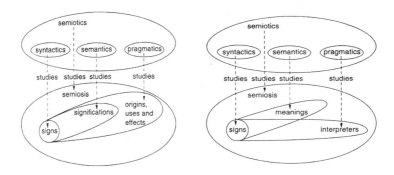

자료: Morris(1970: 417).

　세 가지 요소 사이의 의존관계가 뒤엉켜 있기 때문에 부문들을 명확히 가르기는 어렵지만, '기호학(semeiotic)'을 구획한 모리스(Morris, 1970)의 정신에 비추어 세미오시스의 세 가지 요소를 고립시키고 각 요소들과 기호 사이의 이항(二項)관계를 근거로 나누어진 각 분과의 과제가 주어진다(〈그림 11-2〉 참조). 각 이론에서 다루는 이항관계를 정리하면 다음과 같이 나타낼 수 있다.

　　① 의미론은 의미(C)와 기호들(B) 사이의 관계를 다루고,
　　② 통사론은 기호들(B)과 다른 기호들(B) 사이의 관계를 다루며,
　　③ 화용론은 기호(B)와 해석자(A) 사이의 관계를 다룬다.

2) 음악기호학의 과제

　이 구상을 음악기호학에 적용해 보면 다음과 같이 말할 수 있다(Morris,

표 11-1　계열체와 통합체

계열체 (낱말들의 계열)	통합체(낱말들로 조합된 문장)				
	나	는	비틀즈	를	좋아한다
	학생들	은	힙합	을	즐긴다
	그녀	는	바흐(의) 파르티타	를	연주한다
	아저씨	는	트로트	를	부른다
	…	…	…	…	…

1971: 302). 음악기호학은 음악 구조 자체 및 이와 관련되는 제반 기호들을 다룬다. 음악기호학의 외연은 루돌프 카르나프(Rudolf Carnap)가 말했던 좁은 외연의 '언어(Sprache)'를 넘어서 오관에서 산출되어 소통될 수 있는 모든 '기호체계(Zeichensysteme)'로 확장되어야 한다. 그렇다면 청각기호로서의 음악은 당연히 기호학의 영역에 포함되어야 마땅하다. 이때 음악적 구조는 다른 기호체들과 마찬가지로 수직적 계열체와 수평적 통합체가 서로 직교하면서 짜여진다. 물론 언어기호와의 차이점도 분명히 존재한다.

(1) 음악의미론

음악의미론에서는 음표로 표현된 의미작용(signification)뿐만 아니라 대상을 표상하는 지시관계(Referenz)의 제반 양상을 다룬다. 언어적 형태소(및 어휘소)에 준하는 음(音)과 그 자체의 본유적 속성인 주파수[음고(音高, pitch)], 세기[음량(音量, Volume)], 성질[음조(音調, Ton), 음색(音色, Tonfarbe)]을 기반으로 음소(音素, Phonem)와 유추적인 음의 단위요소가 변별되어야 한다. 극히 예외적인 언어의 경우를 제외하면 하나 이상의 음소를 동시에 발화할 수 없는 언어기호와 달리, 음악기호에서는 다수의 형태요소들(음들)이 동시에 작용하면서 중층적인 계열체가 만들어지는데, 이것이 바로 화성(和聲)·화음(Harmonie)이다.

(2) 음악통사론

하나 이상의 음표로 구축된 음악적으로 수직적 계열체인 화성을 다시 시간적으로 배치해 선형적으로 풀어내면 선율(旋律, Melodie)이 된다. 이 선율 자체가 화성 관계를 유지하면서 일정한 패턴으로 전개된 계열을 음계(音階, Tonleiter)라고 한다. 가장 표준적인 다장조(C-Dur) 음계에서는 3~4번째 음과 7~8번째 음은 반음이고 나머지는 온음이며, 가단조(a-moll) 음계에서는 2~3번째 음과 5~6번째 음이 반음이며 나머지는 온음이다. 그런데 상승음계와 하강음계의 온음계와 반음계 배열에 여러 변이형이 나타나며, 이것이 그레고리안 선법, 에오리안 선법 등과 같은 다양한 선법을 결정한다. 심지어 재즈에서는 기존의 모든 선법을 넘어서는 매우 불규칙한 선법이 창안되고 있다. 선율과 선법은 다시 시간의 축에서 다른 음(화음)들과의 관계 속에서 박자(규칙·변칙), 속도(빠르기), 강약(정박자/엇박자)을 조절함으로써 음악의 통사구조를 더욱 복잡하게 만든다.

(3) 음악화용론

음악화용론은 기호 사용자들과 그들의 기호 사용 사이의 관계를 다룬다. 의미론과 통사론에서 구축된 모든 규칙은 텍스트와 담화로 직조되고 작곡자와 연주자 및 감상자와 비평가의 소통구조 속에서 담론화된다. 이를 통해 조성된 음악 텍스트는 연주·편성·악곡 장르 등과 구조적으로 연동되면서 음악 장르(Gattungen)[연습곡(에튀드), 소나타, 발라드, 환상곡, 서곡, 전주곡, 피날레 등]와 연주 양식(독주곡, 중주곡, 협주곡, 교향곡, 교향시, 오페라, 음악극, 뮤지컬 등)으로 자리 잡는다. 이로써 화용론적 기호체가 탄생하는 것이다. 이 양식이 특정한 시대와 집단 및 민족, 나아가 공동체 층위에서 예술적 규범이자 일종의 패러다임(paradigm)으로 통용될 때 그것을 예술사조(르네상스, 바로크, 로코코, 고전파, 낭만파, 국민악파, 현대음악, 즉물주의, 무조음악, 민족음악, 월드뮤직, 재즈, 보사노바, 삼바, 탱고, 크로스오버 등) 또는 작게는 장르라고 부른다(Danesi, 2002).

이런 방식으로 음악기호학은 한편으로는 단위요소들과 물리적─음향적 속성, 단위요소들로 이루어진 화성학을, 그리고 다른 한편으로는 수직적 계열체들과 수평적 통합체들을 선율과 선법으로 통합하면서 선율소(Melem), 박자소(Taktem), 운율소(Rhythmem), 양식소(Stilem) 등의 음악기호학적 단위를 창출한다. 이를 통해 궁극적으로 텍스트 서사체로서의 작품에 관여하는 모든 행위자(작곡자, 연주자, 감상자, 비평가 등) 사이의 총체적인 상호작용이 이루어진다.

3. 음악기호와 피지시체의 관계

1) 원심성과 구심성

애국가 가사에서 '동해물과 백두산'은 실제의 지리적 대상을 지시하지만, 그 가사에 연계된 음표 자체는 무엇을 지시하는 것일까? 아니 과연 지시대상을 가지기는 할까? 음악미학에서는 이처럼 음악에서 추구하려는 의미와 그것의 지시대상 사이의 관계를 진작부터 논의해 왔다. "음악이란 본성상 — 감정이든 입장이든 심리적인 상태이든 자연현상이든 간에 — 어떤 것도 표현할 능력이 없다"라는 테제를 내건 이고르 스트라빈스키(Igor Stravinsky)는, 자율성(Autonomie)의 관점에서 음악을 어떤 의미 차원도 가지지 않는 자생적(sui generis) 기호현상으로 해석한다. 이보다 소극적인 입장에서 야콥슨은 음악기호의 자율성은 음악적 메시지의 '지시적·시적 기능(referentielle-poetische Funktion)'이 여타의 기호기능을 압도한 결과라 해석한 바 있다. 이후 나티에, 니콜라 뤼베(Nicolas Ruwet), 페터 팔틴(Peter Faltin) 등은 야콥슨의 이론을 심화했다. 이와 달리 외율성(外律性, Heteronomie)의 미학에서는 음악이 비음악적인 지시대상, 즉 외부세계의 실체를 반영한다고 본다.

이처럼 음악적 의미에 대한 상이한 관점은 기호와 세미오시스를 구상하는 기본적인 입장 차이에서 유래한다. 여기서 두 입장 사이의 논박을 설명하기에는 지면이 부족하므로 일단 음악은 '특정한 의미론적 차원이 없더라도 성립한다'는 입장을 취하고자 한다. 그런 자율성 테제를 집대성한 인지과학자 더글러스 호프스태터(Douglas R. Hofstadter)는 음악기호란 자신의 외부에 (굳이) 지시대상을 가지지 않는 자기지시적 기호이며 따라서 외부세계를 표상하는 의미나 텍스트 외적(extra-textuell) 지시관계를 가지지 않는 — 오직 텍스트 내적 의미(intratextuelle Bedeutung)만 가지는 — 기호라고 해석한다. 요컨대 음악은 음표들로 이루어진 화음과 선율을 지시하면서 스스로를 구성하는 자기조직(self-organization)에 도달한다는 입장이 우리의 출발점이다(〈그림 11-3〉 참조).

이런 관점에서 팔틴은 음악작품의 '의미'는 음표에 내재하는가 아니면 음악외적인 '지시대상'과 조응하는가에 관심을 기울였다. 그는 음악

그림 11-3 **전경과 배경의 자기지시**

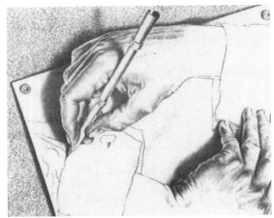

자료: 에셔(M. C. Escher)의 「손을 그리는 손(Drawing Hands)」.

을 기호학의 연구대상으로 인정하지만 음악에 지시관계를 할당하지는 않는다. 고로 음악은 비지시적인 기호체라는 것이다. 뱅베니스트 또한 음의 성분들을 고립시켜 관찰하면 어떤 의미나 지시관계도 없기 때문에 음악은 비기호학적(a-semiotisch)이며 개개의 음조와 음색 또한 무의미하다고 본다. 그러나 그는 작곡의 결과물인 작품을 이루는 음 성분들이 정합적(整合的) 전체로서 텍스트를 조직한다는 점에서 담론이나 텍스트를 통해 작품 내부에서 변별적 기능으로 작용하는 의미론적(semantisch) 특성을 시인한다.

뱅베니스트의 입장을 진전시킨 윌리엄 브라이트(William Bright)는 의미구심적(endo-semantisch) 구조와 의미원심적(exo-semantisch) 구조를 구별한다. 의미원심적 구조는 음악외적인 외부세계의 음향을 지시하는 반면, 의미구심적 구조는 음악 자체에서 생기는 주제나 모티브, 음조와 음색과의 관계 등을 겨냥한다.

전자를 '표제음악(標題音樂, Programmusik)'으로, 후자를 '절대음악(絶對音樂, absolute Musik)'으로 부르곤 한다. 그런데 외부세계의 음향뿐만 아니라 현실의 일반적인 현상, 이를테면 사람에게 환기된 체험이나 경험까지 포괄한다면, 표제음악의 외연은 더욱 확장될 것이며 결국 절대음악과의 차별성은 퇴색될 것이다. 음악에서의 기호를 구분하면 다음 세 가지로 나눌 수 있다.

① 음향 현상(Schallereignisse): 음악 외적인 음향 현상에 대한 전형적인 보기로는 새소리, 사냥꾼의 나팔소리, 뇌우, 종소리, 전쟁터의 대포소리 등을 들 수 있으며, 이에 대한 도상적 표현이 가능하다.
② 감정(Emotionen): 감정이란 그 의미가 함축적이기는 하지만 전통적으로 고정되지 않은 − 청자에게 환기되는 − 감정 및 상징형식이다. 리듬과 화성으로 표현된 감정들과 조응한다.
③ 공감각(Synästhesie): 청자가 음악적 톤을 연계시키는 시각, 촉각, 온도 및 다른 감각 차원과의 연동 관계이다. 날카로운 음색과 금속성에서는 차가움을, 부드러운 음조와 저음에서는 포근함을 연상하듯이 말이다. 공감각적 연상은 대개 개인적인 것이며, 음악 자체에 내재하는 속성이라기보다는 연구자들의 질문에 의해 유도된 전략일 수도 있다.

하지만 음악과 언어기호 사이에는 엄연한 차이가 있다. 언어는 메타언어를 통해 스스로를 설명하지만 음악이 메타음악을 통해 스스로를 설명하는 경우는 언뜻 상상하기가 어렵다. 음악과 언어의 관계는 비대칭적이기 때문이다. 음악의 분석적 메타언어는 자연언어이지만 언어의 분석적 메타언어는 음악으로 묘사될 수 없다. 따라서 언어의미론은 음악이 없어도 성립하지만 음악의 의미론은 언어 없이는 설명될 수 없다.

2) 반(反)음악

표제음악의 대척점에 있는 절대음악, 그리고 심지어 절대음악과 표제음악의 차이 자체를 초월하는 우연성(偶然性, aleatoric) 음악에서는 의미와 무의미를 오가는 예술적 체험의 한계에 도전한다. 그런 종류의 실험을 전개했던 '플럭서스(fluxus) 운동'의 연장선에서 존 케이지(John Cage)는 음악을 거부하는 음악, 일종의 '반(反)음악(Anti-Musik)'을 주도했다. 그는 아무런 연주 행위도 없이 침묵을 통해 청중의 반응만을 유도하는 「4분 33초」, 12개의 라디오를 겹으로 배치해 12개의 장·단조로 구축된 서양음악의 화성학적 건축술을 풍자하는 — 각 라디오 주파수를 무작위로 맞춘 다음, 동시에 틀어서 소리가 나오게 하는 — 「24대의 라디오를 위한 가상의 풍경 4번」을 남긴 바 있다. 이런 시도들은 고전음악을 무력화시키려는 발작으로 비난받기도 했고, 음(악)에 대한 고정관념을 분쇄하는 아방가르드의 혁명으로 주목받기도 했다. 이에 대한 판단은 언어철학자 루트비히 비트겐슈타인(Ludwig Wittgenstein)이 논구했던 기호·대상[1]이라는 이분법에 비추어 생각해 볼 수 있다.

20세기에 들어 미학은 이 심오하고 추상적인 문제에 깊은 관심을 가졌다. 그래서 예술작품들은 '기호들'(영상, 묘사, 화음, 리듬 등)이라는 어

---

[1] 비트겐슈타인은 나중에 기호와 대상을 '사용(use)'과 '언급(mention)'이라는 용어로 설명했다.

휘를 통해 '무엇인가를 표현하는 예술'이 아니라 '존재하기만 하려는 예술'의 가능성에 주목했다. 이를테면 순수한 물감 덩어리나 물리적 음 이외에는 어떤 상징가치도 더 이상 추구하지 않겠다는 의도이다. 특히 케이지의 작품은 음의 '사용'(감정의 상태를 전달하기 위해 사용하는 음)을 거부하며 오직 음을 '언급'하는 기쁨만 가지려 했다. 이것이야말로 음에 대한 선불교적 접근이 아니겠는가! 그의 작품은 대부분 음악의 무의미성 자체를 관조하며, 어떤 점에서는 무의미성만을 유일한 의미로 추구하려는 것 같다.

우연성 음악이나 순간성 음악, '해프닝'이나 '비인스(be-ins)'[2] 같은 행위예술에서는 이 기법을 극단적으로 추구한다. 케이지 풍으로 작곡된 애나 록우드(Anna Lockwood)의 작품 「피아노 태우기」는 가능하면 큰 소리를 내도록 피아노 현의 장력을 극도로 팽팽하게 조율하고는 망치로 현을 내려친다. 라몬테 영(LaMonte Young)의 작품은 무대 위에서 곡괭이 같은 장애물을 넘어 피아노를 밀치고 다니면서 소음을 내도록 작곡되었다. 미디어아트의 선구자 백남준은 자신의 퍼포먼스 작품 「인간 첼로」에서 첼리스트 샬롯 무어먼(Charlotte Moorman)의 몸 자체를 '첼로'로 사용함으로써 플럭서스 정신에 투철한 기발함을 보여준 바 있다. 20세기 예술은 이런 종류의 수많은 발작으로 점철되었다.

대상의 '사용'을 무시하는 실험은 추상예술에서도 시도되었다. 피트 몬드리안(Piet Mondrian)의 작품 「구성(Composition)」은 순수한 대상의 표상으로부터 고도의 추상적 무늬 패턴으로 옮아가는 점이성(漸移性)만

---

2   특별한 목적도 없이 사람들이 어슬렁거리며 그냥 모이는 집단 퍼포먼스의 일종을 말한다.

보여준다. 구상미술은 부식되었으며, 누군가에게 충격을 주고 혼동에 빠뜨리게 할 엉뚱한 목적으로 사용되었다. 이런 유파는 앙드레 브르통 (André Breton)에 의해서 정립되어 스페인, 프랑스, 이탈리아, 네덜란드 등 유럽에서 크게 유행했는데 영향력 있는 화가로는 살바도르 달리 (Salvador Dali), 라슬로 모호이너지(László Moholy-Nagy), 르네 마그리 트(René Magritte), 마우리츠 코르넬리스 에셔(Maurits Cornelis Escher), 조르조 드 시로코(Giorgio de Sirocco), 그리고 이브 탕기(Yves Tanguy) 를 들 수 있다.

4. 세 개의 곡을 통해 본 음악 문법

절대음악과 표제음악은 양자를 나눈 기준(지시대상과의 조응 여부) 그 자체가 다시 이 둘을 구분하는 데 재입력되었기 때문에, 이 둘을 궁극적 으로 구분하는 것은 처음부터 불가능한 과제였을지도 모른다. 여기서 는 더 이상 무한역행에 빠지기 전에 멈추어, 인지과학자 호프스태터의 설명을 인용하고자 한다.

[……] 언어는 의미에 대해 존재하는 외부세계와의 연결에 의존하는 반 면, 음악은 순수하게 형식적이다. 음악의 음들에는 '저 바깥 세계의 사물' 에 대한 어떤 지시관계도 없다. 다시 말해 음악에는 음표가 음표로, 화음이 화음으로, 그리고 박자가 박자로, 악구(樂句)가 악구로 이어지면서 전개되 는 순수한 통사구조만 있다는 것이다. 그러나 잠깐! 뭔가 이상하다. 그는 왜 음악이 다른 것보다 더 순수하다고 말하는가? 그것은 음악에서는 바로

형식이 우리 마음의 어떤 이상한 무의식 영역들에 대해 무엇인가를 표현하기 때문이다. 음악의 소리는 노예나 도시국가를 지시하는 게 아니라 우리의 가장 내밀한 심연에 있는 감정의 구름을 뒤흔든다. 그런 점에서 음악적인 의미는 기호로부터 이 세계의 사물로 연계되는 불가해한 연결에 의존하고 있다. 이 경우 그 '사물들'은 우리의 마음 안에 있는 비밀 소프트웨어 구조들이다. 하지만 위대한 음악은 '확장전이망(Augmented Transition Network: ATN) 문법'[3] 같은 간단한 형식체계로부터 탄생하지 않을 것이다. 사이비 동화처럼 사이비 음악이 나타날 수도 있겠지만, 음악 속에 있는 의미의 신비들은 순수한 통사구조보다 훨씬 더 깊은 곳에 있다. 여기서 한 가지 점을 명확히 밝혀두고자 한다. 원칙적으로 모든 ATN 문법들은 그 어떤 프로그래밍 형식체계들과도 맞먹는 성능을 가진다. 따라서 음악의 의미가 어떻게든 포착될 수 있다면, 그것은 ATN 문법으로도 포착될 수 있다. 그러나 그 경우 나는 (음악)문법을 단지 음악적 구조로만이 아니라 감상자 마음의 전체 구조로 정의하자는 입장을 견지한다. 그 '문법'은 음악의 문법에 불과한 것이 아니라 사고의 완전한 문법일 것이다(호프스태터, 2017).

지금까지의 논의에 비추어 요한 제바스티안 바흐(Johann Sebastian Bach)의 「샤콘느(Chaconne)」(BWV 1004, 바이올린 파르티타[4] 2번), 프랑시

---

3   확장전이망이란 하나의 시스템을 만들 때 그 조직원리를 네트워크 자체에 연속 적용해 자기 증식시킴으로써 만들어지는 관계망을 일컫는다.
4   바흐의 곡 중에서 독주 바이올린을 위해 쓰인 모음곡으로, 이 파르티타는 전주곡(Prélude), 알레망드(Allemande), 쿠랑트(Courante), 부레(Bouree), 가보트(Gavotte), 더블(Double), 사라방드(Sarabande), 샤콘느(Chaconne), 파사칼리아(Passacaglia), 지그(Gigue) 등의 무곡(舞曲) 형식을 빌려 작곡되었다. 파르티타에 실린 모든 곡은 독주 바이올린을 위한 최고의 레퍼토리인데, 특히 파르티타 2번의 마지막 곡 「샤콘느」는 바로크 최대의 걸작으로 꼽힌다.

그림 11-4   요한 제바스티안 바흐

스 클레냥(Francis Kleynjans)의 「마지막 날 새벽에(A L'Aube du Dernier Jour)」, 그리고 호아킨 로드리고(Joaquin Rodrigo)의 「아랑훼즈 협주곡 (Concierto de Aranjuez)」을 관찰해 보도록 하자.

1) 바흐의 「샤콘느」: 도표적 도상

악성(樂聖) 바흐가 작곡한 「샤콘느(Chaconne)」는 바로크 시대 최고의 명곡으로, 곡 전체를 암시하는 무곡풍의 주제로 시작하며, 이를 바탕으로 조성, 박자, 선율, 대위법, 음의 분할, 전회(轉回)와 역행(逆行)의 기법을 동원해 만든 30여 개의 변주로 구성되었다. 「샤콘느」 자체는 어떤 표제도 붙이지 않은 절대음악이지만, 교회 성가대장(Kantor)으로 봉직

그림 11-5 「샤콘느」의 도입부

했던 바흐의 종교적 세계관이 스며들어 있음을 부인할 수 없다.

반음계와 도약 음계를 '죄와 구원의 메시지'에 조응시켜 신(神)을 숭앙한다고 해서 그 음들이 외부세계와 조응하는 것은 아니다. 다만 음들로 이루어진 관계들의 패턴이 (언어)텍스트를 이루는 요소들의 조합 패턴과 상동적이라는 것을 관찰하자는 것이다. 그런 점에서 바흐의 작품에서는 퍼스가 정의했던 '도표적 도상·관계적 도상(diagrammic icon)'이 자주 관찰된다. 바흐의 음악 세계는 외부세계와의 일치를 추구한 것이 아니라 음악적 메시지와 종교적 세계관 사이의 메타적 상동성을 추구했다고 해석될 수 있다.

「샤콘느」의 도입부(〈그림 11-5〉의 아홉 번째 마디)는 곡 전체에 걸쳐 30여 번이나 나타나는 변주들을 위한 틀이자 일종의 '거푸집(template)'이다. 동일한 재질(주제, 주도 동기)을 기반으로 박자, 화성, 음의 분할 및 확장, 순서의 역행과 전회(轉回), 대위법, 푸가 등의 온갖 기법을 총동원해 생긴 변주들이 「샤콘느」 전체를 구성한다.

「반음계적 환상곡(Chromatische Fantasie)」을 제외하면 바흐의 대위법

그림 11-6 「샤콘느」의 반음계와 온음계: 죄와 은총을 상징

에서는 반음계를 즐겨 쓰지 않는다. 그런데 「샤콘느」의 일정한 악구에서 반음계가 발견된다. 온음계가 완전함과 이상적인 조화라면 〈그림 11-6〉에서와 같은 반음계는 불완전과 원죄를 상징하는 식이다. 반음계로 표현된 죄(셋째~넷째 마디)는 후속 반음계로 연결되고, 상성부 반음계 3군데(셋째 마디, 넷째 마디, 다섯째 마디의 앞쪽 다섯 음)는 아래 성부 '아멘'(각 마디로 넘어갈 때 나오는 d-c#, c-b, b♭-a의 반음계)으로 응답되는데, 이런 진행 구조는 '죄와 구원'이라는 종교적 메시지를 함의한다.

〈그림 11-7〉의 3번째 행과 4번째 행은 하강과 상승 음계를 32분 음표로 처리해 '도약'을 상징하며, 〈그림 11-8〉의 아래 두 행에서는 16개의 32분 음표 및 32분 음표 무리들 사이를 연결하는 16분 음표들이 다시 '아멘'을 표현한다. 「샤콘느」 전체에서 가장 격렬한 절정부(〈그림 11-9〉, 72~76째 마디)는 천국을 향한 '승천'과 지옥으로 떨어지는 '나락'을 묘사하는데, 이를 위해 무려 48개의 32분 음표가 작렬하고 있다.

〈그림 11-10〉과 〈그림 11-11〉처럼 이 곡의 주도 동기(leitmotif)인 종교적 메시지는 서로 독립적인 동시에 다른 두 성부들과 대립하며 전개

310 한국 기호학의 최전선

그림 11-7　「샤콘느」의 6~59째 마디: 도약과 구원을 상징

그림 11-8　「샤콘느」의 33~35째 마디, 132째 마디~이하 마디: 기도와 속죄를 상징

그림 11-9 「샤콘느」의 72~76째 마디: 승천과 나락을 상징

되는 대위법(對位法, Contrapunctus)에서 부각된다. 〈그림 11-10〉의 2성 대위법은 '차분한 불안'을, 〈그림 11-11〉의 3성 대위법은 '삼위일체의 완벽성'을 환유한다.

대부분의 서사구조에서 종지부는 최대한의 물량을 최고의 속도로 쏟아내는 일종의 클라이맥스 효과를 지향한다. 소설, 영화, 드라마 등에서 대단원을 내리거나 파국으로 치닫는 마지막 장면에 즐겨 사용되는 이런 기법을 '피날레 크레셴도(Finale Crescendo)'[〈그림 11-12〉의 247째 마디에 22개의 32분 음표 글리산도(glissando)로 표현된 상승–하강 음계]라고 한다.

그림 11-10 「샤콘느」의 172~182째 마디: 차분한 불안을 상징

그림 11-11 「샤콘느」의 200~207째 마디: 삼위일체를 상징

그림 11-12 「샤콘느」의 247째 마디: 파국을 상징

2) 클레냥의 「마지막 날 새벽에」: 주인공(캐릭터)과 음악적 서사

  '죄와 구원'이라는 주도 동기에도 불구하고 「샤콘느」는 전체적인 서사구조를 이루지 못했다. 개별 악구가 단편적인 종교적 기의와 대응되기는 했으나 이야기를 이끌어가는 주인공도 이야기 동선도 없기 때문이다. 한편, 어떤 음악 작품이 표제성을 가진다고 하자. 그 작품이 서사구조로 완결되려면 이야기 동선을 압축해 머금고 있는 주인공(캐릭터)이 설정되어야 한다. 우리에게 낯익은 유형의 주인공들이 있다.
  여기서는 독특한 유형의 주인공을 기준으로 음악적 서사를 펼친 사례를 보자. 프랑스의 작곡가 프랑시스 클레냥(Francis Kleynjans)이 기타를 위해 작곡한 무조음악(無調音樂, a-tonal music) 「마지막 날 새벽에(A L'Aube du Dernier Jour)」는 사형 집행을 기다리는 사형수의 처절한 마지막 날을 묘사한 음울하기 짝이 없는 곡이다(〈그림 11-13〉 참조). 제목 자체에서 암시된 서사의 싹이 이야기 동선을 조직하는 캐릭터, 즉 이 사연의 주인공에게서 관찰된다.

① 주인공은 어떤 이유에서 사형을 언도받고 원형탑 위의 감옥에 갇힌 신세이다.

② 마지막 날의 아침은 아주 평온한 새벽 종소리(청각적 도상)로 시작한다.

③ 악보에서 마름모로 표시된 부분은 간수가 사형수가 갇힌 감옥탑의 나선형 계단을 따라 뚜벅뚜벅 걸어 올라가는 발자국 소리이다.

④ 녹이 슬어서 잘 안 열리는 감옥 철문을 힘주어 밀치고 간수가 들어가면서 기괴한 소음이 생긴다.

⑤ 동일하게 반복되는 저음부 반주(오스티나토)와 그 위에서 펼쳐지는 때로는 아름답고 때로는 슬프고 우울한 악상 조각들은 사형수의 뇌리를 주마등처럼 스쳐가는 회상들을 연상시킨다. 모든 희망이 무너져 좌절한 중범죄자라 하더라도 그 또한 어린 시절에는 사랑받던 아이였을 터이다. 하지만 이제 곧 형장의 이슬로 사라질 운명이다. 솟구치는 감정이라고는 쓰라린 후회와 스멀거리는 공포밖에 없을 것이다.

⑥ 교수대에서 최후를 맞이하게 될 사형수의 심장 박동은 터질 듯이 거칠어지고 빨라지면서, 이 곡은 피날레 크레셴도로 치닫는다. 극도로 긴장되고 신경질적인 악상의 종결부에 이르면, 교수대의 밧줄이 끊어지고 그것으로 사형수의 삶도 끝난다. 이 부분에서 시청각적 도상(끊어지

그림 11-13 「마지막 날 새벽에」의 도입부(위)와 종결부(아래)

표 11-2 **다양한 캐릭터와 서사 내용의 핵심**

유형	특징	사례
아킬레스	완벽에 가까운 (그러나 치명적인 단점을 가진) 인물이 곤궁을 겪다가 벗어남	슈퍼맨, 삼손
캉디드	매우 낙천적인 태도로 늘 행운이 따름	인디애나 존스
신데렐라	숨겨진 덕행이 밝혀지면서 고난을 극복하고 행운을 차지함	프리티 우먼, 피그말리온, 심청
키르케	악녀, 요부형 미인으로, 사랑에 빠진 남자를 파탄에 빠뜨림	팜므파탈
파우스트	악마에게 영혼을 팔고 부와 명예를 얻지만 결국 숨겨진 운명에 패함	박쥐, 파우스트
오르페우스	소중한 것을 잃는 비극과 잃어버린 것을 복구해 가는 과정을 겪음	로빈슨 크루소, 캐스트 어웨이
로미오와 줄리엣	이루어질 수 없는 사랑(외부적 요인)	타이타닉, 웨스트사이드 스토리
트리스탄	이루어질 수 없는 불륜(내부적 요인)	스캔들, 졸업

는 소리와 모습)과 운동적 도상(실제로 줄을 끊는다)이 실현되도록, 연주자는 자신의 악기(기타)의 줄을 끊어야 한다.

3) 로드리고의 「아랑훼즈 협주곡」: 표제음악의 스토리텔링

작곡자 자신이 구체적인 설명을 남기지 않았던 「샤콘느」와 달리, 스페인의 작곡가 호아킨 로드리고(Joaquin Rodrigo)는 자신의 생애를 주도동기로 삼아 불후의 명곡인 「아랑훼즈 협주곡(Concierto de Aranjuez)」을 남겼다. 드라마틱한 서정적 모티브를 가진 인생의 역작에서 로드리고는 스페인 특유의 우울한 감성(duende)을 탁월하게 표현한 바 있다.

서사구조의 전형을 충실하게 따르는 「아랑훼즈 협주곡」에서 로드리고가 자신의 인생을 투영한 부분은 2악장인데, 그 안에서 묘사된 서사

그림 11-14 「아랑훼즈 협주곡」의 2악장 독주부

구조와의 대응을 살펴보자(〈그림 11-14〉 참조). 기타 독주 부분의 서두(b단조 화음)는 어린 시절에 열병을 앓아 실명한 불우한 천재 작곡가 로드리고 자신의 처절한 신세를 은유한다. '신'을 은유하는 오케스트라의 위압적인 선율과 이에 응답하는 기타 파트의 '레시타티보(recitativo)'와 '카덴차(cadenza)'(독주 즉흥부)는 아이를 사산하고 사경에 몰린 로드리고의 아내 빅토리아 캄히와 뱃속에서 죽은 아이의 운명을 두고 신에 대한 원

그림 11-15 **텍스트의 서사구조**

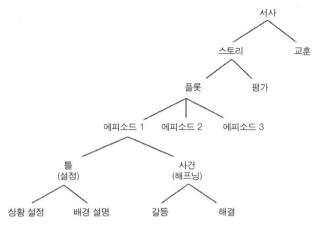

자료: van Dijk(1980).

망과 분노를 표현하는 이 곡의 절정부이다. 이러한 전개는 소설이나 소나타에서 전형적으로 사용되는 기법인데, 문예학자 퇸 판 데이크(Teun A. van Dijk)의 서사구조 모형에 비추어, 2악장의 구조와 서사 동선의 대응을 살펴보자(〈그림 11-15〉 참조).

① 상황 설정(Umstände-Circumstance): 도입부의 b단조 화음은 아랑훼즈 평원의 시골에서 신혼을 보내는 로드리고 부부의 평온한 일상과 다가오는 불안감을 대조해 묘사한다.

② 배경 설명(Exposition): 맹인 로드리고와 결혼한 피아니스트 아내 캄히는 첫 아이를 임신하지만 그만 사산하고 본인 또한 사경을 헤맨다.

③ 갈등(Komplikation): 아이의 사산과 사경으로 내몰린 아내를 지켜보면서, 로드리고는 신에게 간청도 하고 신을 저주하기도 하면서 애원과 원망을 오가는 갈등에 빠진다.

④ 문제 해결(Lösung): '아내의 회복'과 '죽은 아이의 승천'이라는 갈림길 구조로 짜인 에피소드(Episode)에서, 애절한 기타 독주는 로드리고를 상징하며 위압적인 오케스트라 반주는 준엄한 신의 위엄을 연상시킨다.

⑤ 플롯(Plot): 레시타티보와 카덴차는 원망과 애원, 분노와 좌절을 반복하는 로드리고와 신의 대립 과정을 상징한다.

⑥ 교훈(Moral): b단조에서 시작해 E장조로 전조되며 피아니시모로 맺어지는 종결부의 마지막 세 개의 음은 기타의 하모닉스 주법이다. 아마 아이가 천국으로 향하며 부모에게 보내는 작별의 손짓이었을 것이다. 아이와의 작별에 대한 슬픔과 아내의 회복에 대한 안도감이 교차하면서, 로드리고는 신이 내린 삶과 죽음의 처분을 받아들인다.

5. 장르: 팝뮤직

고전음악이든 대중음악이든 또는 전위음악이든 간에, 음악 장르들은 시대사조라는 큰 틀 속에서 악기 편성 및 연주 형태, 작곡 형식, 화음과 선법, 리듬(비트)과 속도, 주제, 감성 코드, 그리고 지역성과 사회적 이슈 등에 따라 비일관적인 방식으로 명명된다. 일단 팝뮤직의 특성은 크게 보아 ① 부드럽고 낭만적인 음색[예를 들어, 대중음악 스타일(Tin Pan Alley)], ② 강렬한 리듬과 정서적 강도[예를 들어, 흑인/미국/유럽/라틴 재즈(African/American/European/Latin Jazz), 가스펠(Gospel), 블루스(Blues)], ③ 서정적 주제와 흥얼거리는 스윙 음악, 발라드처럼 '감성'에 맞추어져 있다.

이를 고려한 대략적인 갈래는 〈표 11-3〉과 같다. '록 뮤직(Rock music)'의 감성 특징은 '흥얼거리는(crooning) 음악'과 대립한다(〈표 11-4〉 참조).

표 11-3 **팝뮤직의 갈래**

하위 장르	내 용	가수/작곡가
성인용/동시대의 대중용 팝음악 (Adult Contemporary)	올디스 혼합 & 더 감미로운 록 (mix of oldies & softer rock hits)	셀린 디옹, 백스트리트 보이즈
동시대의 히트 라디오(음악) (Contemporary Hit Radio)	금주, 이번 달, 올해의 히트곡(current hits) 팝 메들리(mixing pop)	머라이어 캐리
	록 음악(ROCK)	메탈리카
컨트리 음악 (Country)	전통 컨트리 음악(traditional country)	돌리 파튼
	도시 풍 컨트리 음악(urban country)	딕시 칙스, 리앤 워맥
	록 풍의 컨트리 음악(rock country)	샤니아 트웨인
모던 록 (Modern rock)	하드록(hard rock) 인더스트리얼 록(industrial rock)	홀(Hole), 콘(Korn), 매릴린 맨슨
랩과 힙합 (Rap & Hip-hop)	랩 힙합: 그래피티/브레이크 댄스 등을 동반	에미넴, 윌 스미스
올디스 (Oldies)	1950년대와 1960년대의 록 음악	엘비스 프레슬리
고전 록 (Classic Rock)	1960년대 후반, 1970년대, 1980년대의 록 음악	롤링 스톤스, 카즈(The Cars), 엘비스 코스텔로, 폴리스
리듬 앤 블루스 (Rhythm & Blues)	고전적인 리듬 앤 블루스(classic R&B)	티나 터너
	현대 리듬 앤 블루스(contemporary R&B)	루서 밴드로스
실험음악 (Experimental)	대학 방송국을 중심으로 퍼지는 록 포크(rock folk)	
라틴 음악 (Latin)	히스패닉	페페 아길라르, 리키 마틴, 제니퍼 로페즈
재즈 앤 블루스 (Jazz and Blues)	두 트렌드를 동시에 소화 주로 전통 재즈 및 블루스	허비 행콕, 루이 암스트롱, 밥 제임스, 스티비 원더 등
퓨전 재즈* (Fusion Jazz)	클래식과 재즈의 퓨전	클로드 볼링, 자크 뤼시에
가스펠·찬송가 (Gospel)	찬송가	샤카 칸
프로그레시브 록* (Progressive Rock)	클래식과 록 음악의 퓨전	ELP(Emerson, Lake & Palmer) 말름스텐(Ingwie Malmsteen)

자료: Danesi(2002: 96~97).
주: *가 표시된 항목은 필자가 보완한 내용임.

표 11-4 '흥얼거리는 음악'과 '록 뮤직'의 차이

흥얼거리는 음악		록 뮤직
감미롭고 상냥한 (soft and tender)		시끄럽고 거친 (oud and rough)
차분하고 절제된 리듬 (restrained rhythms)	VS	매우 강렬한 리듬 (hard-driving rhythms)
물 흐르듯 거침없이 이어지는 선율 (flowing melodies)		딱딱 떨어지는 냉철한 선율 (ard-edged melodies)
낭만적 서정시 (omantic lyrics)		섹스를 암시하는 내용의 서정시 (yrics tangered with allusions to sexuality)

자료: Danesi(2002: 89).

표 11-5 록 뮤직에서 연상되는 특징

록 뮤직 장르	시기	연상 특징
골든 록 (Golden rock)	1950년대	섹스, 성적 매력(sexuality), 저항(rebellion), 낭만(romance)
클래식 록 (Classic rock)	1960년대 초반	저항(rebellion), 반체제(anti-establishment), 사회적 쟁점(social issues), 혁명(revolution), 개성(individuality), 자유로운 사랑(free love)
디스코 (Disco)	1960년대 중반~ 1970년대	자유로운 영혼(free spirit), 글래머(glamour), 섹스, 성적 매력(sexuality), 쿨한 외모(cool appearance)
펑크 (Punk)	1960년대 중반~ 1970년대	반체제(anti-establishment), 전통적인 가치의 붕괴(disruption of traditional values), 노골적인 음탕·외설(blatant carnality), 섹스, 성적 매력(sexuality), 엽기(weirdness), 폭력(toughness)
힙합 (Hip-hop)	1980년대 중반~ 2000년대 초반	길거리의 요령·풍(street savvy), 자기스타일화된 정체성(self-styled identity), 다른 힙합 동지들과의 형제애(brotherhood with other hip-hoppers)

자료: Danesi(2002: 96).

마르셀 다네시(Marcel Danesi)의 분류(Danesi, 2002)는 다분히 북아메
리카 및 유럽 중심적이기 때문에 여타 지역의 민족음악(Ethnomusic)[아
르헨티나 탱고, 브라질 삼바와 보사노바, 나이지리아의 주주(Juju)-뮤직, 인도
의 발리우드]의 계보를 충분히 반영하지 못했다[J-팝, K-팝, 엔카(演歌), 트

로트 등은 말할 나위도 없다). 그가 제시한 개별 하위 장르들의 분석 또한 텍스트언어학의 성과에 비하면 개략적인 수준이므로, 후속하는 개별 연구들에서 더 자세히 다루어야 할 것이다.

6. 맺음말

음악을 비롯한 예술작품에는 계산할 수 있는 규칙과 계산으로 환원하기 어려운 감성 영역이 뒤엉켜 있다. 질서는 선법과 화성학으로 재구성될 수 있으며, 이야기 구조는 문학 양식과 기호학적 원근법으로 조명할 수 있다. 이 글에서는 바흐의 「샤콘느」와 클레냥의 「마지막 날 새벽에」, 그리고 로드리고의 「아랑훼즈 협주곡」을 사례로, 의미론적 차원에서는 음과 화성의 계열적 구조를, 통사론적 차원에서는 선법과 선율을 대응시켜 보았다. 궁극적으로는 텍스트 서사구조의 층위에서 의미와 통사 및 담론적 특성을 유추해 기호학적 완결성을 가늠해 볼 수 있었다.

바흐 「샤콘느」의 대위법은 종교적 메시지와의 의미론적 동형성에 머무르는 한계 때문에 정합적인 이야기 구조로 전개되지 못했던 반면, 클레냥과 로드리고의 작품은 의미론적 대응을 기반으로 이야기 동선들을 연결해 텍스트 차원의 동형성에 성공한 걸작이 되었다. 이처럼 음악작품에 숨겨진 기호학적 구조를 발굴하는 작업은 기호학자나 음악학자 모두에게 흥미로운 과제이다.

음악기호학은 기호학 분과에서 여전히 생경하고 연구가 덜 진척된 분야이다. 초창기 연구에서는 주로 고전음악이나 대가들의 음악을 대상으로 삼았던 반면, 최근에는 록이나 팝, 가요, 재즈, 대중음악 등에 대한 연구도 나오고 있다(Nöth, 2000; Danesi, 2002). 대중음악이나 악곡의 가사(텍스트)에 대한 연구는 음악기호학의 텍스트언어학적 부문으로 볼 수 있다. 그러나 음악기호학은 음악과 수반된 제반 기호, 텍스트, 무대 장치, 장르 등 다양한 인접 주제를 포함한 영역까지 확장되어야 하며, 이를 위해 음악학과 기호학, 텍스트언어학을 비롯한 유관 분야들의 유기적인 협동이 필요하다는 점은 두말할 나위가 없다.

참고문헌

강헌. 2020. "음악사의 역사적 순간". EBS 클래스e. https://classe.ebs.co.kr/classe/detail/show?lectId=20314845&prodId=133545

김치수·김성도·박인철·박일우. 1998. 『현대기호학의 발전』. 서울대학교출판부.

김희열. 2014. 『가곡으로 되살아난 독일 서정시 I』. 지식산업사.

_____. 2015. 『가곡으로 되살아난 독일 서정시 II』. 지식산업사.

박여성. 2014. 『응용문화기호학: 몸, 매체 그리고 공간』. 북코리아.

서우석. 1995. 「음악, 기호학의 경계선」. 한국기호학회. ≪기호학 연구≫ 제1집.

호프스태터, 더글러스(Douglas R. Hofstadter). 2017. 『괴델·에셔·바흐: 영원한 황금 노끈』. 박여성·안병서 옮김. 까치글방.

Bach, J. S. and Carl Flesch. 1930. *Sonaten und Partiten für Violine Solo*. Neue Ausgabe von Carl Flesch. Edition Peters. Leipzig.

Danesi, Marcel. 2002. *Understanding Media-Semiotics*. Arnold Publishers.

Gülich, Elisabeth and Wolfgang Raible. 1976. *Linguistische Textmodelle*. München: Fink.

Morris, Charles. 1970. *Foundations of the Theory of Signs*. Chicago: The University of Chicago Press.

_____. 1971. *Signs, Language and Behavior*. New York: Prentice-Hall.

Nöth, Winfried. 2000. *Handbuch der Semiotik*. J. B. Metzler.

Tarasti, Eero. 1979. *Myth and Music: A Semiotic Approach to the Aesthetics of Myth in Music especially that of Wagner, Sibelius and Stravinsky*. Mouton de Gruyter.

_____. 1995. *Musical Signification, Essays in the Semiotic Theory and Analysis of Music*. Mouton de Gruyter.

van Dijk, Teun A. 1980. *Textwissenschaft: Eine interdiziplinäre Einleitung*. München, dtv.

1. 소나타의 구성과 소설의 서사구조를 비교하라.

2. 서양의 음계법과 한국의 오음계를 감성에 비추어 비교하라.

3. 성악곡의 가사와 음률의 기호학적 관계를 찾아보라.

››› 연습문제 해설 1

모차르트 또는 비교적 간단한 체르니, 클레멘티의 피아노 소나타나 연습곡에서 우리에게 익숙한 곡을 고른 다음, 떼어낸 소절에서 언어적 통사구조와 비슷한 부분을 찾아보는 과제이다. 이를테면 문장의 주어와 술어를 악곡의 주제(도입)와 전개부에 견주어보라. 문학작품으로는 헤르만 헤세의 『데미안』에 그려진 인간 형성의 3단계와 소나타의 도입, 주제, 전개, 종결에 투영된 서사구조의 통사적 특성을 비교해 볼 수 있다.

››› 연습문제 해설 2

서양음악의 기본구조인 12음(온음 8개와 반음 4개) 구조, 그리고 동아시아의 5음계(궁상각치우 또는 무림황태중)에서 즐겨 표현되는 감정의 차이(기쁨, 슬픔, 외로움, 영광, 허무 등)를 몇 가지 작품에서 대조해 들으면서 느껴보라.

››› 연습문제 해설 3

슈베르트의 예술가곡(Lied)에서는 당대 시인들의 주옥같은 시를 가사로 사용했다. 연가곡집 「아름다운 물방앗간의 아가씨」, 「겨울나그네」, 「마왕」의 가사를 찾은 후(유튜브에서 풍부하게 찾을 수 있다), 특정한 가사(시구)와 멜로디, 화음이 어떻게 대응하는지 추적하면서 감상해 보라. 처음에는 상관관계가 잘 들리지 않겠지만, 반복해서 듣다 보면 어느 순간 특정한 가사가 특정한 멜로디, 박자 및 화음과 조응한다는 것을 느끼게 될 것이다.

제12장

스포츠기호학[*]

송치만

1. 들어가기

스포츠의 영역에서 발생하는 다양한 이벤트를 기호학적 관점으로 살펴보려고 하면, 스포츠의 어떤 면이 기호학적 대상이 될 수 있는가 하는 문제가 먼저 대두된다. 그러면 기호학자들은 어떤 이야기들을 했을까? 어떤 대상도 기호학적 관심사로 만들어낼 수 있었던 롤랑 바르트(Roland Barthes)는 역시 바르트답게 프로레슬링과 투르 드 프랑스를 흥미로운 담화로 재생산해 내고 있다. 그는 프로레슬링의 자명한 기호 생산 방식과 해석의 투명성을 명철하게 보여준다. 관중에게 해석의 여지를 주지 않고 순수 자극에 호소하는 선수들의 몸짓들, 고통을 가장하지 않고 오히려 그

---

*   이 글은 ≪기호학 연구≫ 제23집(2008)에 실린 「스포츠 담화의 기호학적 분절」이라는 논문을 재구성한 것이다.

고통을 과장하는 레슬러들, 선과 악의 표지들이 명백하게 새겨진 레슬러들의 삽화적인 몸 같은 바르트의 해석은 매우 흥미롭다. 유럽의 문화적 코드를 바탕으로 자전거 경주 선수들의 별명을 해석하는 과정 또한 눈길을 끈다. 움베르토 에코(Umberto Eco)의 통찰 역시 뒤지지 않는다. 스포츠 선수의 기형적인 몸을 전족을 한 게이샤의 뒤뚱거리는 몸에 비유한다. 대부분의 스포츠 종목은 신체의 특정 부위를 발달시켜야 한다는 점에서 이러한 통찰은 설득력 있어 보인다. 이런 방식으로 스포츠에 대해 이차 담론을 형성하는 것은 얼마든지 가능할 것이다. 1년 내내 스포츠 이벤트는 진행되고 있으므로 크고 작은 사건들이 기호학의 시선을 기다리고 있을지도 모른다.

그러나 스포츠 경기 자체가 가진 의미작용에 대한 논의는 보이지 않는다. 관중은 경기를 보고 인지적으로 해석하고 상황에 맞는 응원을 보내기도 하며 정념적 차원의 동요를 겪기도 한다. 이런 일이 가능한 이유는 무엇일까? 그것은 바로 경기가 의미를 갖기 때문이다. 경기가 의미 없는 산만한 몸짓의 연속이라면 해석의 여지도 없을 것이고 정념의 동요를 일으킬 수도 없을 것이다. 그렇다면 스포츠 경기를 의미를 갖는 대상으로 한정하고 그 의미의 생성 과정을 설명할 수 있어야 한다. 기호학은 분석 대상을 재구성하고 이를 다루는 이차언어를 고안하면서 자신의 분석을 진행한다. 날것 그대로의 대상을 기호학적 분석에 적절한 방식으로 다시 볼 필요가 있는 것이다. 재구성이라는 것은 분석 대상을 임의대로 변형한다는 의미가 아니라 기호학적 분석 방식으로 살펴본다는 의미이다. 더불어 대상에 대한 이차언어의 필요성은 절대적이다. 시각적 대상을 분석하기 위해 많은 기호학자들이 상당한 노력을 기울였던 기호학사를 상기하면 충분히 이해할 수 있다. 다행히도 기호학은 그간 다양한 장르의 텍스트를 분석하는 성과를 축적해 왔다. 이런 성과들을 바탕으로 스포츠 경기라는 텍스트에 접근해 보고자 한다.

대상의 한정과 메타언어의 고안이라는 문제는 스포츠라는 장르적 특성으로 인해 어려움을 겪게 된다. 스포츠 종목의 다양성이 어려움의 근원이라 할 수 있다. 다양한 종목을 관통하는 일관된 메타언어의 고안이 필요한 셈이다. 특히 경기의 의미를 구성하는 단위들이 무엇일까라는 질문이 이러한 메타언어를 구성하는 핵심이 된다. 기호학이 언어학에서 많은 영감을 얻어 왔지만 긍정적으로 또는 부정적으로 작용한 것이 바로 이중 분절의 개념이다. 이 글에서는 복잡한 논란으로 빠지지 말고 이중 분절의 구상만을 고려하면서 스포츠를 구성하는 단위들을 고려해 보고자 한다. 스포츠에 고유한 단위들이 있다면 그 단위들이 결합되면서 개별적 의미를 만들어낼 것이다. 해석적 관점은 경기라는 텍스트로부터 개별 단위 및 그 단위들의 결합을 인식하는 과정이다.

이제 스포츠의 다양한 종목을 아우르는 기본 단위를 찾아내는 작업을 시도해 보고자 한다. 다시 말해 여러 스포츠 종목을 아우르는 스포츠 담화의 보편적인 분절 방식을 탐구하려 한다.

2. 스포츠를 구성하는 세 가지 차원의 단위

먼저 분절 기준을 제시하고 축구와 야구의 분절에 대해 구체적으로 살펴보는 방식을 택하기로 한다. 스포츠 경기는 각기 정해진 규칙으로부터 지배를 받는다. 정해진 경기장에서 일정한 수의 선수들이 경기 규칙을 준수하며 경쟁한다. 경기는 규칙에 따라 시작되고 중단되며, 재개되고 종료된다. 이러한 과정은 경기 중에 여러 차례 반복되고 이러한 반복이 경기 전체를 구성한다. 따라서 일차적으로 규칙에 따른 분절을 고려할 수 있다.

경쟁이 필연적으로 존재하는 스포츠 담화는 논쟁적인 성격을 갖기 때문에 전략이 중요한 요소로 작용한다. 스포츠 경기의 행위 주체는 승리를 쟁취하기 위해 고도로 발전된 전략을 사용하기 마련이다. 그러나 스포츠 담화의 상호주체적 성격은 전략의 충돌을 야기하고 이에 따른 전략의 변화를 가져온다. 따라서 전략 변화에 따른 분절 역시 가정해 볼 수 있다. 경기 종목에 따라서 수많은 전략의 변화를 겪기도 하고 단순한 전략으로 경기가 마무리되기도 할 것이다. 중요한 것은 경기 종목에 고유한 전략을 파악해 그 변화를 찾아내는 것이다.

스포츠 담화의 또 다른 특징은 서사적 구조를 갖는다는 것이다. 경기를 한 편의 드라마로 보는 속설을 언급하지 않더라도 경기는 서사성을 갖는다고 할 수 있다. 경기의 시작 상태와 종료 상태 사이에는 언제나 변형이 존재하기 마련이다. 따라서 스포츠 담화의 서사성을 부정할 수 없다. 서사 문법이 제시하는 논리적 연쇄의 단위들이 스포츠 담화에 적용되는 과정을 검토하는 것이 서사 분절에 해당한다.

이상의 세 가지 차원은 모든 스포츠 경기에서 필연적으로 관찰되므로 이 차원들을 스포츠 담화 분절의 기준으로 삼고자 한다. 이제부터 각 분절의 기준은 무엇이며, 그 분절이 축구와 야구에서 어떻게 구상화되는지를 살펴보기로 한다.

1) 규칙적 분절

경기의 규칙이라 함은 심판이 적용하는 판정만을 의미하는 것이 아니다. 경기장의 구성, 관중의 위치, 경기의 진행 방식, 선수의 구성 방식 등이 총체적으로 규정된 것이라 할 수 있다. 따라서 경기는 규격화된 운동장에서 정해진 수의 선수들이 규칙을 준수하며 진행된다.

먼저 축구 경기는 거시적으로 전·후반 45분이라는 시간적 제한이 있는 형식으로 구성된다. 그러나 좀 더 미시적 관점을 견지한다면 경기는 규칙의 적용에 따라 훨씬 자주 중단되고 다시 시작된다는 것을 알 수 있다. 공이 운동장을 벗어나거나 선수가 규칙에 어긋나는 행동을 했을 때 경기는 중단되고 공격권이 유지되거나 변화하면서 속개된다. 우리는 이와 같은 경기 중단에서 속개까지를 하나의 분절 단위로 보고자 한다.

예를 들어 분절 단위들의 연쇄를 경기 개시(A팀, 1분)−옆줄 던지기(B팀, 1분)−프리킥(A팀, 2분)−골킥(B팀, 3분)−옆줄 던지기(B팀, 3분)와 같이 상상해 볼 수 있다. 이러한 분절은 양 팀의 경기 진행 양상을 고찰할 수 있다는 장점이 있다. 한 팀이 코너킥의 시퀀스를 몇 번이나 실행했는지를 살펴보면 그 팀의 공격적 성향을 파악할 수 있다. 반칙으로 인한 프리킥을 몇 번 했느냐를 통해 상대가 얼마나 거칠게 경기를 했는지 파악할 수 있다. 이러한 방식은 시간적 분절과 함께 복합적으로 사용할 수 있다. 특정 기간 동안 얼마만큼의 공격과 수비가 교환됐는지를 파악할 수 있다는 것이다.

야구의 규칙적 분절은 더 명백하다. 각 팀은 교대로 총 아홉 번의 공격과 수비를 한다. 각 공격은 세 번의 아웃으로 구성된다. 그러나 세 번의 아웃이 되기까지 여러 선수가 등장할 수 있다. 세 번의 아웃에 이르기까지 안타, 볼넷, 홈런 등 여러 가지 분절 단위가 일어난다. 그뿐만 아니라 각 아웃을 위해서는 세 번의 스트라이크가 필요한데 이 과정에도 볼과 파울볼이 여러 번 개입할 수 있으므로 원 아웃을 구성하는 데 여러 분절 단위가 필요하다. 예를 들어 한 회의 분절 단위들은 안타-땅볼 아웃-사구-안타(득점)-플라이 아웃-땅볼 아웃과 같이 얽어질 수 있다.

우리는 축구와 야구의 규칙 분절을 살펴보면서 이 분절 단위가 더 작은 단위로 나눠질 수 있음을 알 수 있다. 야구의 경우, 투수가 던지는 공하나하나가 모여서 한 명의 타자와 상대하게 되고 세 명의 타자의 아웃을 통해 한 회가 구성된다. 투수가 한 명의 타자를 상대할 때 최소 1개 이상, 그리고 대략 10개 이하의 공을 던진다. 이때 투수가 던지는 공의 목록은 한정되어 있다. 직구, 커브, 슬라이더, 싱커, 포크볼, 너클볼, 체인지업 등 10여 종의 목록을 작성해 볼 수 있다. 이는 투수가 한 타자를 상대하는 통합적인 구성을 하는 데서 선택 가능한 계열체적 목록이 된다. 그러나 이러한 목록이 모든 선수에게 열려 있지는 않다. 선수에 따라 이 목록 중에서 사용할 수 있는 구종이 한정되어 있다. 대개 투수는 서너 가지의 구종을 이용해서 한 타자와 상대하는 시퀀스를 만들어낸다. 타자 역시 투수가 활용할 수 있는 구종을 염두에 두고 자신이 잘 칠 수 있는 구종을 생각하면서 타격 전략을 세운다.

축구의 분절 단위도 더 작은 단위들로 구성되어 있음을 알 수 있다. 축구 선수들은 손과 팔을 제외한 모든 신체 부위를 이용할 수 있다. 대개는 머리, 가슴, 발, 세 개의 부위를 주로 사용한다. 다시 말해 선수들은 이러한 신체 부위를 이용해서 볼을 보내거나 전달받는다. 앞서 말한 규칙적 분절 단위는 이러한 볼 터치의 하위 단위들로 구성되는 것이다. 좀 더 세부적으로 살펴보면 킥은 인사이드 킥, 아웃사이드 킥, 인 프런트 킥, 아웃 프런트 킥, 토 킥, 힐 킥, 인스텝 킥 등으로 나눌 수 있다. 선수들은 상황에 맞게 볼을 받거나 전달하는 방식을 선택한다. 따라서 이들은 규칙적 분절의 시퀀스를 구성하는 하위 단위로 계열체적 선택 단위가 되는 것이다. 예를 들어 긴 패스 두 번과 짧은 패스 한 번으로 슈팅에 이른다면 두 번의 인스텝 킥과 한 번의 토 킥이라는 시퀀스가 구성되는 것이다.

우리는 규칙적인 분절 단위들이 더 작은 단위들의 다양한 연쇄를 통해 구성된다는 것을 확인했다. 이러한 과정은 기호학적 구상이 갖는 가장 기본적인 과정이라 할 수 있다. 논리적인 순서에 따르는 통합적인 관계는 계열체의 선택 작용도 좌우한다. 결국 분절의 절차는 통합적 관계와 계열적 관계의 제약을 이해하면서 진행되어야 한다. 야구에서 투수가 던지는 하나의 공은 계열체적 선택으로 볼 수 있지만, 이는 전후의 투구 내용과의 통합체적 관계 속에서만 논리적인 이유를 알 수 있다. 축구의 경우도 마찬가지로 하나의 킥이 선택되는 것은 공을 전달받고 전달하는 과정을 고려한 상황에서 이루어지는 통합체의 일부분일 뿐이다. 투구나 킥이 모여 구성된 프리킥, 안타와 같은 형식적 분절 단위들 역시 발생할 수 있는 계열체 중의 하나이고 전후의 단위들과의 통합적 관계 속에서 의미를 갖는다. 이러한 결합과정은 최종적으로 전체 경기라는 담화체를 구성하는 데 이르게 된다. 세부적인 분절 단위가 존재하는데도 우리가 규칙적 분절을 첫 단계로 보는 이유는 다양한 종목을 포섭하는 보편적 단위를 고려하기 때문이다. 다시 말해 스포츠 종목에 공통적으로 존재하는 규칙이라는 기준을 존중하는 것이다.

규칙적 분절의 결과가 스포츠 세계에서 경기 데이터라고 제시되는 것과 유사해 보일 수 있다. 그러나 기호학적 분절은 계열체적 선택과 통

합적 결합이라는 원칙하에 스포츠 담화 구성의 논리적 과정을 설명할
수 있다는 점에서 큰 차이가 있다.

2) 전략적 분절

　전략적 분절은 축구나 야구에 대한 좀 더 복잡한 이해가 필요한 부분
이라 할 수 있다. 모든 팀은 경기에 임하면서 적절한 전략을 구상하고
실행한다. 그러나 전략은 경기장에서 대립하고 있는 두 팀 모두 가지고
있고 서로 상대 우위를 점하려고 노력한다는 점에서 매우 복잡하다. 그
뿐만 아니라 전략은 언제나 원하는 대로 구사되거나 성공하는 것이 아
니어서 경기 중 변화하기 마련이다. 이러한 전략의 변화는 실제 경기에
서 선수 구성이나 교체를 통해 드러난다. 감독이 수행하는 전략의 변화
는 선수들의 위치나 역할 변화를 통해서도 감지될 수 있는데, 이러한 양
상에는 아주 세심하고 전문적인 시선이 개입되어야 하는 경우가 많다.
　축구의 경우 선수 구성은 전형이라는 이름으로 알려져 있다. 3-5-2나
4-4-2와 같은 선수 배치가 그 예라 할 수 있다. 그런데 한 팀의 전형은 경
기에 따라 변하고 경기 중에도 변할 수 있다. 전형의 변화는 선수 이동
이나 교체에 의해서 이루어진다. 공식적인 경기에서 한 팀은 세 명의 선
수를 교체할 수 있다. 우리는 여기서 각 선수의 가치가 팀 전체의 가치
를 변화시킬 수 있는 요소가 된다는 점에 주목해야 한다. 한 팀이 전략
을 유지한 채 선수의 변화만 시도하는 경우라 해도 그 팀은 새로운 능력
을 갖춘 변화된 팀이라 할 수 있다. 이 점에서 선수 구성의 변화가 전략
적 분절의 기준이 된다는 것을 확인할 수 있다.
　예를 들어 경기에 지고 있는 상황에서 후반전을 맞는다면 감독은 미드

필더나 수비수를 대신해서 공격수를 투입할 수 있다. 2002년 월드컵의 한국과 이탈리아 경기에서 0 대 1로 리드 당한 한국 팀은 미드필더 한 명과 수비수 두 명을 공격수로 교체했다. 이러한 상황은 경기를 시작할 당시의 전형과는 다른 전형이다. 경기는 세 번의 전략적 분절을 거쳤다고 할 수 있다. 변화 방향은 점차 공격적 전략을 선택하는 쪽으로 진행된 것이다. 반면에 이탈리아 팀은 1 대 0으로 리드한 후반전에 공격수 대신 미드필더를 투입해 수비적 전략을 선택했다. 축구에서 선수가 퇴장당하는 경우를 종종 볼 수 있는데 이탈리아 팀의 경우 한 선수의 퇴장으로 한 번의 분절이 더 일어났다고 할 수 있다. 두 팀의 전략적 분절이 일어난 시점을 서로 비교하는 것도 경기 해석에 흥밋거리를 제공해 준다.

선수 교체 없이 선수 간에 위치를 교환한다거나 공격이나 수비방법을 변화하는 방식으로 전술을 변화시킬 수도 있다. 이 경우 스포츠에 대한 인지적인 해석 능력이 부족한 관중들은 변화를 감지하기 힘들 수 있다. 그러나 텔레비전 중계를 시청하는 수용자들은 해설자의 설명을 통해 전략 변화의 양상을 이해할 수 있다.

야구의 경우도 전략적 분절은 역시 선수 구성과 관련되어 있다. 야구는 축구와 달리 투수와 타자의 구성이라는 두 가지 측면을 고려해야 하는 어려움이 있다. 먼저 투수 교체에 따른 분절을 위해서 '선발-중간-마무리'라는 전형화된 통합체를 상상할 수 있다. 통합체를 구성하는 방식은 투수 운용이라는 논리적 방식이 적용된 것이다. 선발 투수는 5~6이닝을 책임진다. 이어서 중간 투수진은 마무리 투수가 등장하기 전까지 경기를 책임진다. 마무리 투수는 이름대로 경기를 마무리하는 역할을 수행한다. 마무리 투수는 8회 2아웃이나 9회에 등판해 승리를 지키는 역할을 한다.

이들의 논리적인 연쇄는 계열체적 선택의 가능성, 상대 팀의 전략, 경기의 진행 상황을 고려해서 이루어진다. 선발 투수의 경우 한국 프로야구는 5인의 선발 로테이션을 유지하기 때문에 일반적으로 예측이 가능하다. 중간부터는 선택 가능성이 조금 더 복잡해진다. 경기가 승리 또는 패배를 향해 진행되는지에 따라 중간 투수진이 선택된다. 또한 상대팀의 선수 구성 역시 계열체적 선택에 영향을 미친다. 좌타자가 연속 등장한다면 이에 강한 좌투수가 선택된다. 마무리 투수의 등장 여부는 경기 승패에 더욱 직결된다. 마무리는 승리를 지키는 역할을 하기 때문에 지는 경기에는 모습을 드러내지 않기 마련이다. 한 팀은 보통 10여 명의 투수와 더불어 경기에 임한다. 이러한 상황을 고려할 때 투수들의 통합적 구성은 예측 가능하다고 할 수 있다. 기호의 가치는 관계에 의존한다는 페르디낭 드 소쉬르(Ferdinand de Saussure)의 말을 연상시키는 상황이라 할 수 있다.

아홉 명으로 구성되는 타자의 경우는 1~2번의 테이블 세터, 3~5번의 클린업 트리오, 6~9번의 하위 타선이라는 통합적 구성을 보인다. 발이 빠르고 출루율이 높은 1~2번 타자가 진루하면 타격이 좋은 3~5번이 득점을 내는 방식이 타자 측면의 통합적인 연쇄라 할 수 있다. 타격이 약한 하위 타선은 상위 타선과 연결을 도모하는 역할을 수행한다. 타자 측면의 전략적 분절은 상대 투수에 따라 이루어지는 것이 일반적이다. 즉, 계열체적 선택은 자기 팀의 통합적 구성과 더불어 상대 팀의 전력을 고려하면서 이루어진다. 언더 핸드 투수에 약한 우타자 대신에 좌타자를 교체하는 전략적 분절은 실제 경기에서 종종 접할 수 있다. 그러나 이 경우도 자기 팀의 앞뒤 선수 구성, 즉 통합적 구성을 고려하면서 전략적 분절이 파악되어야 한다.

전략적 분절 단위와 그 단위들의 계열체적 선택에 따른 통합적인 연쇄는 경쟁하고 있는 두 팀 모두를 동시에 고려하면서 이루어지기 때문에 매우 복잡하다. 그러나 전략적 분절과 그 단위들의 조합 메커니즘을 이해하는 것은 인지적 측면에서 경기를 해석하는 데 중요한 부분을 차지한다.

3) 서사적 분절

이제 마지막으로 서사적 차원의 분절을 보다 상세하게 논해보기로 한다. 기호학, 특히 파리학파의 기호학은 서사 문법을 고안하는 데 많은 성과를 이루었다. 다양한 장르의 텍스트를 분석함으로써 이론의 보편성을 입증해 온 것이다. 앞서 언급했듯이 스포츠 경기 역시 서사성을 담지한 담화체라고 간주하면 당연히 그 전개 과정을 분절할 수 있다. 앞선 두 가지 차원의 분절이 스포츠 고유의 영역이라는 인상을 받는다면 서사적 차원은 기호학적 분석에 보다 적합한 대상이 되기 때문에 세세한 관찰을 시도하고자 한다.

스포츠 경기는 특히 논쟁적 서사구조를 가진 이야기라 할 수 있다. 선수들은 개인적인 감정을 가지고 경기에 임하지 않지만 경기 규칙의 틀 안에서 서로 대립하고 경쟁한다. 따라서 대립-지배-결과로 구성된 시련의 서사 도식은 논쟁적 이야기를 분절하는 과정에 중요하게 활용될 수 있다. 축구나 야구의 경우 팀이라는 두 주체가 경기에 임하면서 대립 관계를 형성한다. 두 주체는 능력의 우위를 점하기 위해 다툼을 벌이고 그 결과로 한 주체가 지배의 단계에 이른다. 이 주체는 결국 긍정적 결과에 이르게 된다. 그러나 경기는 단 하나의 시련의 시퀀스로만 구성되지 않는다. 한 경기를 기본 프로그램으로 가정한다면 이를 구성하는 하위 프로그램을 생각할 수 있다.[1] 이러한 하위 프로그램이 분절의 근거를 제시하는 것이다. 구기 종목의 경우 득점을 통해 하나의 하위 프로그램이 완성된다고 볼 수 있다. 득점이란 긍정적 결과에 이른 완성된 서사 단위이기 때문이다. 일반적으로 야구는 축구보다 많은 하위 프로그램으로 구성된다. 결국 대립하고 있는 두 주체는 더 많은 긍정적 결과를 축적함으로써 최종적인 결과에 이른다. 야구 경기에서 8 대 7이라는 점수가 기록되었다면 이 경기는 총 15개의 서사 분절 단위로 구성된다. 이 과정은 두 주체 간에 다양한 방식으로 진행될 수 있다. 경기 전체의 관점에서 보면 주체 간에 지배의 교차적 양상이 나타난 것이라 할 수 있다. 최종적인 결과를 통해 이야기는 완성된다. 여덟 번의 하위 프로그램을 완수한 팀은 기본 프로그램의 긍정적인 결과에 이른 주체가 되는 것이다.

득점이라는 기준으로 경기의 서사 분절 단위를 추출하는 과정은 명백히 단순하다. 분절 단위의 교차적 출현 양상에 주목하는 것 외에는 어려움 없이 결과에 이를 수 있다. 그러나 서사 분절의 문제를 스포츠 담화의 특성에 맞게 좀 더 다각적으로 모색할 때 이러한 단순함은 극복될 수 있다. 우리는 우선 축구와 야구에서 공간의 문제가 매우 중요하다는 데 주목할 수 있다. 축구는 공간 확보를 위한 치열한 다툼이 벌어지는 경기라 할 수 있고, 야구도 독특한 공간 분할이 이루어지는 경기라 할

---

1   기본 프로그램과 하위 프로그램에 대한 이해를 돕기 위해 바나나를 따고자 하는 원숭이의 예를 들곤 한다. 원숭이가 바나나를 따는 것은 기본 프로그램, 바나나를 딸 수 있는 도구를 찾는 행위는 하위 프로그램이라 할 수 있다.

수 있다. 서사 문법은 필연적으로 담화 층위의 공간화를 통해 구상화되기 때문에 야구와 축구의 서사 분절 단위가 담화화 과정에 어떻게 연결되는지를 살펴보는 것은 중요한 쟁점이 될 수 있다.

파리학파의 서사학이 구상한 의미생성 행로는 서사 층위와 담화 층위의 긴밀한 의미론적인 일관성으로 구성된다. 축구나 야구의 서사적 분절 단위가 시간, 공간, 인물의 단위들로 구상화되는 과정이 설명된다면 개별 종목의 서사적 분절의 특성이 좀 더 잘 드러날 수 있을 것이다.

먼저 스포츠 경기의 공간화 문제가 서사적 차원과 어떻게 연결되는지 살펴보기로 한다. 이야기의 시작과 끝 사이에 내용의 변형이 존재하고 이러한 변형 과정은 공간의 분절을 통해 표명된다. 알지르다스 그레마스(Algirdas J. Greimas)의 글을 통해서도 이 사실을 확인할 수 있다.

이야기의 공간화는 공간적 조직화의 통합체적·계열체적 특징을 드러나게 한다. 이야기가 자리 잡는 공간이 다음과 같이 순환적이고 대칭적이라면,

자신의 집에서 …… 자신의 집으로

이러한 대칭은 오로지 시간적·공간적 좌표에 기입된 내용의 변형을 강조하기 위해서 이루어지는 것이다.[2]

임무를 수행하기 위해 집을 나서고 임무를 수행한 후에 집으로 돌아오는 과정이 스포츠의 경기 진행과 유사하다는 것을 직관적으로 알 수

---

2   이 인용문은 그레마스의 『의미에 관하여 II』의 프랑스어 몇 구절을 필자가 번역한 것이다.

있다. 출발과 귀환의 과정을 좀 더 구체적으로 나눠서 살펴보자. 기호학의 서사 문법은 이야기를 안정적인 두 서사적 상태 사이에 위치한 논리적 변형으로 정의한다. 이때 변형이 일어나는 장소를 주공간이라 부른다. 고전적인 설화 분석에서는 보통 악당과의 전투가 벌어져서 악당을 처치하고 임무가 완수되는 공간을 말한다. 반면에 이 장소를 둘러싸고 있는 장소를 부공간이라 정의한다. 주공간은 하위 분절이 가능하다. 이는 주체의 추구 행위가 완수되는 이상적 공간과 주체의 능력 획득이 일어나는 자격 시련의 공간, 즉 유사적 공간으로 구분될 수 있다. 서사에서는 주인공의 임무 수행을 위해 능력을 획득하는 과정이 드러나는 경우가 많은데, 이는 보검, 마법 구슬, 조력자 등으로 형상화되기도 한다. 이 획득 과정이 임무 수행하는 공간과는 다른 공간에서 하위 프로그램으로 구성되기 때문에 공간적 분절이 필요한 것이다. 〈표 12-1〉이 이 과정을 잘 보여준다(에노, 2003: 134).

공간 분절과 서사적 분절의 관계를 스포츠 경기에 적용하고자 할 때에는 주의를 요한다. 모든 스포츠는 자신만의 고유한 공간을 사용하고 있기 때문이다. 이러한 특징이 각 종목의 고유한 매력을 보장해 주기도 하지만 다양한 종목에서 주공간과 부공간을 구분하는 일은 쉽지 않아 보인다. 기호학은 구상적이고 개별적인 목록을 제시하기보다 보편적인 이론을 제시해서 다양하고 구체적인 상황을 분석하는 임무를 갖는 학문이기에 스포츠 종목의 다양성을 서사적이고 공간적으로 규명하는 데 흥미를 갖는다. 앞서 제시한 정의를 바탕으로 두 종목에서 서사적 공간 분절이 어떻게 가능한지를 살펴보기로 한다.

축구 경기에서 골을 넣은 팀은 자기 진영으로 돌아와 다시 경기를 시작한다. 우리는 이러한 상황에서 그레마스가 지적한 공간의 순환적 사

표 12-1 **공간의 서사적 조직화**

부공간	주공간			부공간
	유사적 공간	이상적 공간	유사적 공간	
최초 상태	수행			최종 상태
	임무를 위한 이동	임무의 수행 장소	귀환을 위한 이동	

자료: 에노(2003: 134).

용을 발견할 수 있다. 자신의 진영에서 출발한 선수들은 다양한 여정을 거쳐 상대 진영에 이르게 되고 골을 넣어 이상적 공간에서 자신의 임무를 마친다. 출발의 장소와 귀환의 장소를 부공간으로 정의한다면 중앙선으로 나눠진 자신의 진영이 부공간이 되는 것이다. 결국 유사적 공간이 되는 상대 진영으로 이동해 상대 골문이라는 이상적 공간에 도달한다. 임무를 수행한 주체는 귀환의 장소인 부공간으로 돌아온다. 골문이 갖는 집의 도상성을 고려해 보면 귀환의 개념을 쉽게 이해할 수 있다. 그런데 축구 경기에서는 한 번의 긍정적인 결과가 이야기를 닫는 경우는 많지 않다. 시간적 제한이 있기 때문에 또 다른 이야기가 시작되기 마련이다. 임무 완수를 위한 치열한 경쟁이 반복되는 것이다. 그뿐만 아니라 이상적 공간에서의 임무 수행이 반드시 성공으로 이어지는 것은 아니다. 이러한 실패의 서사 단위는 골로 이어지지 못한 슛으로 구상화된다.

이러한 양상은 야구에서도 명백하게 드러난다. 축구와는 달리 야구 선수는 부공간이라 할 수 있는 대기 장소에서 임무를 수행하기 위해 출발한다. 타석에서 여정을 시작하는 타자는 유사적 공간으로 이동하거나 최초 상태의 부공간으로 돌아온다. 한 선수가 유사적 공간으로 이동을 시작한다면 팀 동료는 그가 최종 목표인 이상적 공간으로 이동할 수 있도록 돕는 임무를 수행한다. 야구는 동료의 순차적 개입으로 이상적인 공간에 이르는 독특한 구조를 갖고 있다. 타석에서 시작한 선수가 1루, 2루, 3루를 거쳐 홈에 들어오는 과정은 여러 행위자의 개입으로 완성되는 것이다. 그러나 홈런을 기록한 선수는 동료의 도움 없이 개인적인 능력으로 임무를 마치는 경우라 할 수 있다. 귀환의 장소인 부공간에서는 임무를 완성하고 귀환하는 동료를 환영하는 영광시련이라는 보상 의식이 일어난다.

축구와 야구 모두 두 주체가 같은 공간에서 대립하고 있다는 데 주목할 필요가 있다. 두 주체는 승리라는 공통의 가치 대상을 놓고 경쟁하기 때문에 닫힌 체계 안에 위치한다. 한 주체가 가치 대상을 획득하면 다른 주체는 상실의 상태에 놓이기 마련이다. 마찬가지로 한 팀이 공격을 하면 다른 한 팀은 수비를 하게 된다. 결국 수비와 공격의 교차적 양상은 대립하고 있는 두 주체 사이의 구조적 문제라 할 수 있다. 이러한 양상은 앞서 제시한 서사적 공간의 분절과 관련해서 생각해 볼 수 있다. 각회의 초와 말로 공격과 수비의 순서가 정해져 있는 야구의 경우나, 공을 소유하면서 이상적인 공간으로의 이동 가능성을 확보하는 축구의 경우 모두 공격 주체의 이동은 결국 다른 주체가 점하고 있는 공간을 거쳐 자신의 집으로 돌아오는 셈이다.

스포츠 서사 단위의 공간화에 이어 담화화를 구성하는 행위자화와 시간화의 문제를 서사적 분절과 관련해서 간단히 살펴보면서 글을 마무리하기로 한다. 서사적 공간 분절은 인물 구성의 분절과도 밀접한 연관을 갖는다. 특히 축구와 야구는 단체 종목이기 때문에 선수와 공간의 활용은 불가분의 관계라고 할 수 있다. 스포츠 경기에서의 선수들의 공간 배치를 단순한 공간 나누기로 그 의미를 축소해서는 안 된다. 각각의 공간에 배치된 선수들은 그 공간에서 고유한 역할을 부여받는다. 인물의 분절이라는 말이 가능한 이유는 스포츠 담화의 행위자들이 갖는 주제적인 역할이 전형화되어 있기 때문이다. 축구의 경우에 공격수, 중간수, 수비수, 문지기는 공간적으로 분절되고 주제적으로 구분된다. 이들은 다시 왼쪽, 중간, 오른쪽, 수평적으로 분절된다. 각각의 고유한 역할을 갖고 공간 속에 배치된 선수들은 서로 구분되고 조합될 수 있는 이산적 단위라 할 수 있다. 이들의 조합 양상은 축구의 경우 몇 가지 전형을 만들어낸다. 예를 들어 4-4-2, 3-5-2와 같은 팀의 포메이션을 생각할 수 있다. 이 두 전형은 수비와 중간의 구성이라는 측면에서 구별된다. 3-5-2의 포메이션에서 양 측면에 배치된 두 선수는 수비수와 미드필더라는 두 가지 주제적 역할을 수임하기 때문에 단지 숫자의 변화만을 고려해서는 안 된다. 하나의 체계 내에서 구성요소의 변화는 체계 전체의 변화를 유도하기 마련이다. 주제적 역할의 작은 변화가 팀 전체의 성격을 변화시킨다는 의미이다.

야구의 경우 역시 선수라는 행위자에 따른 공간적 분절은 매우 명백하다. 내야에는 각 루를 지키는 선수들이 있다. 외야의 경우는 좌, 중, 우의 공간적 분절이 이루어진다. 이들 역시 단지 공간적 배치로 자신들의 주제적 역할을 축소할 수 없다. 각각의 위치는 선수의 고유한 능력에 기반을 둔 주제적 역할에 따라 분절이 가능한 것이다. 중견수는 수비 범위가 가장 넓고 발이 빠른 선수여야 한다. 우익수에는 홈까지의 송구 능력을 갖춘 어깨가 강한 선수가 배치된다. 상대적으로 수비 능력이 떨어지는 선수가 좌익수를 맡는다.

담화 층위의 분절 중에서 마지막으로 남은 시간의 서사적 분절을 시도해 보자. 서사적 변형에서 일어나는 시간적 표명을 정의할 수 있다면 경기의 서사적 구조가 시간적 분절과 어떤 관계를 맺는지 규명할 수 있을 것이다. 일반적으로 이야기를 이해한다는 것은 이야기의 시간적 진행을 파악하는 것이라고 생각하는 경우가 있다. 그러나 이야기의 시간적 순서와 길이는 일정하지 않기 때문에 서사적 변형과 시간화가 상호 관계 속에서 이해되어야 한다.

대립-지배-결과의 시퀀스를 구성하는 시련의 서사적 진행은 기동상, 지속상, 종결상이라는 시상으로 다시 기술될 수 있다. 실시간으로 진행되는 경기에서 실제 시간과 이야기의 순서가 일치하지 않는 경우는 없기 때문에 시상의 문제가 핵심이 될 수 있다. 골을 기준으로 하는 서사적 분절은 축구 경기에서 수적 풍부함을 갖지 못한다. 그러나 시상은 경기라는 이야기가 얼마나 긴박하게 진행되었는지 보여준다는 데서 중요성을 찾을 수 있다. 다시 말해 분절 단위들의 연쇄 양상을 기술하는 데 도움이 된다는 것이다. 예를 들어 2 대 1의 경기는 세 개의 하위 프로그램을 갖는다. 이때 세 개의 분절 단위가 지속상이라는 측면에서 어떻게 구성되는지를 살펴보는 것은 흥미롭다. 첫 단위가 한 팀에 의해 10분 만에 일어났고 두 번째 단위가 경기를 진행한 지 20분 지났을 때 다른 팀에 의해 분절되었으며 최종적 단위가 경기 진행 80분에 일어났다면 약 60분간 지속된 두 번째 분절은 앞의 두 단위에 비교해서 달리 진행되었을 것이다.

야구의 경우 어떤 팀이 한 회에 한 점을 획득한다면 하나의 서사 단위가 존재하는 것이고, 3점을 획득한다면 세 개의 서사 단위가 존재하는 것이다. 이 경우 한 회에서 단지 세 명의 타자가 공격에 임하지 않는다. 성공의 서사가 가능하기 위해서는 최소한 네 명 이상의 타자가 공격에 참여해야 한다. 득점이 여러 번 이루어진다면 일반적으로 많은 선수가 공격의 기회를 갖는 것은 당연하다. 따라서 시간성은 여러 가지 방식으로 서사적 조직화에 참여한다고 할 수 있다. 이는 서사의 시간적 진행의 지속상이 길어진다는 것을 의미한다. 야구에서 공격은 길게 수비는 짧게 하라는 말이 있다. 이는 효율적인 경기 진행에 시상이 반영된다는 것을 입증하는 말이라 할 수 있다.

3. 결론

　　응용기호학은 언제나 해당 분야에 대한 전문 지식을 얼마나 활용할 수 있느냐의 문제에 부딪히곤 한다. 기호학자가 스포츠 경기의 규칙이나 경기 전략을 이해하는 데서 해당 분야의 전문가 수준에 이르기는 어렵다. 그러면 기호학은 응용 분야에서 어떤 역할을 할 수 있는가? 기호학의 본원적 특성에 눈을 돌리면 답을 얻을 수 있을 것이다. 기호학이 의미생성 과정을 규명하는 학문이라고 하면 개별 담화의 특수성을 고려하면서 의미 구조를 밝히는 데 목적을 두어야 할 것이다. 지금까지 시도한 야구와 축구라는 스포츠 담화의 의미 분절 역시 같은 맥락에서 이해할 수 있다. 스포츠 담화는 자연언어의 분절 방식을 통해 설명될 수 없는 비언어 기호로 구성되어 있다. 따라서 스포츠 담화의 특수성을 고려하면서 의미 구성단위를 찾고 그 구성단위들의 결합방식을 살펴본 것이다.

　　모든 스포츠 경기가 규칙의 제한 속에서 진행되는 점에서 규칙적 분절은 언제나 적용 가능해 보인다. 또한 경기의 논쟁적 특징 때문에 어떤 방식으로든 전략적 분절이 일어난다. 마지막으로 경기의 이야기성은 서사 분절을 허용한다. 이러한 분절 방식은 어떤 경기에도 적용될 수 있어 보인다. 그러나 스포츠 경기의 다양한 표현 방식은 분절의 구상적 단위들을 찾아내는 데 어려움을 제기한다. 이는 보편적 이론을 개별적으로 적용하는 단계에서 발생하는 필연적인 과정이므로 개별 담화에 대한 연구가 극복해야 하는 문제라고 할 수 있다.

우리가 제시한 분절의 방식들은 개별적으로 이해될 수 있지만 상호 관계 속에서 경기의 총체적인 의미작용을 고려할 때 흥미로운 해석에 이를 수 있다. 규칙적 분절은 기본적인 단위를 산출하는 과정으로 다른 두 가지 분절을 구성할 수 있다. 하나의 전략적 분절 단위를 구성하는 규칙적 분절의 단위들을 살펴보면서 전략의 의도와 결과의 관계를 추측할 수도 있다. 서사적 분절 역시 규칙적 분절과 전략적 분절 간의 관계 속에서 고려될 수 있다. 하나의 서사 분절 단위를 구성하는 전략적 분절 단위들을 살펴보면 주체가 긍정적 결과에 이르는 과정에서 어떤 전략이 사용되었는지 명확하게 알 수 있다. 또한 규칙적 분절 단위들이 서사 분절 단위들과 어떤 관계를 맺는지 살펴보면서 각각의 서사 분절 단위가 어떤 구상적 특성을 갖는지 알 수 있다. 다만 이 글에서는 경기를 구체적으로 분석하지 않고 분절 기준만 제시하는 수준에 머물고 있다는 한계를 인정해야 한다. 앞으로 수행할 실제적인 분석 작업이 우리의 이론적 가설을 입증할 수 있을 것이다.

스포츠 담화가 이중 분절이 가능한지, 아니만 일차 분절 또는 이차 분절만 가능한지를 논의하는 것은 무의미해 보인다. 오히려 스포츠 담화에서의 고유한 분절 체계를 발견하는 것이 더 중요해 보인다. 우리는 축구와 야구의 담화에 적용할 수 있는 세 가지 차원의 분절 기준을 발견할 수 있었고, 이러한 기준이 모든 스포츠 종목의 분석에 적용될 수 있기를 기대한다. 각 분절 단위가 구상적으로 각기 다르게 드러나기 때문에 다양한 종목을 분석하는 일은 어렵지만, 이러한 다양성은 기호학자에게 즐거움을 제공한다. 일관된 이론을 바탕으로 다양한 구상적 단위를 탐험하고 분석의 결과를 바탕으로 이론적 보완과 수정을 해나가는 일은 기호학의 고유한 즐거움이기 때문이다.

참고문헌

바르트, 롤랑(Roland Barthes). 2002. 『현대의 신화』. 이화여자대학교 기호학연구소
　　옮김. 동문선.
박인철. 2003. 『파리학파의 기호학』. 민음사.
에노, 안(Anne Hénault). 2003. 『서사, 일반 기호학』. 홍정표 옮김. 문학과지성사.
챈들러, 대니얼(Daniel Chandler). 2006. 『미디어 기호학』. 강인규 옮김. 소명출판.

모든 스포츠 종목은 고유한 의미 구성 방식을 갖는다. 스포츠 종목 하나를 선택해서 규칙적 분절, 전략적 분절, 서사적 분절의 기준을 찾아보고 이를 바탕으로 해당 종목이 지닌 의미 구성의 고유성을 설명해 보라.

지은이(수록순)

김수환 현재 한국외국어대학교 러시아학과 교수로 재직 중이다. 주요 관심 분야는 기호학, 문학 (문화)이론, 영화이론, 소비에트 연구 등이다. 저서로는 『사유하는 구조』, 『책에 따라 살기』, 역서로는 『기호계』, 『문화와 폭발』, 『영화와 의미의 탐구 1, 2』, 『코뮤니스트 후기』, 『모든 것은 영원했다, 사라지기 전까지는』, 『자본에 대한 노트』 등이 있다.

이윤희 현재 한국외국어대학교 언어연구소의 교수로 재직 중이다. 주요 관심 분야는 퍼스 기호학, 상징, 대화적 자아, 내러티브 인지와 모델링, 영화와 다이어그램 등이다. 저서로 『찰스 샌더스 퍼스』, 『내러티브와 세미오시스』 등과 역서로 『퍼스 기호학의 이해』, 『퍼스 철학의 이해』, 『의미의 이해: 찰스 퍼스와 구조주의, 그리고 문학』 등이 있으며, ≪영상문화≫, *A&HCI Semiotica* 등에 다수의 논문을 게재했다.

이수진 현재 인하대학교 문화콘텐츠문화경영학과 교수로 재직 중이다. 주요 관심 분야는 영화기호학, SF, 포스트휴머니즘, 디지털 패러다임, 콘텐츠 리터러시 등이다. 저서로는 『사이언스픽션, 인간과 기술의 가능성』, 『크리스티앙 메츠』, 『기호와 기호 사이, 이미지들 너머』, 『만화기호학』, 역서로는 『상상적 기표』, 『영화의 의미작용에 관한 에세이 1, 2』 등이 있으며, *A&HCI Semiotica* 등의 학술지에 다수의 논문을 게재했다.

조창연 독일 베를린대학교(FU)에서 커뮤니케이션학과 기호학으로 박사학위를 받고 서원대학교 광고홍보학과 교수를 재직했다. 주요 관심 분야는 뉴로 기호학, 인지기호학, 뉴미디어 기호학, 커뮤니케이션 이론 등이다. 저서로는 『기호학과 뇌인지과학의 커뮤니케이션』, 『뉴로 커뮤니케이션』 등이 있으며, ≪기호학 연구≫ 등에 논문을 게재했다.

이도흠 현재 한양대학교 국어국문학과 교수로 재직 중이며, 한국시가학회 회장, 한국기호학회 회장, 한국언어문화학회 회장, 민주화를 위한 전국교수협의회(민교협) 상임의장, 정의평화불교연대 상임대표 등을 역임했다. 주요 관심 분야는 문학, 불교, 기호학, 미학 등이다. 저서로는 『화쟁기호학, 이론과 실제』, 『신라인의 마음으로 삼국유사를 읽는다』, 『인류의 위기에 대한 원효와 마르크스의 대화』, 『4차 산업혁명과 대안의 사회』 등이 있다.

오세정 현재 충북대학교 국어국문학과 교수로 재직 중이다. 주요 관심 분야는 신화학, 서사학, 기호학, 문학 및 문화 이론 등이다. 저서로는 『신화, 제의, 문학: 한국 문학의 제의적 기호작용』, 『설화와 상상력』, 『고전, 대중문화를 엿보다』, 『이론으로 서사 읽기』 등이 있으며, ≪기호학 연구≫, ≪한국문학이론과 비평≫, ≪한국고전연구≫ 등에 다수의 논문을 게재했다.

홍정표 칠레 국립대학과 프랑스 파리 소르본대학에서 수학하고 한국외국어대학교 불어학 박사학위를 취득했다. 한국외국어대학교, 고려대학교, 국립경찰대학교 등에서 외래교수를 역임했다. 주요 관심 분야는 프랑스 기호학을 기반으로 한 우리나라 고유의 기호학 모델 창출이다. 저서로는 『정념 기호학』, 역서로는 『기호학으로의 초대』, 『서사, 일반 기호학』 등이 있으며, ≪기호학 연구≫ 등에 다수의 논문을 게재했다.

태지호 현재 안동대학교 사학과 교수로 재직 중이다. 주요 관심 분야는 기억문화연구, 문화콘텐츠, 문화연구, 영상커뮤니케이션 등이다. 저서로는 『기억 문화 연구』, 『문화콘텐츠 기획 핸드북』, 『공간형 콘텐츠』 등이 있다.

김기국 프랑스 파리Ⅳ(파리 소르본)대학에서 박사학위를 받고, 현재 경희대학교 프랑스어학과 교수로 재직 중이다. 주요 관심 분야는 시, 사진, 광고 등의 이미지 및 문화콘텐츠 등이다. 저서로는 『기호학으로 세상읽기』(공저), 『대중문화 낯설게 읽기』(공저) 등이 있으며, ≪기호학 연구≫에 「시와 랩, 그 문학성과 음악성의 교집합」 등의 논문을 게재했다.

박영원 현재 홍익대학교 디자인컨버전스학부 교수로 재직 중이며, 한국영상문화학회 회장, 한국기호학회 부회장을 역임했다. 주요 관심 분야는 시각 커뮤니케이션 디자인, 문화콘텐츠디자인, 시각문화, 기호학 등이다. 저서로는 『디자인 기호학』, 『광고디자인기호학』, 『비주얼편, 비주얼편』, 『디자인유머』, 『브랜드 로고와 기호학』, 역서로는 『그래픽 위트』, 『바우하우스와 디자인이론』, 『시각표현』, 『기호학으로 읽는 시각디자인』 등이 있다.

박여성 독일 뮌스터대학교에서 박사학위를 취득하고 현재 제주대학교 독일학과 교수로 재직 중이다. 뮌스터대학교 커뮤니케이션학부 초빙교수, 제주대 인문과학연구소장, 한국텍스트언어학회장, 한국기호학회장 등을 역임했다. 저서로 『신(新) 지식의 최전선』, 『응용문화기호학』 등과 역서로 『칸트와 오리너구리』, 『괴델·에셔·바흐』, 『사회적 체계들』 등이 있으며, 기호학, 텍스트언어학, 문화이론, 체계이론 및 스토리텔링에 관한 여러 논저가 있다.

송치만 프랑스 리모쥬대학에서 기호학 박사학위를 취득하고 현재 건국대학교 미디어커뮤니케이션학과에 교수로 재직 중이다. 한국기호학회 총무이사 및 편집위원장을 역임했다. 주요 관심 분야는 스포츠기호학, 기호-서사학이며, 「스포츠 담화의 기호학적 분절」, 「스포츠 주체의 서사행로 연구」 등의 논문을 게재했다.

한울아카데미 2319

한국 기호학의 최전선

ⓒ 한국기호학회, 2021

엮은이 ┃ 한국기호학회
지은이 ┃ 김수환·이윤희·이수진·조창연·이도흠·오세정·홍정표·태지호·김기국·박영원·박여성·송치만
펴낸이 ┃ 김종수   펴낸곳 ┃ 한울엠플러스(주)   편집 ┃ 신순남
초판 1쇄 인쇄 ┃ 2021년 7월 26일   초판 1쇄 발행 ┃ 2021년 8월 20일

주소 ┃ 10881 경기도 파주시 광인사길 153 한울시소빌딩 3층   전화 ┃ 031-955-0655
팩스 ┃ 031-955-0656   홈페이지 ┃ www.hanulmplus.kr   등록번호 ┃ 제406-2015-000143호

Printed in Korea.
ISBN 978-89-460-7319-7 93300(양장)
      978-89-460-8100-0 93300(무선)

* 책값은 겉표지에 표시되어 있습니다.
* 무선제본 책을 교재로 사용하시려면 본사로 연락해 주시기 바랍니다.